二手房买卖 400 问

熊良顶　赵　炜　编著

中国建筑工业出版社

图书在版编目（CIP）数据

二手房买卖400问/熊良顶，赵炜编著. —北京：中国建筑工业出版社，2014.9
ISBN 978-7-112-17200-9

Ⅰ.①二… Ⅱ.①熊…②赵… Ⅲ.①房地产-交易法规-中国-问题解答 Ⅳ.①D922.181.5

中国版本图书馆CIP数据核字（2014）第194192号

　　本书以通俗易懂的语言为广大购房者提供专业的二手房交易指导，针对购房时可能碰到的问题，对每个问题进行翔实的解答。本书采用问答的形式，一问一答，将复杂的交易过程化解成一个个小问题，简单、实用、针对性强。认真阅读本书，可以有效防范二手房交易风险、提高交易效率、降低交易成本，无论是购房者、卖房者，还是二手房的从业人员，都能从本书获益。

责任编辑：郦锁林　周方圆
责任设计：张　虹
责任校对：张　颖　姜小莲

二手房买卖400问
熊良顶　赵　炜　编著
*
中国建筑工业出版社出版、发行（北京西郊百万庄）
各地新华书店、建筑书店经销
霸州市顺浩图文科技发展有限公司制版
北京建筑工业印刷厂印刷
*

开本：880×1230毫米　1/32　印张：8⅝　字数：231千字
2014年10月第一版　2014年10月第一次印刷
定价：**30.00**元
ISBN 978-7-112-17200-9
（25994）

版权所有　翻印必究
如有印装质量问题，可寄本社退换
（邮政编码100037）

前　　言

目前，房地产是老百姓极其关注的热点话题。无论是白发苍苍的老年人还是刚毕业的大学生，无论身处北上广深等一线城市还是边远的小县城，大家谈论最多的就是房子。二手房也因其地段好、现房入住等优势受到越来越多人的关注。

大多数第一次买二手房的人在买完房之后，都会感觉"事情非常多"，搞得精疲力尽，甚至是上当受骗。世界上没有完全相同的两片树叶，一千个读者就有一千个哈姆莱特，买二手房也一样，涉及产权、户型、面积、楼层、朝向、层高、装修、室内配套、是否带地下室、小区环境、交通状况、区域发展前景等诸多问题，所以在买房时每个人的着眼点不一样，得出的结论也不一样。这仅仅是房子本身及周边环境的问题，在二手房交易时，还要涉及房产中介、房管局、银行、评估公司、公积金管理中心等部门，这让二手房交易异常复杂。

在现实中，因为没有把握好一个小细节，从而给自己带来不必要的麻烦，这样的事比比皆是，轻则有点口舌之争，重则房钱两空、官司缠身。为什么会这样呢？关键就是对二手房交易的流程不了解，对相关的细节不了解，对哪些因素影响以后的居住不了解，对合同的签订要领不了解。如果对二手房交易的方方面面能做到心中有数，能有效地去控制交易的节奏，能充分了解各个环节和流程，那么发生纠纷矛盾的几率就会大大减少，无论是买房还是卖房都能顺顺利利、平平安安，让买房的人找到合适的房子，让卖房的人找到合适的买主。

作者是从事二手房的业内人士，对这个行业的了解比较透彻，见过或经历过的二手房纠纷比较多，因此本书具有较强的针对性和实用性。读者认真阅读本书，可以有效防范二手房交易风险，提高交易效率，降低交易成本。对于二手房行业的从业者或者想从事这个行业的人来说，本书是一本生动的教材。本书也可以作为广大房地产中介公司对房地产经纪人的培训用书。

由于作者水平有限，书中阐述的内容和观点难免出现某些偏颇，恳请广大读者批评指正。本书的所有相关政策截至 2014 年 6 月 1 日。

熊良顶　赵　炜

目 录

第一章 房地产买卖及中介·································· 1

1. 二手房有哪些优势?·································· 1
2. 哪些人适合买二手房?································ 2
3. 买房时机如何把握?·································· 2
4. 买房要把握的原则有哪些?···························· 3
5. 买房从心理上要具备哪些要素?························ 4
6. 购房时要规避哪些心理误区?·························· 5
7. 如何测算自己的购房指数?···························· 6
8. 二手房交易的操作流程是什么?························ 7
9. 从哪里能获取二手房房源信息?························ 8
10. 买哪些房子比较省钱?······························· 9
11. 如何读懂二手房房源广告的意思?····················· 9
12. 如何鉴别二手房报价?······························ 10
13. 购买二手房如何"杀价"?·························· 11
14. 如何规划购房资金?································ 12
15. 健康住宅的标准是什么?···························· 12
16. 衡量绿色住宅质量的标准有哪些?···················· 13
17. 买学区房应该注意哪些问题?························ 14
18. 买婚房应该注意哪些问题?·························· 14
19. 买地铁房要注意哪些问题?·························· 15
20. 年轻人首次置业需要注意哪些问题?·················· 15
21. 中年人置业升级需要注意哪些问题?·················· 16
22. 老年人买房要特别注意哪些问题?···················· 17
23. 看房时要注意哪些问题?···························· 18

24. 买二手房应注意哪些细节问题? ……………………… 19
25. 挑选二手房要注意哪些"距离"? …………………… 20
26. 买房如何挑选好位置? ………………………………… 20
27. 如何看房屋的市政设施? ……………………………… 21
28. 如何看房屋的装修? …………………………………… 22
29. 如何搜寻好户型? ……………………………………… 22
30. 好户型的标准是什么? ………………………………… 23
31. 哪些户型是不可取的? ………………………………… 24
32. 买小户型应把握哪些原则? …………………………… 24
33. 什么是得房率? ………………………………………… 25
34. 影响得房率的因素有哪些? …………………………… 26
35. 如何看物业管理水平? ………………………………… 26
36. 买房选楼层需要考虑哪些因素? ……………………… 28
37. 购买一层房有哪些优缺点? …………………………… 28
38. 购买顶层房有哪些优缺点? …………………………… 29
39. 购房选择什么样的朝向? ……………………………… 29
40. 买二手房电梯是不是越多越好? ……………………… 30
41. 如何辨别二手房真实"年龄"? ……………………… 30
42. 如何对二手房质量进行检验? ………………………… 31
43. 二手房交房时需要办理哪些手续? …………………… 32
44. 购买二手别墅的细节有哪些? ………………………… 33
45. 投资二手房要注意哪些问题? ………………………… 34
46. 投资房产有哪些好的建议? …………………………… 35
47. 二手房投资有哪些诀窍? ……………………………… 36
48. 二手房投资有哪些系统风险? ………………………… 36
49. 二手房投资有哪些个别风险? ………………………… 37
50. 怎样规避二手房投资风险? …………………………… 37
51. 投资商铺要注意哪些问题? …………………………… 38
52. 投资公寓有哪些优点? ………………………………… 39
53. 投资公寓有哪些缺点? ………………………………… 39
54. 投资写字楼要注意哪些问题? ………………………… 41

55. 二手房买卖要签订哪几个合同？……………………… 42
56. 订立二手房买卖合同要遵循哪些原则？………………… 42
57. 违反合同签订原则要承担哪些法律后果？……………… 43
58. 二手房买卖合同包括哪些条款？………………………… 44
59. 签订二手房买卖合同需要注意哪些问题？……………… 45
60. 购房过程中定金与订金有什么区别？…………………… 46
61. 二手房买卖先签合同等过户有哪些风险？……………… 47
62. 什么是居间合同？………………………………………… 48
63. 和中介签订居间合同应注意哪些问题？………………… 48
64. 怎么能把房子卖个好价钱？……………………………… 50
65. 出售房子的渠道有哪些？………………………………… 51
66. 卖二手房应该注意什么问题？…………………………… 52
67. 房产中介有哪些作用？…………………………………… 52
68. 通过中介买二手房的有哪些好处？……………………… 53
69. 房产中介的营业范围是什么？…………………………… 54
70. 房产中介收费标准是什么？……………………………… 54
71. 优秀的房产中介有哪些？………………………………… 55
72. 如何选择房产中介？……………………………………… 55
73. 如何查询房产中介的资质？……………………………… 57
74. 房产中介骗人的花招有哪些？…………………………… 57
75. 房产中介"吃差价"有哪些方式？……………………… 59
76. 房产中介人员的违规行为有哪些？……………………… 61
77. 如何选择合格房产经纪人为自己服务？………………… 62
78. 房地产经纪人有哪些权利？……………………………… 62
79. 房地产经纪人有哪些义务？……………………………… 63
80. "跳单"对购房者可能会产生哪些危害？……………… 63

第二章　房地产管理 ……………………………………… 65

81. 按经济形态划分，住宅分为哪些种类？………………… 65
82. 按使用类型住宅分为哪些类别？………………………… 66

83. 按建筑结构住宅分为哪些类别？ 67
84. 哪些房屋不能买卖？ 68
85. 哪些房屋买卖合同是无效的？ 68
86. 房屋权属证书有哪些种类？ 69
87. 房产证记载了哪些内容？ 70
88. 房产证有什么样的效力？ 70
89. 房屋权属证书的颁发机关是哪里？ 70
90. 办理产权证有哪些法律意义？ 71
91. 如何识别真假房产证？ 71
92. 新版房产证有哪些独特的防伪措施？ 72
93. 房产证加密有哪些形式？ 72
94. 二手房产权状况怎样查询？ 73
95. 房产档案查询有哪些情形？ 74
96. 各类房产档案查询分别需要哪些材料？ 74
97. 过户时买卖双方需带哪些证件和材料？ 76
98. 房产证署名对应权益有何不同？ 76
99. 什么是房屋产权共有关系？ 78
100. 房产共有与房产公有是否是一回事？ 78
101. 房产共有关系有哪几种形式？ 78
102. 房产按份共有人有哪些权利？ 79
103. 房产按份共有人有哪些义务？ 79
104. 房产共同共有人有哪些权利和义务？ 79
105. 房屋权属登记分为哪六种？ 80
106. 具有法律效力的房屋权属证书有哪几种？ 80
107. 房屋地名变化后，房产证是否有效？ 81
108. 不能办理房产证的原因有哪些？ 81
109. 产权证上最多可以写几个人的名字？ 81
110. 房屋所有权分为哪些权能？ 81
111. 产权房和使用权房有何区别？ 82
112. 房屋产权年限到期之后怎么办？ 83
113. 父母购置建造的房屋，登记在子女名下，是否就

归子女所有？ ·· 83
114. 房产证上变"隐性"为"显性"有哪些方式？ ······ 84
115. 原购房时使用的姓名变更了怎么办？ ············· 85
116. 法院判决离婚的是否可以单方办理过户？ ······ 85
117. 离婚时谁可优先取得房产？ ··························· 85
118. 未成年人能否成为房屋产权人？ ····················· 86
119. 父母能处置未成年子女的房产吗？ ················· 86
120. 房产"阴阳合同"风险隐在何处？ ··················· 87
121. 一般认定阴阳合同法律效力有哪些情形？ ······ 88
122. 购房家庭住房情况证明有什么作用？ ············· 88
123. 开具限购证明需要哪些资料？ ························ 89
124. 未成年人出具限购证明需要哪些资料？ ·········· 89
125. 什么是房屋赠与？ ··· 89
126. 房屋赠与有哪些法律特征？ ··························· 90
127. 哪些情况下对赠与房屋双方不征收个人所得税？ ··· 90
128. 房屋赠与必须符合哪些条件？ ························ 90
129. 房屋赠与分哪几个步骤？ ······························· 91
130. 房屋继承形式有哪些？ ·································· 91
131. 什么是房产析产？ ··· 92
132. 房产析产的原则是什么？ ······························· 93
133. 什么是婚内析产？ ··· 93
134. 婚内析产协议应该如何书写？ ························ 93
135. 有贷款的房屋可以申请办理婚内析产吗？ ······ 94
136. 什么是房屋置换？ ··· 94
137. 房屋置换如何缴税？ ······································ 94
138. 什么是存量房网上交易？ ······························· 94
139. 哪些信息应在网上予以公示？ ························ 95
140. 买卖双方自行成交如何网上交易？ ················· 95
141. 所有的存量房都得实行网上交易吗？ ············· 95
142. 想顺利网签需要注意哪些问题？ ····················· 95
143. 网上交易能给买卖双方带来哪些好处？ ·········· 96

144. 什么是二手房交易资金托管？……………………… 97
145. 什么是资金专用存款账户？……………………… 98
146. 什么是存量房交易资金托管协议？……………… 98
147. 买卖双方自行成交如何进行资金监管？………… 98
148. 二手房交易资金监管的程序是什么？…………… 99
149. 二手房交易资金监管有哪些优势？……………… 99
150. 哪些情况下需实行资金监管？…………………… 100
151. 办理资金监管时应注意什么问题？……………… 101
152. 一次性付款如何办理资金监管？………………… 103
153. 贷款付款如何办理资金监管？…………………… 103
154. 办理资金监管需要提交哪些资料？……………… 104
155. 退回交易资金时该如何办理？…………………… 104
156. 经济适用住房申请条件有哪些？………………… 104
157. 房改房是什么？…………………………………… 105
158. 房改房交易需要注意哪些事项？………………… 106
159. 房改房买卖的方式有哪些？……………………… 106
160. 离婚后房改房怎样分？…………………………… 107
161. 哪些房改房不能卖？……………………………… 108
162. 房改房的过户流程是什么？……………………… 108
163. 房改房交易需要缴纳哪些税费？………………… 109
164. "共有产权房"是什么意思？…………………… 110

第三章　评估及测绘……………………………………… 111

165. 什么是房地产评估？……………………………… 111
166. 房地产评估的原则有哪些？……………………… 111
167. 房地产评估的具体收费标准是什么？…………… 112
168. 哪些因素影响二手房价格？……………………… 113
169. 二手房如何进行评估？…………………………… 114
170. 二手房在什么情况下需要进行评估？…………… 115
171. 房地产评估程序有哪些？………………………… 116

172. 什么是房地产测绘? ……………………………………… 117
173. 哪些情况下需要房地产测绘? ………………………… 117
174. 房地产测绘时需要哪些资料? ………………………… 118
175. 商品房销售面积如何界定? …………………………… 118
176. 套内建筑面积由哪些部分组成? ……………………… 118
177. 房屋公用建筑面积包括哪些? ………………………… 119
178. 车库、人防、避难层是否计入分摊的公用建筑
　　　面积? ………………………………………………… 119
179. 哪些部位不计入房屋面积? …………………………… 120

第四章　银行及保险 ……………………………………… 121

180. 买房常见的付款方式有哪些? ………………………… 121
181. 一次性付款购房的优点有哪些? ……………………… 121
182. 按揭购房的优点有哪些? ……………………………… 122
183. 一次性付款购房和按揭购房的缺点有哪些? ………… 122
184. 自己办贷款还是找代理公司? ………………………… 122
185. 贷款购房应考虑哪些因素? …………………………… 123
186. 向银行贷款要注意哪些问题? ………………………… 124
187. 二手房贷款有哪些类型? ……………………………… 125
188. 什么是二手房按揭? …………………………………… 125
189. 按揭所涉及的当事人包括哪些? ……………………… 126
190. 按揭所涉及的法律关系有哪些? ……………………… 126
191. 按揭贷款购房人有哪些权利? ………………………… 126
192. 按揭贷款购房人有哪些义务? ………………………… 127
193. 贷款银行在按揭各法律关系中的权利有哪些? ……… 127
194. 贷款银行在按揭法律关系中的义务有哪些? ………… 128
195. 哪些二手房可以申请按揭贷款? ……………………… 128
196. 二手房按揭贷款的申请条件有哪些? ………………… 128
197. 银行对贷款审查主要有哪些方面? …………………… 129
198. 申请二手房按揭贷款须提交的资料有哪些? ………… 130

11

199. 二手房贷款的办理程序是什么？ …… 130
200. 大概需要多长时间能拿到贷款？ …… 131
201. 购房贷款有哪些还款方式？ …… 131
202. 哪些人群适合"双周供"？ …… 132
203. 哪些人群适合"接力贷"？ …… 132
204. "存抵贷"适合哪些人群？ …… 133
205. 哪些人群适合混合利率购房贷款？ …… 133
206. 哪些人群适合置换式房屋按揭贷款？ …… 133
207. 个人住房贷款有几种担保方式？ …… 134
208. 什么是房地产抵押贷款？ …… 135
209. 申请抵押贷款的条件有哪些？ …… 135
210. 房地产抵押的合同应当具备哪些条款？ …… 135
211. 已抵押的房地产能否转让？ …… 136
212. 哪些房地产不能设定抵押？ …… 136
213. 实现抵押权，要满足哪些条件？ …… 137
214. 实现抵押权的方法有哪些？ …… 137
215. 房屋抵押有哪些特征？ …… 138
216. 共有房地产如何设定抵押？ …… 139
217. 已出租的房地产如何办理抵押？ …… 139
218. 抵押贷款和按揭贷款有什么区别？ …… 140
219. 什么是转按揭？ …… 141
220. 如何办理"转按揭"？ …… 142
221. 未取得产权证如何办理"转按揭"？ …… 143
222. "加按揭"如何办理？ …… 143
223. 未成年人买房可以申请贷款吗？ …… 143
224. 什么是个人按揭房产二次抵押贷款？ …… 144
225. 二次抵押贷款有哪些优势？ …… 144
226. 二次抵押贷款对贷款人有哪些要求？ …… 144
227. 同一房地产能否设立两个以上抵押权？ …… 145
228. 二次抵押贷款对房屋有哪些要求？ …… 145
229. 二次抵押贷款的限额是什么？ …… 146

230. 从哪些角度考量是否该提前还款？ …………………… 146
231. 如何进行提前还贷？ …………………………………… 146
232. 提前还贷的方式有哪些？ ……………………………… 147
233. 哪些情况下，银行有权要求借款人提前偿还部分或全部借款？ …………………………………………………… 147
234. 什么是抵押注销？ ……………………………………… 147
235. 房屋贷款后，无力还贷怎么办？ ……………………… 148
236. 如何看懂个人信用报告？ ……………………………… 149
237. "查询请求时间"和"报告时间"有什么区别？ ……… 149
238. 婚姻状况从哪里采集？ ………………………………… 149
239. 信息概要展示了哪些内容？ …………………………… 149
240. "账户数"是什么意思？ ……………………………… 149
241. 信息概要中"未结清/未销户账户数"指的是什么？ … 150
242. "透支余额"与"已使用额度"是什么意思？ ………… 150
243. 什么是贷记卡的"逾期金额"？ ……………………… 150
244. "公共记录"包括什么内容？ ………………………… 150
245. 什么是"查询记录"？ ………………………………… 150
246. 信用报告中出现的符号分别表示什么含义？ ………… 151
247. 什么情况下借款人须购买财产险？ …………………… 151
248. 个人购房如何办理保险？ ……………………………… 152
249. 为什么要买住房贷款保险？ …………………………… 153
250. 住房保险对住房者有什么好处？ ……………………… 154
251. 住房保险的形式有哪些？ ……………………………… 154
252. 房地产保险合同的主要内容 …………………………… 155
253. 如何签订房地产保险合同？ …………………………… 155
254. 购房怎样投保？ ………………………………………… 156
255. 发生提前还款的情况时，如何处理房屋保险？ ……… 157
256. 房屋保险的赔款接受人是谁？ ………………………… 157
257. 抵押房产发生意外时，该怎么办？ …………………… 157
258. 挪用住房按揭贷款，如何处理？ ……………………… 158
259. 贷款银行有权处分抵押房产的情况有哪些？ ………… 158

260. 处分抵押房地产所得金额按什么顺序分配? ……………… 159
261. 银行处分房地产哪些情形可以中止? ………………………… 159
262. 房屋典当是什么? ……………………………………………… 159
263. 房屋的典当有哪些特点? ……………………………………… 160
264. 房屋典当关系成立会产生什么样的法律后果? …………… 160

第五章 公积金管理 …………………………………………… 161

265. 住房公积金制度是怎么回事? ………………………………… 161
266. 住房公积金管理中心有什么职能? ………………………… 161
267. 住房公积金贷款有哪些优势? ………………………………… 162
268. 国管公积金和市管理公积金有什么区别? ………………… 162
269. 住房公积金如何计算利息? ………………………………… 163
270. 住房公积金缴存比例是多少? ………………………………… 163
271. 哪些情况下情况可以支取公积金? ………………………… 164
272. 提取住房公积金有哪些程序? ………………………………… 164
273. 提取住房公积金需要提交哪些材料? ……………………… 165
274. 死亡或者被宣告死亡的,提取住房公积金应提供哪些材料? …………………………………………………………… 165
275. 购买具有自有产权的自住住房,提取住房公积金需提供哪些材料? …………………………………………………… 165
276. 建造、翻建、大修自有住房,提取住房公积金需提供哪些材料? ………………………………………………………… 166
277. 偿还个人住房贷款,提取住房公积金应提供哪些材料? ………………………………………………………………… 167
278. 申请住房公积金贷款的流程是什么? ……………………… 168
279. 申请住房公积金贷款需要什么条件? ……………………… 168
280. 二手房住房公积金贷款应提供哪些材料? ………………… 169
281. 住房公积金贷款额度如何确定? …………………………… 169
282. 住房公积金贷款的期限是如何确定的? …………………… 170
283. 二手房公积金贷款应提供哪些材料? ……………………… 170

284. 在什么情况下住房公积金贷款应提供担保人？……………… 170
285. 公积金贷款利率目前是多少？…………………………………… 171
286. 公积金审批时间一般为多长时间？…………………………… 171
287. 利用公积金能否异地贷款购房？……………………………… 171
288. 遇利率调整，借款人的住房公积金贷款利率如何
     调整？………………………………………………………………… 171
289. 未连续缴存公积金十二个月以上的能否申请公积金
     贷款？………………………………………………………………… 172
290. 借款人是否可以提前偿还住房公积金贷款？………………… 172
291. 借款人能否变更借款合同中约定的内容？…………………… 172
292. 如果申请的住房公积金贷款额度不足怎么办？……………… 173
293. 有哪些行为的，不发放个人住房公积金贷款？……………… 173
294. 装修家里能用公积金吗？………………………………………… 173
295. 住房补贴是怎么回事？…………………………………………… 173

第六章　税务及土地管理……………………………………… 175

296. 普通住房和非普通住房有什么区别？………………………… 175
297. 什么是营业税及附加？…………………………………………… 175
298. 什么是土地增值税？……………………………………………… 176
299. 什么是印花税？…………………………………………………… 177
300. 什么是契税？……………………………………………………… 177
301. 什么是房产税？…………………………………………………… 178
302. 什么是个人所得税？……………………………………………… 178
303. 什么是转让收入？………………………………………………… 179
304. 房屋原值如何界定？……………………………………………… 179
305. 合理费用如何界定？……………………………………………… 180
306. 个人住房交易缴纳需要提供哪些资料？……………………… 180
307. 买卖双方应承担哪些税费？……………………………………… 181
308. 具体交易中，相关税费谁来交纳？…………………………… 181
309. 二手房的避税"高招"有何风险？……………………………… 181

310. 有关土地的相关名词有哪些? ········· 184
311. 土地证的种类有哪些? ············· 186
312. 土地等级如何划分? ············· 186
313. 土地证过户登记应具备哪些条件? ········· 187
314. 土地证过户有时间限制吗? ············· 188
315. 二手房交易土地登记程序是什么? ········· 188
316. 办理土地证过户需要哪些材料? ··········· 188

第七章 公证及拍卖 ············· 189

317. 公证机关是怎么回事? ············· 189
318. 什么是房产公证? ··············· 190
319. 房产公证有哪些作用? ············· 191
320. 为什么要办理房产公证? ············· 192
321. 公证收费的标准是什么? ············· 193
322. 什么情况下可以减免公证费? ··········· 194
323. 办理公证的流程是什么? ············· 194
324. 哪些情况下,公证机构可不予办理公证? ····· 195
325. 哪些情况下,公证机构会终止公证? ······· 195
326. 二手房上市交易哪些情况需要公证? ······· 196
327. 如何办理房地产买卖合同公证? ········· 197
328. 如何办理涉及二手房买卖委托书公证? ····· 197
329. 如何办理涉及房地产的遗嘱公证? ······· 198
330. 婚前房产公证有效吗? ············· 198
331. 购买小产权房经过公证后能否获得拆迁补偿? ··· 199
332. 骗取公证书有哪些严重的后果? ········· 199
333. 外籍人公证书怎样进行认证? ··········· 200
334. 经过公证的购房合同肯定有效吗? ········· 200
335. 公证能代替抵押登记吗? ············· 201
336. 什么是房地产拍卖? ··············· 201
337. 房地产拍卖有哪些基本特点? ··········· 201

338. 房地产拍卖中的房地产来源主要有哪些？ ………… 202
339. 拍卖具有哪些功能？ ………………………………… 202
340. 拍卖有哪些类型？ …………………………………… 203
341. 对卖房人来讲，房产拍卖的优势体现在哪些方面？ …… 203
342. 对买房人来讲，房产拍卖的优势体现在哪些方面？ …… 204
343. 二手房拍卖是怎么回事？ …………………………… 204
344. 二手房拍卖淘金要注意哪些问题？ ………………… 204
345. 二手房拍卖的具体程序是什么？ …………………… 206
346. 如何减少和规避拍卖房的竞买风险？ ……………… 207

第八章 法院仲裁及律师 ………………………………… 209

347. 二手房交易有哪些法律风险？ ……………………… 209
348. 解决房屋交易纠纷的方式有哪些？ ………………… 210
349. 房地产官司应向哪个法院起诉？ …………………… 211
350. 何种房地产纠纷可直接向法院起诉？ ……………… 211
351. 人民法院受理房地产案件的条件是什么？ ………… 212
352. 如何打好房地产官司？ ……………………………… 213
353. 房地产纠纷产生后，如何写民事诉状？ …………… 214
354. 申请诉讼时应该交纳哪些费用？ …………………… 215
355. 房地产案件诉讼时效如何规定？ …………………… 216
356. 房屋买卖纠纷如何举证？ …………………………… 216
357. 什么是证据保全？ …………………………………… 216
358. 律师在二手房交易中哪些作用？ …………………… 217
359. 找律师应该注意什么问题？ ………………………… 218
360. 律师费如何收取？ …………………………………… 219
361. 怎么聘请律师打房地产官司？ ……………………… 220
362. 哪些房地产纠纷仲裁委员会不予受理？ …………… 220
363. 哪些房地产争议可以申请仲裁？ …………………… 221
364. 用仲裁方式如何解决房地产纠纷？ ………………… 221
365. 订有仲裁协议的当事人可否就房地产纠纷向法院

起诉？……………………………………………………………… 222

第九章 装修、拆迁及其他……………………………………… 223

366. 二手房维修基金由谁来交？…………………………………… 223
367. 购买二手房可以落户口吗？…………………………………… 223
368. 二手房如何清洁？……………………………………………… 223
369. 二手房装修有哪些注意事项？………………………………… 224
370. 二手房装修的顺序是什么？…………………………………… 225
371. 购房常用网站有哪些？………………………………………… 227
372. 什么是房屋拆迁？……………………………………………… 228
373. 房屋拆迁有哪些形式？………………………………………… 229
374. 房屋拆迁要遵循哪些原则？…………………………………… 229
375. 房屋拆迁时应遵循哪些程序？………………………………… 230
376. 房屋拆迁补偿方式有哪些？…………………………………… 231
377. 拆迁补偿的标准如何确定？…………………………………… 232
378. 抵押的房屋，拆迁时如何补偿？……………………………… 233
379. 租赁的房屋怎样补偿安置？…………………………………… 233
380. 补偿安置协议的主要内容有哪些？…………………………… 234
381. 拆迁安置房可以买卖吗？……………………………………… 234
382. 房屋冻结后，不允许从事哪些活动？………………………… 235
383. 房屋拆迁范围确定后，有关户口、房产处置等手续如何办理？………………………………………………………… 235

第十章 房屋租赁……………………………………………… 236

384. 哪些人群适合于租房？………………………………………… 236
385. 与买房相比，租房有哪些好处？……………………………… 237
386. 租房的一般程序是什么？……………………………………… 237
387. 房产中介都可以办理房屋租赁业务吗？……………………… 238
388. 找中介租房有哪些优势？……………………………………… 238

389. 哪些房子不能出租? ………………………………… 239
390. 租房前要了解哪些情况? ……………………………… 239
391. 租房哪些细节最关键? ………………………………… 240
392. 租房如何选择周边环境? ……………………………… 241
393. 租房时,如何讲价? …………………………………… 242
394. 租赁合同应当具备哪些条款? ………………………… 242
395. 租"二房东"的房子应注意什么问题? ……………… 243
396. 与他人合租要注意哪些问题? ………………………… 244
397. 租房时供暖费应如何处理? …………………………… 246
398. 租房装修的学问哪些要点? …………………………… 246
399. 房租应按什么标准收取? ……………………………… 247
400. 房屋租赁期限应当怎样确定? ………………………… 247
401. 租赁双方可以采取什么形式订立租赁合同? ………… 247
402. 房东如何选择房客? …………………………………… 248
403. 如何提高房屋的租赁身价? …………………………… 248
404. 承租人在房屋租赁期限内有哪些权利? ……………… 249
405. 承租人在房屋租赁期限内有哪些义务? ……………… 249
406. 出租人在房屋租赁期限内有哪些权利? ……………… 250
407. 出租人在房屋租赁期限内有哪些义务? ……………… 250
408. 承租人在什么情况下可以单方面解除合同? ………… 251
409. 承租人在租赁期内死亡,合同还有效吗? …………… 251
410. 出租人把房屋抵押出去,租赁合同还有效吗? ……… 251
411. 出租人在租赁期内死亡,合同还有效吗? …………… 252
412. 承租人可以把房子再转租或分租给他人吗? ………… 252
413. 合同还没到期房东就要卖房,该怎么办? …………… 252
414. 没签书面合同,出租人可随时解除合同吗? ………… 253
415. 哪些行为可视为房屋租赁(转租)? ………………… 253
416. 租赁期满,承租人不搬迁如何处理? ………………… 253
417. 在什么情况下,出租人可以不负责任? ……………… 254
418. 租赁期间出租人可以要求增加租金吗? ……………… 254
419. 房主有权强制手段收回出租房吗? …………………… 254

420. 房屋租赁必须备案吗？……………………………… 255
421. 房屋租赁登记备案的程序是什么？………………… 255
422. 房屋租赁登记备案需要提供哪些资料？…………… 256
423. 房屋租赁登记备案要交哪些费用？………………… 256
424. 哪些情况下可收回房屋租赁证书？………………… 256

第一章 房地产买卖及中介

1. 二手房有哪些优势？

（1）产权明晰。随着目前国家政策对房地产市场的严格控制，许多开发商在获取"五证"方面遭遇了一定的困难。但有的开发商却"迎难而上"，在"五证"不全的情况下开盘。这也就导致了目前有一些新房住户虽然入住小区多年，却仍未能拿到房产证。而在购买二手房时，产权问题到房屋主管部门一查询便清清楚楚。

（2）房屋质量一目了然。二手房都是经过了好几年的使用期，房屋若是有潜在的问题都已经暴露出来，如漏水、地面塌陷等问题，房屋的质量一目了然。而且，还可以通过探访卖家的街坊邻居，了解房子质量状况。另外，20世纪80、90年代的房子户型设计可能有所欠缺，但质量通常都是可以保证的。

（3）房子几乎没有污染源。新房最大的问题之一就是污染超标，如甲醛、苯等。二手房经过几年的使用，有害物质基本挥发得差不多了，健康有保障。

（4）房子周边的配套设施健全，衣食住行很方便。二手房通常都有很健全的配套设施，如菜市场、医院、学校、公交车等配套，日常生活很方便。

（5）可以选择和什么样的人做邻居。买新房时，根本不知道自己的邻居会是什么样的人。但是，买二手房时，可以先考察周边都住些什么人，一个好的环境会少了许多不必要的烦恼。

（6）二手房的价格相对多元化，选择面广。对于越来越高不可攀的新房，二手房的价格相对来讲较为能够接受。各种各样的户型，或多或少的价格，都有比较大的选择空间。在众多的二手房中，总能找到适合自己的房子。

（7）二手房的学区更成熟。二手房的位置决定了其所在的学区一般都是"老牌学校"，教学质量高，师资力量强。而一些所谓的新楼盘引进的"名校"，只是合作办学或者是分校，没有积淀，很难与老学校的教学质量相提并论。

（8）二手房多是现房，不会出现"烂尾"现象。现在市场上"烂尾楼"已经屡见不鲜了，与其忧心忡忡地等待交房时期的到来，还不如买套二手现房。

2. 哪些人适合买二手房？

（1）首次置业者。这是购买二手房的主力军，一些白领阶层、刚毕业不久的年轻人也适宜购买二手房作为过渡。

（2）一些投资客。由于二手房总价不是很高，地理位置较好，易于出租，所以投资者可以长线投资二手房。

（3）一些拆迁居民。由于长期在市区居住，对市区比较有感情，并且资金也不是很富裕，所以往往拿拆迁补偿款购买二手房。

（4）特殊需求者。急于结婚用或者方便子女上学者或者给老人养老等，也可以就近购买二手房，作为一段时期的过渡。

3. 买房时机如何把握？

对待房价，有人看涨，有人看跌，房价走势摇摆不定。买还是不买？购房者却经常犹豫。那么，何时买房最合适呢？

（1）只要你需要，什么时候都可以买房。华远地产董事长任志强曾被无数人问道：什么时候买房合适？他最新的回答仍然是：只要你需要，什么时候都可以买房。任志强说："这十年来我有九次说过房价会涨，结果每次都涨，但大多数人还是不信，真信我话的那1%、2%，买了也确实都涨了、赚了。"对于刚需族来说，买房不宜过分观望，有合适的房子，该出手就出手。

（2）舆论上充斥着开发商破产倒闭、购房者打砸售楼处等信息时。分析认为，如果舆论上充斥着开发商破产倒闭、银行面临"断供潮"、购房者打砸售楼处要求退房等新闻时，正是买房的天赐良机。"在别人贪婪时恐惧，在别人恐惧时贪婪。"这是巴菲特投资股票的至理名言。正当市场一片惨淡之时，或许正是买房之时。

（3）中央政府再出台更优惠的鼓励老百姓买房的政策时。如果中央有这样的政策出台，预示之前的优惠政策没起多大的作用，等新政策实行至少1个月以后，购房者可考虑出手。

（4）货币放水的时候，大胆买。如果货币政策宽松，巨大的货币资金流向市场，将推动资产价格上涨，这时是买房的好时机。货币超发、信贷膨胀、影子银行资金大规模无节制流向房地产领域，将推动房价上行。

（5）新调控政策出台半年内。新政出台后，疯狂的市场可能会迅速"制冷"。买房人开始观望，上涨的房价很可能短时间内得到稳定。政府出台的多次调控政策均在于抑制楼市虚火，最终目的并非打压楼市。经过一段时间后，市场将逐步消化调控消息，随着刚需族的入市，房价逐步复苏。因此，新调控政策出台半年内买房，可能会获得这个波段比较低的价格。

4. 买房要把握的原则有哪些？

很长时间以来，房价是"乱花渐欲迷人眼"，而老百姓则是"为伊消得人憔悴"，这让许多购房人看不懂、猜不透。做一个聪明的购房人有必要把握以下七个原则。

（1）明白生活居住需求。如今该不该买房，要首先抛开房价涨跌的心思预期。关于购房者来说，最关键是认清自己现有的居处能否满足自己与家庭的生活居住需求。从家庭成员情况、平常起居、作业、学习、家庭休闲、家庭外交等家居生活的根基层面来判定居处需求，以此为依据调查现有的居处地理位置、交通情况、面积、户型、质量、物业、周边配套等几个要素。假定现有居处3个以上的要素不能满足需求了，那么就需要思考购置一套能符合需求的房子。

（2）判定报价接受方案。因为房价现已处于高位水平，为了不背上过于沉重的房贷压力,需要对家庭的财力进行评价,判定出一个可接受的报价方案。差异报价底线,可以用房贷最高额度与最高年限来算出每月还款额,最好不要超过家庭月收入的一半。这样一来,就可以在有限的财力之下,得到既符合置业期望、又具有充分挑选空间的购房报价定位。

(3) 衡量房子性价比。衡量居处性价比是不是最优化,也就是看与同档报价居处相比其居住及附加价值是不是最高。买房买的并不仅仅是一套房子,还有从属在房子上的生活环境,包括区域配套、社区环境、物业效能等。区域配套包括有餐饮、休闲、金融、医疗、教育、交通等多方面,这些直接决定生活的便当度。社区环境包括美化环境、人文环境、社区安静度和安全封闭性等。

(4) 不为明日的增值买单。房子的出售方总是对房子地址的区域发展方案进行夸张性的描写,手中拿着增值潜力这张牌,企图让买家感受到:他买到的不仅是一套房子,更是一枚在不断长大的金元宝。在这种引诱下,买方在报价商洽时要坚持自身的购房原则和报价底线。对于自住型购房者来说,不要过多地思考房子的未来增值潜力,不要用今日的钱为明日的增值买单。

(5) 掌握"T+1"原则。从区域经济角度、住宅经济方面综合考察,这就是在发达国家和地区楼市流行的"T+1"概念:即"距离市政设施和商业网点1公里为所在区域最佳住宅地块。"

(6) 层高不宜超过3m房。过去住宅层高一般为2.8m,应该是有科学依据的。层高应与面积相适应,如果客厅的面积只有$30m^2$,而层高却是3.2m,三维空间比例就失调了,如果客厅$100m^2$以上,那3.2m层高才会有意义。

(7) 排骨面指数。所谓"排骨面指数",即一个楼盘每平方米的平均售价,是这个楼盘半径500m内小吃店里一碗排骨面的1000倍。以数学公式表示:每平方米售价=P(一碗排骨面的价格)×1000。

5. 买房从心理上要具备哪些要素?

(1) 不怕麻烦。一般人买房的话,都怕麻烦,但是好房子都是淘出来的，必须要多看几套，对比选择一下，这样才能挑到满意的房子，选房之前累一些，房子买完之后也会省心一些。买房子是一家人的事，需要全家人多商量，尽量照顾到每个成员，包括孩子，不要等买了房子后造成家里有些成员的生活不方便，这样会增加家庭不和谐的机会。

（2）有耐心。对于要买房一族来说，不急不躁是首要原则。一方面要看到后市供应量仍然不小，可供选择面也很广；另一方面楼市竞争日渐激烈。因此要有足够的耐心才有可能淘到真正的"称心货"。

（3）不勉强。买房不像买菜。量力而行，不勉强这是最应该引起广大购房者注意的问题。其中，充足的资金是买房必不可少的前提。所以要问一下自己，是否有能力和"资格"去拥有这份资产。因此，买房前，不妨多问几个"为什么"。

（4）不犹豫。房子不同于一般消费品，严格意义上来讲，天下找不到一模一样的两栋房子，房子是存在很大异质性的，所以，对于特定的购房者来讲，适合自己的房子确实不是很多，而且自己看上的房子有可能也是其他购房者中意的，所以如果正是看上的房子，又觉得正是购房时机的，那看准了就应快速下手。

6. 购房时要规避哪些心理误区？

（1）买涨不买跌。普通老百姓更应做个理智的购房者，当身边的人都火热入市买房的时候，自己最好不要去凑热闹。而在别人恐慌选择观望的时候，一定要清醒，在看跌的时候选择一个合适价位出手，这样才不会被外界所"迷惑"。

（2）只挑便宜不选贵。买东西能便宜就便宜，节俭为上有一定的道理，然而在购房的过程中，可千万别过度地"捡便宜"，毕竟房子除了供我们使用外，更是具有升值的特性。房子贵一定是有贵的价值。除了地段的差异外，品质、配套、物业等方面的差异也是导致房价不同的原因，这些足以影响购房者居住的品质。而如果考虑到投资，则更是要买好的，这样无论是增值、出租，还是转手出让，都会相对容易一些。

（3）攒够钱再出手。很多老百姓每天精打细算，攒到足够的钱才考虑买房，有的甚至是攒够了付全款，其实这样的想法是错误的。钱是活的，会用钱才会生财，而回归到购房，百姓一定要掌握一些窍门。

（4）只图一步到位。尽管刚性需求是目前房地产市场的一大特征，但购房者却不应该让自己的思想被"刚性"这两个字禁锢住。有的购房者甚至为了所谓的一次性到位花费了很大成本，到后来才发现，累了自己的同时也是一种浪费行为。

对于年轻人而言，地段好、朝向优的两居室足以与远郊超大的三居、四居媲美。地段好的优势不仅为购房者减轻了房款压力，更可以满足人们出行方便的需求。而在随后想再次置业转向改善性需求时，地段好的小两室也是二手房市场中的"畅销款"，如果出租，其租金也不菲。

7. 如何测算自己的购房指数？

看房子时，很可能觉得这套房子地段不错，但价位有一点高；或者很欣赏它的风格，而小区配套设施又不是那么完善……对购买者而言，十全十美的房子是没有的，设法引入权数概念进行量化。简单地说就是凸现某项因素对购房者的重要性，测测自己的购房指数，将有助于基本掌握理性选房的起点。

所谓购房指数，就是购房者先设置好自己的购房权数，然后对目标房子的各种因素逐一进行打分，两者相乘，最后各积数加权平均得到的一个数值，数值越大说明这套房子越适合购买。

那么权数应该如何设置呢？最简便的可以考虑四项因素——地段、价格、户型、配套。假定房子总价为100万元，选房要考虑的也就是如何用100万元分别去购买地段、价格、户型、配套。

设置权数，先从主要需求入手，即愿意为哪项需求花最多的钱。若非常在乎房子的地段，可能愿意为地段支付50万元，那么这个时候地段占的权数就是 0.5（50/100）；若经济情况一般，需要便宜的房子，可能会为价格支付 70 万元，那么此时价格权数就是 0.7（70/100）；依此类推。

现假定某人愿意分别用 20 万元、30 万元、30 万元和 20 万元去买地段、价格、户型、配套，那么买房时这四项因素的权数分别是 0.2、0.3、0.3、0.2，四个权数加起来一定等于 1。

设置了权数，接下来就是打分。就地段来讲，可以制定一条这样的评分标准：上班车程在 5min 以内的打 100 分，5~10min 以内的 80 分，距离越远得分越低。

当然，买房时标准要做得更精细一些才有参考价值。制定价格的评分标准时，自然是价格越高，评分越低，可以设 10000 元/m^2 价格为被除数，除以房价，乘以 100，得出分值；户型越合理，评分自然越高，60 分为基本居住功能，70 分为基本舒适生活，80 分整体开间宽大，90 分惬意舒适，100 分豪华大气；配套尚欠缺，评分自然不高，以市中心或区域商业中心为原点，以 300m 为单位，按距离远近，从 100 分逐渐下划分值。

比如有一套房子地段分得 60，价格为 6700 元/m^2（10000/6700×100＝149 分），户型基本舒适（70 分），配套具有预期（60 分），那么该房子的指数是：60×0.2＋149×0.3＋70×0.3＋60×0.2＝89.7。

该房子适合房价支付能力有限、愿意牺牲部分交通和配套成熟的需求、中意楼盘户型并追求舒适、看好区块未来成熟前景的人群。

8. 二手房交易的操作流程是什么？

买方看房——买方进行产权调查——买卖双方商谈交纳意向金——签订正式买卖合同——交纳首付款——卖方提前偿还银行贷款——卖方注销房地产抵押登记——买方申请贷款——买方与银行签订贷款合同——交纳税费申请过户——买方领取新房产证并抵押——银行放款——水电煤气及物业交接交房。

9. 从哪里能获取二手房房源信息？

（1）报纸渠道获得房源，可靠方便但时效性不强。在报纸上出现的房源信息一般分为两种，即房产中介公司刊登的广告和业主个人出售（出租）房屋的信息。在各大报纸的房产广告版，都可以轻而易举地找出中介公司的广告，对于消费者来说是十分方便快捷。但在这类广告房源中，有可能存在一些虚假信息，时效性也差。例如，为了吸引客户，故意让价格与周边区域低很多，或者将已出租或出售的好房源刊登出来，引诱消费者咨询，从而达到"套"客户的目的。因此，对于中介公司在报纸上刊登的房源，应该一分为二地看待。对于低出同区域房产市场价格过多的房屋，应仔细考察，不要轻易相信。

（2）网络渠道获得房源，更新快，房源多，但水分大。由于报纸对刊登信息存在一定要求和限制，同时由于刊登费用较高，限制了部分虚假信息。而在网络上发布信息，限制少，成本低，只要按步填写信息内容即可。这样，网上房源信息的虚假成分相对较多。由于网络容量较大，但太多的信息中重复的太多，容易让人"眼花缭乱"。

（3）熟人渠道获得的房源，真实保险但效率低。很多购房者通过自己身边的亲戚朋友及各种人际脉络去寻找房源，这样虽说安全系数增强了，但获得的房源有限，并且很难满足个性要求，效率较低。在一些专业操作上，消费者自己也很难去把控，不但让整个买房过程效率降低，影响到既定的购房计划实施，甚至会因为投入过多精力而扰乱正常生活。

（4）中介公司渠道获得房源，快速有效且交易安全、专业。目前，委托房产中介公司出售房产的业主越来越多，使得集中在中介公司的房源在质和量上都稳步增长。消费者通过在房产中介公司寻找房源，在一般情况下都可以真实有效，并满足购房者需求。当然，选择通过房产中介公司获得房源，在交易成功后需交纳一定的服务费，但能保证交易安全。

（5）参加房展会，比较放心但需要等待。近年来，房地产主管部门、行业协会、新闻媒体等经常举办一些房展会。房展会上会有大量的中介公司参展，是房源集中展示的一个平台。由于房展会举办的次数不多，而且时间不太确定，所以需要等待。

（6）自己直接进小区找，安全但比较费事。一些人对房产中介还有看法，所以一些房主不愿意通过房产中介，他们会在小区的宣传栏或者电线杆上张贴出售信息，这样记下电话直接和房主联系就行。但该方法对找房的人来说比较辛苦，费时费力。

10. 买哪些房子比较省钱？

（1）有缺陷需要修缮的房子。购房者可以以房子有缺陷去砍价，比如墙壁破裂、门窗残破、管道生锈等。这些缺陷不属于重大质量问题，稍微整修一下就可以正常使用，修缮费用也不是特别高。购买这种房子的时候，在价格上房东都有适当的优惠。

（2）销售时间很长的房子。有些房东为了获取高额的差价，把挂牌价格报的特别高，这样可能过去很长时间也没有卖出去。遇到这种情况，不妨先仔细看看房子，不要怕价格高，多和房东"磨"几次，房东长时间卖不出去，有时也失去了耐性。这时候，只要提出的价格不是太离谱，一般房东都能接受。

（3）房东急于出售的房子。这种房子并不是本身有问题，而是房东着急用钱，或者工作调离了房子所在地，或者其他不可抗力需要出售。买这种房子最容易"捡个大便宜"。

（4）尾房。对于多数开发商来说，很少会为区区几套或十几套尾房而投入大量的资金做广告宣传。开发商一般会委托中介公司代理销售，其实，尾房并不是代表卖不动或者不好的房子。消费者只要用心，一样能从中淘到金。而尾房的价格比较低，这样升值的可能性比较大。

11. 如何读懂二手房房源广告的意思？

为了节省费用，并传达更多的房源信息，房产中介公司一般会在一次广告中包含数条信息，而每条信息又相当简单。挑选房源、阅读广告的时候，某些表述就会使人产生"雾里看花，水中望月"的感觉。如何从简单的介绍中获得尽可能多的有效信息呢？某些标示的具体含义是什么呢？

楼层有两种表述，一种是直接写清楼层，如"五非"表示五楼但不是顶层房，"六顶"表示六楼顶层房；另一种是不仅告诉该房的楼层，而且写清了整栋楼的层数，比如"3/6F"表示整栋楼有6层，该房处于3层。

一般户型以"X.X"或"X-X"表述，如3.1、2-1分别表示三室一厅、二室一厅，容易理解。但有时会出现2.0，这表示该房的户型是两室。廊通常会用"L"表示，比如3.1L、3.L都表示三室一廊。而复式的结构会在后面注明"复式"，比如"五六复式"表示该房是复式，在五楼和六楼。有时为了表示卫生间，会在再加上一个数字，比如"4-2-2"表示四室两厅两卫。如果不注明，一般情况下就表示有一个卫生间。

房龄、基础设施、装修情况、房屋性质等都包含在备注栏里。备注中出现数字，一般不是房龄就是面积，比如："地10传达00年"表示该房地下室有10m^2，是2000年的房子。

另外，为突出房子的优势，还会注明其他事宜。比如，"可更名"表示该房房产证还没下来，可直接到开发商那里，将合同改成买房者的姓名；"明厅"表示厅朝南；"双阳封"表示两个阳台都已封。

当然，每个地区每家中介公司的表述可能不尽相同，但只要了解以上要素，就能把握住房源信息的绝大部分。

12. 如何鉴别二手房报价？

最好的办法就是通过自身身份角色的换位来核实报价。可以以出售者的身份打电话给经纪公司进行咨询，问得一个出售报价，然后再以购房者的身份打电话给经纪公司获得另一个报价。如果两个报价基本相同，则意味着这个房产的价格差不多是真实的；如果两者的报价差别很大，说明房产的报价水分较大。

另外，可以参考当地政府部门公布的已购公房和二手商品房指导价格。通过该指导价，可在整体上对区域房价有初步认识，进而以此作为参照值进行一定幅度的调整，得出一个相对比较准确的价格。

如果条件允许，可以查看经纪公司成交的历史数据。一般而言，一些比较知名的品牌经纪公司均会保留公司成交的二手房数据，消费者可以通过查看这些历史数据来判别是否是"实价报盘"。

13. 购买二手房如何"杀价"？

（1）多到几家房产中介公司和楼盘去看，多比较。对各地段楼盘的大体价格，应该做到心中有数。要充分了解该住宅的弱点，弄清楚该住宅上市多久、卖出去的原因，要尽量搞明白曾有多少人出过价，出价多少，要弄清卖主有什么附加条件、付款方式如何、是否是分期付款，最好能弄清卖主卖房的原因、必卖的期限、卖房款的用处以及当年买进房屋时的真实价格。

（2）看房时，要仔细观察房屋质量，并且多收集一些细节上问题，要有依据地暴露旧住宅的各种不足之处，如环境差、设备老化等，对对方开出的房价大胆砍价。

（3）对于长期上市仍不能卖出的旧住宅，告诉房主卖价太高，打击房主的自信心。如果了解到卖主最后的必卖日期，可使用拖延战术，一边讨价还价，一边拖延时间，等接近必卖日期时，利用卖主的急售心理，伺机杀价购买。

（4）让自己的熟人出面，通过交情，探听卖主所能接受的低价标准。为了使自己居于主动地位，砍价时要多听少讲，特别是不能轻易开口应价，要坚持不到最后关头不应价的原则。

（5）到房产中介那里，也可以让专业的中介人员帮忙杀价，一般只有成交后获得中介费，所以他们会动力帮忙杀价。

（6）可讲讲眼下手头拮据的状况，态度诚恳地讲出来，也有可能获得房主的同情，降低价格。

14. 如何规划购房资金？

对于不少人而言，买一套属于自己的房子是人生中一件相当重要的大事，拥有一个属于自己的家，可以让自己和家人有生根、安定之感。

对一般的上班族而言，用每个月薪水的积累，想单纯地利用储蓄的方式筹足购房资金已经越来越困难了。等钱存得差不多的时候，房价又涨了，而薪水调幅往往又跟不上房价的涨幅。因此，有心购房的上班族，即使心中已想好要有一个什么样的房子，但若是房价太高，也只有忍痛割舍，转而选择面积较小或是总价较便宜的房子。等到财力允许之后再卖掉第一套房子，较轻松地换取另一套自己理想中的房子。

购房的资金可以分为两个部分，一是自有资金部分，二是贷款部分。一般来说，自有资金通常为总价的 20%～30%。因此，如果已有购房的打算，必须先准备好自备款，做到心中有数。贷款比例也并不是越高越好，家庭财务结构的安全性是最重要的，如果不固定收入占了家庭总收入的大部分，在贷款比例上就应该要更加保守一点。

15. 健康住宅的标准是什么？

根据世界卫生组织（WHO）的定义，所谓"健康"就是指在身体上、精神上、社会上完全处于良好的状态，而不是单纯指疾病或体弱。健康住宅是指在符合住宅基本要求的基础上，突出健康要素，以人类居住健康的可持续发展理念，满足居住者生理、心理和社会多层次的需求，为居住者营造一处健康、安全、舒适和环保的高品质住宅和社区。也就是说，健康住宅应该是能使居住者在身体、精神、社会上完全处于良好状态的住宅。

健康住宅可以直接释义为：一种体现在住宅和住区内和住区的居住环境两方面，它不仅可以包括与居住相关联的物理量值，诸如温度、湿度、通风换气、噪声、光和空气质量等，而且还应包括主观性心理因素值；诸如平面空间布局、私密保护、视野景观、感官色彩、材料选择等，回归自然，关注健康、关注社会，制止因住宅而引发的疾病，营造健康。具体说来，"健康住宅"的最低要求有以下若干方面：

（1）会引起过敏症的化学物质的浓度很低；

（2）尽可能不使用容易挥发出化学物质的胶合板、墙体装饰材料等；

（3）安装性能良好的通风换气设备，能将室内污染物质排出室外，特别是对高气密性、高隔热性住宅来说，必须采用具有风管的中央通风换气系统，进行定时的通风换气；

（4）在厨房、卫生间或吸烟处，要设置局部排气设备；

（5）起居室、卧室、厕所、走廊、浴室等温度要全年保持在17~27℃之间；

（6）室内的湿度要全年保持在40%~70%之间；

（7）二氧化碳的浓度要低于1000ppm；

（8）悬浮粉尘的浓度要低于每立方米0.15mg；

（9）噪声要小于50dB；

（10）一天的日照确保在3h以上；

（11）设有足够亮度的照明设备；

（12）住宅具有足够的抗自然灾害能力；

（13）具有足够的人均建筑面积，并确保私密性；

（14）住宅要便于护理老龄者和残疾人。

16. 衡量绿色住宅质量的标准有哪些？

绿色住宅是基于人与自然持续共生原则和资源高效利用原则而设计建造的一种能使住宅内外物质能源系统良性循环，无废、无污、能源实现一定程度自给的新型住宅模式。绿色住宅除须具备传统住宅遮风避雨、通风采光等基本功能外，还要具备协调环境、保护生态的特殊功能。因此，绿色住宅的建造应遵循生态学原理，体现可持续发展的原则,在规划设计、营建方式、选材用料方面按区别于传统住宅的特定要求进行。衡量绿色住宅的质量大致有以下几条标准:

(1) 在生理生态方面有广泛的开敞性;

(2) 采用的是无害、无污、可以自然降解的环保型建筑材料;

(3) 按生态经济开放式闭合循环的原理作无废无污的生态工程设计;

(4) 有合理的立体绿化,能有利于保护,稳定周边地域的生态;

(5) 利用了清洁能源,降解住宅运转的能耗,提高自养水平;

(6) 富有生态文化及艺术内涵。

17. 买学区房应该注意哪些问题?

简单地讲,学区房就是处于优质学校的施教区以内的房子。但学区房和学区附近房是两码事。有时候,虽然房子离学校一步之遥,但由于学区的划分非常细致,有时也不一定能上该学校。所以在购买之时,一定要向左邻右舍或者学校打听清楚,看是不是名副其实的学区房。

还要留意的是,原房主户口必须迁出。要不然自己买了房,户口迁不进来,孩子上学还是个问题。家长在购买学区房时应与原房主签订好一条购房条约,即如果此房中有孩子正在接受义务教育,可办理退房,这样就能规避风险。

18. 买婚房应该注意哪些问题?

如果经济条件允许,建议不单基于两人世界的生活方式考虑房屋面积大小。考虑日后孩子的房间、照顾孩子的老人的房间,$100m^2$ 左右的两房或三房比较合适。如果是三房就可以一步到位;如果两房的话,早期孩子可以与大人同住,等孩子长到10岁左右,再换大一点的房子。

结婚自住而非投资，不用太关注阶段性的楼市波动，重要的是考虑自身因素，经济承受能力和自己对房子品质的期望值是两个主要因素。交通方便，兼顾夫妻双方上班时间成本。如果父母在同一个城市，也应考虑所购房与父母住房距离适宜。

19. 买地铁房要注意哪些问题？

所谓地铁房，是指离地铁较近的房子。通常认为，距离地铁站点步行 5min 内的房子，称之为"正地铁房"；10min 内称为"准地铁房"；15min 内称之为"近地铁房"。距离不同，房价、升值空间也不一样。地铁房虽然带来交通的便利，但要从以下几方面进行综合权衡把握：

（1）私密性。对于居住者而言，地铁运营带来交通便捷性的同时也会影响居住的私密性。因此，地铁入口附近的住宅应当增加安全系数方面的建设投入。

（2）隔声效果。一般来说，地铁站口大多会设在地点相对繁华的位置，其噪声、空气等污染也相对较大。所以，在选择购买地铁房时要特别关注噪声、交通拥堵等诸多问题。

（3）公共配套必须齐全。在选择购买住房过程中，还应该关注地铁房的配套设施。现在不少购房需求不是很急切的消费者，都在打算购买地铁房，期盼地铁房能够快速升值。地铁只是选购住房的参考因素之一，居住还要看配套，学校、医院、周边的商业设施是否完善等都很重要。

20. 年轻人首次置业需要注意哪些问题？

（1）买单位附近的二手房。首次购房的年轻人和大多数业主又不一样：他们一般都大学毕业不久，工作年限不长。由于初入社会，需要花钱的地方很多，生活必需品的不断配齐、同事同学关系的维系、各种社交场合的投入以及参加各种学习培训的开销已经耗去了大半收入，再加上恋爱、结婚，即使是在高薪行业工作，几年下来也很难有丰厚的积蓄。交通便利是很多年轻人首要考虑的因素。没有那么多钱，又想有个自己的家，那么可以考虑在单位附近购置二手房。考虑到经济压力和工作方便的因素，买距工作地点3km左右的房子是个不错的选择。

（2）选择小户型。对于初次置业的年轻人来说，想花不多的钱买市区的房子，那就只能"牺牲"面积了。年轻置业者不同于普通的低端购房者，他们有自己独特的生活模式，事业刚刚起步，他们要求有高效率的生活，要求居住地点与工作地点距离不太远，同时他们要求工作之余有充分的休闲空间，要求有便捷的生活渠道。因此，他们需要在市中心拥有自己的房子，但总价要在其承受范围内，他们不需要太大的空间，不想浪费太多金钱供养房子，因为他们更注重工作之外的娱乐和休闲。而小户型总价不高同时配备齐全，正契合了年轻人群体的需要。其次，小户型还具备极大的投资价值，该类户型一般地处市中心地段，租金相当可观。因此，即使作为一种过渡型的居住产品被购买，其投资价值却始终不会削减，因为其所在区域始终是整个城市发展的领头军，其地段的价值只会有增无减。

（3）年轻人应该摆脱以往"一步到位"的陈旧观念，按照租房、买小户型、买大户型房等三步走的梯级置业方式进行住房消费规划。准确把握自己每个时期的消费能力，并根据实际消费需求来选择购买适合自己的住房，才不至于使自己陷入"房奴"的尴尬境地。

21. 中年人置业升级需要注意哪些问题？

中年人由于家庭已处于成长阶段，子女已出生但还没有就业，而且支出随着家庭成员数的固定趋于稳定，可积累的净资产也正在逐年增加。可是，一旦子女考上大学，学杂费用负担便会加重，因此储蓄在子女上大学前是逐渐增加的。另外，此时，购房者的职业生涯正处于稳定阶段，更需要适当控制风险。建议此类购房者进行置业升级首先需要考虑位置与交通的便利性，然后考虑房屋的自身品质，最后才考虑财务上的承受能力。

22. 老年人买房要特别注意哪些问题？

（1）安全。①公共设施要安全：老年人在买房时要看公共设施是否安全，其设计必须符合老年人的生理和心理的需要。比如：设置通廊便于服务和交流，加强无障碍设计、光照设计，设置防滑、防撞和设置扶手等。公共设施和配置应符合老年人的交际要求，服务要做到及时。有餐饮、医疗、休闲、健身设施和各种健全的管理及服务，有各种应急的措施等。②周边环境要安全：要少有不利身心的环境因素。大部分老年人喜欢清静、清新的住房环境，老年人年纪越来越大，他们对居住的要求就相对要高一些，比如说周边不能太吵，有锻炼的场所、有公园、有水的住宅是老年人最喜欢的。他们不希望窗户对着烟囱，房子位置、周围的景观、声音等都会对老年人的行为产生一定影响。

（2）方便。低层住宅是首选，人到了老年期，随着运动功能的退化，住在楼层较高、楼梯间隔偏大的房子里，无疑会产生诸多不便。老年人喜欢宁静舒适，住郊外可远离城市的喧嚣、远离城市的拥挤。退休后，在郊外买套房是不错的选择，因为郊外房价相对便宜，空气好，院子也大，人口也不像中心城区那样密集。老年人住郊外，儿女们在时常去探望的同时，也可有机会分享郊外的阳光和绿色。郊外的房子，有的还带大花园，院子里还能种点花草怡情养性、愉悦身心。在经济条件允许的情况下，最好为老人选择低密度和绿地面积大的小区，这样老人不仅生活舒适，而且大面积的绿地更能满足老年人遛弯、日常活动等需求。孩子为老人购房时应当选择与自己居所较近区域或相同方位的项目，也就是说最好买同一大区域的房，不要离的太远。

（3）房子不要太大。不少人为老人选房时，在经济条件允许的条件下总觉得越大越好，其实不然。太大的面积对老人而言，有时确实会有一种"空落落"的感觉。除打扫起来费时费力外，空间大了以后，家具之间的距离会拉大，一旦老人出现头晕等情况，不易就近找到扶、靠之处，容易发生意外。因此，在满足家庭需要的情况下，面积选择在 60~100m^2 之间就可以了。

23. 看房时要注意哪些问题？

（1）不看白天看晚上。入夜看房能考察小区物业管理是否重视安全，有无定时巡逻，安全防范措施是否周全，有无摊贩等产生的噪声干扰等。这些情况在白天我们是无法看到的，只有在晚上才能得到最确切的信息。

（2）不看晴天看雨天。下过大雨后，无论业主先前对房屋进行过怎样的"装饰"，都逃不过雨水的"侵袭"，这时候房屋墙壁、墙角、天花板是否有裂痕，是否漏水、渗水就能一览无遗。尤其要格外留意阳台、卫生间附近的地板，看看有没有潮湿发霉的迹象。

（3）不看建材看格局。购买房屋最好是看空房子。因为空房子没有家具、家电等物遮挡，可以清晰地看到整个房子的格局。好格局的房子应该有效地把各种功能区分开来，如宴客功能、休息功能等。

（4）不看墙面看墙角。查看墙面是否平坦或潮湿、龟裂，可以帮助购房者了解是否有渗水的情况。而墙角相对于墙面来说更为重要。墙角是承接上下左右结构力量的，如发生地震，墙角的承重力是关键，而墙角严重裂缝时，漏水的问题也会随时出现。

（5）不看装潢看做工。好的装潢都会让人眼睛一亮，但高明的装潢却可以把龟裂的墙角、发霉、漏水等毛病一一遮掩。因此买房子的时候，购房者必须要注意房屋的做工，尤其是墙角、窗沿、天花板的收边工序是否细致，而这些地方往往容易被忽视。如果发生问题，对这些细小处进行修缮是件很麻烦的事，挑出这些小毛病，可以增加和业主讨价还价的筹码。一般来讲，装潢新但做工很粗糙的房子，很有可能是投资客买来的房源，其目的是低价高卖赚取差价，对这类房源要多加注意。

（6）不看窗帘看窗外。应注意房子的通风状况是否良好，房屋是否有潮湿、霉味，采光是否良好。检查一下房屋的窗户有无对着别家的排气孔。

（7）不看电梯看楼梯。电梯的功能固然重要，楼梯也不容忽视。看一下是否有住家的堆积物、消防通路是否通畅。

（8）不问屋主问警卫。可以和小区管理员或警卫聊天。因为他们是最了解该小区基本状况的，有时他们比业主更能客观、准确地告知买家房屋的相关情况。从他们口中获得所需的信息，有时还能成为买房与否的决定性因素。

24. 买二手房应注意哪些细节问题？

买二手房时，对于产权、户口、质量等"大事"大家都会谨慎对待，对于一些"小事"却往往容易忽略，但正是这些细节在很大程度上影响着购房者的居住质量和生活品位。如果能在购买前就考虑到这些细节，就能有效规避。

（1）看看楼下是否有餐馆，处于垃圾站旁，警惕臭水沟，紧靠铁路、大型化工厂、电厂等极易带来环境污染的场所。

（2）体验一下是否堵车。买房时，看着道路很顺，交通挺方便，但当真正体验的话，可能出行时间就要大打折扣了。

（3）勿贪图房主送的东西。一些房主会把空调、燃气灶、热水器等屋内配置送给购房者，这也是房主抬高房价的一个砝码。购房者切不可贪图小利，一定要仔细查看这些物品是否能用。

（4）打听是否有"恶邻"。物以类聚，人以群分。如遇上难相处的邻居，成天找事，或者"欺负外来户"，就会住得不安宁。而如果碰上好邻居，和和睦睦，不仅心情愉快，而且能互相沟通、相互帮忙。

（5）买房子要注意不要买临街的，噪声太大，而且灰尘也多。

（6）窗户的纱窗一定要买内置的，否则如果时间长了掉落，掉在地上还好，砸到人就难办了。

（7）厨房一定要有地漏，这样万一水管爆裂，还有个地方漏水，不至于让其他房间受淹。

（8）注意小区里的停车问题，年轻人买房时可能暂时没有车，但过几年有车了,如果车位数量不够,会带来非常多的麻烦。

25. 挑选二手房要注意哪些"距离"?

(1) 距离马路远近。交通繁忙的公路会有大量空气和噪声污染,铁路、机场等场所也是如此,购买此类二手房时以开窗时听到的噪声不明显为宜。

(2) 距公共活动场所的远近。距离小区活动场所近生活会比较方便,但也能给你的生活带来不便,尤其是小区游乐园、健身器械场地等,会有较大的嘈杂声。

(3) 距小区停车场的远近。特别是低层住户,多数司机在发动车后都要热几分钟车,要是车况再差点儿,那噪声恐怕得让居住者每天都被迫早起了。

(4) 距路灯远近。一般情况还是近一点好,主要是出于夜间的安全考虑,但也不能太近。如果太近,一方面有人不习惯夜里屋内仍被照得很亮,另一方面,夏天夜间的蚊虫也会距家的门窗过近。

(5) 距邻楼的远近。两栋楼紧紧相挨,俗称"握手楼"。这样的房子大多采光不好,尤其是低层住户,除此之外还存在安全隐患。购房者要特别观察一下,看是否有同较近的邻楼窗户相对的情况,看是否能轻易看到对方的生活情况。

(6) 距小区超市、饭馆的远近。超市还好一些,如果靠近饭馆,噪声只是"小儿科"问题了,最可怕的是油烟,那里边可是有许多种致癌物的。

26. 买房如何挑选好位置?

(1) 城市上风上水。在城市中心区的上风上水方向、城市主要工业区的上风上水方向,如北京的上风上水方向为西北方向。

(2) 交通便捷。交通是购房入住后每天都要面对的实际问题。购房者可主要考察房屋周围交通网络是否发达、交通设施是否完善、交通通过能力与其他居住地的比较等。这个"方便"指坐车要方便，家到车站和车站到单位的距离应该是合理的；交通要通畅，不管是坐公交车、打车还是自己开车，交通一定要通畅；离工作的地方距离要合适，路途上的时间和金钱要在自己可以接受的范围之内，要不然，每天早出晚归，就是买再好的楼盘，也不会有太多的时间享受，并且要放弃掉无数的休闲时间。

（3）城市化水平高。应在那些各种市政设施齐全地段挑选房子，这些地段一般位于城市主干道、次干道不应超过1km附近，否则有些设施难以接通，对外交通也会有麻烦。

（4）周边设施要齐全。要考虑水、电、气、通信等状况，以及学校、商店、医院等配套是否合理。配套设施的完善程度将直接影响到日常使用和今后房屋的增值和保值能力。一方面，生活设施配套齐全且距离适中，应该是买东西有市场，看病有医院，孩子有托儿所、幼儿园，有教学质量良好的小学和中学，邮局、银行等设施也不可或缺，但是这些设施离自己的住宅也不能太近，不然会干扰自己的正常生活了。另一方面，社区的安保质量、周边居民的素质也是很重要的，否则，将来三天两头丢东西，小区周围频发案件恐怕住着也不是很舒服。

（5）周边环境要优越。对于环境条件，住宅购买者当然希望自己居住的环境绿化多、自然景观多、污染少、生活闹中取静。作为工薪族买房，对环境不一定要山清水秀，但周边的空气一定要好，应该是满足正常生活起居的需要，不应该产生影响生活的诸多问题，比如噪声，离得很近的学校、市场、歌舞厅等都会产生噪声，同时，高大建筑物玻璃幕墙的光污染等都应该是尽力避免的，比较偏僻的楼盘周围有时候有大面积的荒草、池沼，在夏天会产生较多的蚊虫。周边的企业对水和空气质量的影响，也是购房时要考虑的条件。

27. 如何看房屋的市政设施？

自来水：打开水龙头看看自来水的压力大小和质量。

有线宽带：了解一下有线和宽带的开通情况，打开电视看看能收多少个台，网速如何。

燃气（天然气）：是管道燃气还是自己要扛燃气罐，大概的费用是多少，管道燃气的供应是否充足。

暖气：是什么性质的供暖，是集中供暖还是小区供暖，还是自己烧土暖气？暖气片多少？是不是够用？温度怎么样？暖气费怎么缴纳等等这些问题要弄明白。

另外，要看看电容量的大小和电线的新旧程度。老化的电线容易引起火灾，了解一下该房屋的电容量是否能满足正常的生活要求。

28. 如何看房屋的装修？

（1）看装修是否影响采光。居室内要尽量加大采光量，用人工光源补光是代替不了阳光的，要多留意是否装修中用毛玻璃等对光线进行了遮挡。

（2）看通风是否通畅。为保证空气流通，设计中应尽量保证通路畅达，少做不必要的隔断。必要的隔断，看看是否考虑通风的因素。

（3）看隔声效果如何。装修应保证活动区和休息区互不影响。

（4）看看是否环保。环保除了用材的环保外，还应考虑噪声污染和视觉污染，看是否使用吸声材料。视觉污染的防止，譬如用色不要对比过大。

（5）看设计是否简约清淡。新颖舒适、温馨简洁几乎是绝大多数消费者的心理需求。舒适体现的是设计上的功能需求，温馨体现的是居室色彩的合理搭配，简洁是指造型及造型之间的搭配，而新颖则是消费者对崭新生活方式的一种渴求。

29. 如何搜寻好户型？

房子是居住者生活的个性化私人空间，随着生活水平越来越高，人们对于居住空间的要求也越来越高，讲求居室的舒适、私密性已经成为潮流,在满足基本的居住要求的基础上,还要有休养身心、调节健康的功能。

一般来说,房型基本功能全,好销售的房型应不少于八大功能,即起居、就餐、厨卫、就寝、储藏、工作、学习以及阳台。这样的功能空间能满足人们一般的休息、餐饮、会客、娱乐等基本需求,而高端市场还会有更高的要求,例如衣帽间、多个卫生间等。

在户型安排上,要实行动静分区、干湿分区、脏净分区,在更大面积下还可实现主仆分区、商住分区等。

因为现代家庭生活水平的提高,家中的杂物也越来越多,尽管储藏室已被普遍采用,但以往大都是简易的半封闭布局,现在已把储藏室做成一个全封闭式进入式空间。尽量让储藏室与墙壁平行,让储藏室完全从外部看不出来。

目前人们已把厅分成"客厅"和"餐厅"两类功能,客厅和餐厅错落分开,类似于手枪式的起居厅设计已被广泛使用。

在户型设计上,朝向和通风也是人们特别注重的一个问题,在朝向上特别考虑阳光的照射问题,因此南面的朝向普遍受到欢迎。而通风所要注意的是人对空气流动的基本要求,特别在门、窗关闭状态下,空气要处于相对静止状态,门窗开启要保证室内外空气顺利流通,夏季要有穿堂风,要能迅速排除室内空气的异味。

户型的选择有共性的问题,但更重要的是要让人感到身心舒畅、使用方便,适合自己,充分满足自己的个性化需求。因为各花入各眼,每个居住者的要求都不会完全一样。

30. 好户型的标准是什么?

(1) 主卧室要求舒适,面积也应相对较大。要求进深较宽,面积不应小于 $14m^2$,$16m^2$ 较为合适。

(2) 起居厅和主卧应避免互相干扰,相对独立。这种户型往往会多一条内廊,有人认为此内廊是浪费了面积。其实厅卧相连的户型虽然没有内廊,但厅内诸多房门附近不好利用,而且卧室受干扰大,动静不分。比较而言,厅卧分开,卧室私密性得到保证,厅卧功能互不干扰，能更好地满足住户的各种需求。

（3）厨卫的配置是否科学合理，能否体现洁污分区的原则。要注意管道的走向安排是否合理，注意房内有无公共管道，如消防管道、上下水公共排管等。最好选择集中管道外移、各种管道不穿楼板的住房。

（4）门窗密闭效果良好，上下楼板及相邻的分户墙隔声好，无漏水等施工质量问题。

31. 哪些户型是不可取的？

（1）客厅左右都有通往卧室的门，这样的客厅毫无独立性可言，家人出入卧室都须经过客厅，如果有客人在谈话，实在是不方便。

（2）厨房布局无流程考虑，厨房的水龙头与切菜案台不在同一侧，没有并联，这样把洗完的菜拿到案板上很不方便，把水淋得满地都是，有的碎菜还总要掉到地板上。

（3）卫生间居中，不利于浊气散发。厕所居于住宅中部，厨厕相连，不能对外开窗，致使厕所门和排气窗经过厨房等弊病，污染了厨房卫生。

（4）卧室无私密性。即客人去客厅，首先要经过卧室的门才能到达，这样使卧室无私密性可言；另一点，卧室距离邻居的窗户太近，近在咫尺，岂不是在别人的监视或监听下生活。

32. 买小户型应把握哪些原则？

毕竟小户型是一种过渡性居住产品，购买者在将来都会进行二次置业，那么这个时候，手中的小户型是否易租好卖就是很关键的。消费者在购买小户型时不妨遵循以下三大原则：

（1）在商圈内购置小户型。由于商圈内本身巨大的升值潜力以及区域内经济繁荣、商务氛围浓厚，消费能力强大，为小户型投资价值的实现提供良好的基础。

（2）周边交通、配套要齐全。在巨大的出租市场上，交通、配套这两大因素在其租价中起着至关重要的作用，因此，在选择时关注这两点，是保证投资收益较高的重要因素。

（3）户型格局合理，有效使用面积较高。户型格局合理与否，对于出租市场的租金高低有一定影响。小户型由于其面积小，如果设计不合理，就会造成局促感，其居住舒适性大打折扣。因此，在购买小户型时一定要注意户型最好是明厨明卫，且房间内的透气性一定要好，实用性要高。

33. 什么是得房率？

所谓得房率其实只是业界的一个通俗说法，现行的房地产法律法规和文件中并没有"得房率"这个词的解释，但它却和购房者的切身利益息息相关，很多购房者还是把得房率作为买房的重点考察内容。

一般情况下，多层住宅的得房率最高，基本控制在 85%～90%，小高层得房率约 80%～85%，高层一般在 75%～80%，办公楼为 55%～60%。

很多购房者希望自己买的房子得房率越高越好，觉得这样钱花的才值；但同时，一旦入住，特别是高层住宅，每天需要花大量时间用于等电梯或搬家时，面对狭小的走廊，很多大件家具无法顺利搬进去。造成这样、那样问题的主要原因就是得房率。

计算房屋面积时，计算的是建筑面积，所以得房率太低，不实惠；太高，不方便。因为得房率越高，公共部分的面积就越少，住户也会感到压抑。那么得房率究竟是多少才是合理的？这主要还是要看公摊面积设计得是否合理与科学。一般，得房率在 80% 左右比较合适，公共部分既宽敞气派，分摊的面积也不会太多，比较实惠。

商品房公用建筑面积的分摊是以栋为单位的，本栋楼房的住户分摊的公用建筑面积为单栋楼内的公用建筑面积，与本栋楼房不相连的公用建筑面积不分摊。住户得房率稍低一些，能够享用的公共面积就会增大一些,整体的舒适度和便捷度也会有所提升。

一些档次高、配套齐的小区,都设计了独立的单元门厅,面积10~20m² 左右,这一部分通常也会降低得房率,但是小区整体档次高了、品质提升了,居民的居住舒适度提升了,生活更加便捷,消防安全有了较好的保障,受益的同样是业主。

34. 影响得房率的因素有哪些?

影响得房率的最直接原因就是公摊面积的大小。公摊面积包括两部分:其一是电梯井、楼梯间、垃圾道、变电室以及其他功能上为整栋建筑服务的公用用房和管理用房建筑面积;其二是套(单元)与公用建筑空间之间的分隔墙以及外墙墙体水平投影面积的一半。具体说来主要体现在如下几个方面:

(1)房型结构。例如一梯多户可能与一梯二户需要分摊的公用面积相差无几,可户数增加了,总套内建筑面积增加了,则每户需要分摊的公用面积就会减小。

(2)楼盘形态。一般来说高层得房率最低,小高层次之,多层则得房率较高。

(3)物业类型。一般来说板式得房率最高,叠式次之,点式则较低。

(4)公共活动区域大小。一般来说,高品质的物业多建有高挑大堂、宽敞电梯、室内车库,这些都会占用到大量公摊面积,故得房率相对较低。

(5)何种面积不算做公摊面积?车库、会所等具备独立使用功能的空间;售楼单位自营、自用的房屋;为多栋房屋服务的警卫室、管理用房、设备房等。

35. 如何看物业管理水平?

一般来说,物业管理公司提供的服务包括三种:一是公共服务,如保洁、保安、绿化、房屋维修等服务,这是基本的部分;二是代办服务，如代收水电费等；三是特约服务，如室内维修、代送报纸等。不仅如此，物业公司还应该在小区里定期公示维修基金和停车费的收支账目，接受小区业主监督。要想在买房前都搞清楚物业公司的水平，可以从七个方面判断。

(1) 看门卫对陌生人的态度。除了业主，保安对主要的三类访客应该有不同的接待办法：经常进入小区的保姆、送奶工、快递员等，这些人进出小区，门卫是不闻不问，还是会按月给他们办理临时出入证；业主的朋友进入小区时，门卫有没有电话询问业主家庭并登记；临时性访客比如调查员、看房者进入小区有没有登记，保安人员有没有陪同。

(2) 看小区公共区域。小区绿化是不是修剪得比较整齐，路面上能不能看见垃圾，人工河道和水景里的水质是不是清洁，有没有异味，有没有蚊虫飞舞。车行道、人行道、楼道等公共区域能不能看见黑色污垢。

(3) 看建筑外墙面。小区楼房的外立面能不能看到明显的污渍、锈斑，通常物业公司如果能一年清洁一次外立面，即使很少做其他的外立面整修，也能让房子表面看起来比较干净。

(4) 物业反应的速度。物业报修电话应该保证24h有人接听，急修半小时内必须上门，如果是一般的报修，能不能在1d内处理完。如果有业主投诉，多长时间能答复处理完毕。

(5) 看安全防卫级别。小区的巡逻保安是否认识业主，你在小区里兜一圈，能看见巡逻保安几次。如果小区保安不认识业主，巡逻频率又低，业主的安全就悬了。行业标杆万科物业的保安被要求做到100%认识小区业主的车，上岗3个月内认识70%的业主。

(6) 小区围墙是不是都安装上防盗网、防爬刺等防盗设备，住在低楼层的业主是不是特别加强了安全保卫措施，是加装防盗系统，还是在特定时间段增加巡逻和监视次数。闭路监控镜头是否24h监视。

(7) 看各种设备的状况。大型机电设备每年都要进行保养维修，每月检查。虽然配电房、设备间等地方无从考察，但是也可以从其他设备上看出物业管理的质量。防盗门是不是能正常开合，楼宇对讲功能是不是正常,电梯按钮和灯具是不是完好,电梯内是不是整洁,露天和楼道的公灯能不能正常使用。

36. 买房选楼层需要考虑哪些因素?

(1)光线。从光线的角度考虑,楼层自然不适宜太低,低层住房的阳光会被周围的建筑物遮挡。但楼层过高,角度不对,也会影响阳光的照射。

(2)噪声。城市的噪声源很多,噪声会影响人体的健康,让人吃不香、睡不着、学习效率降低等。楼层低吸收的噪声就多。但如果低层住房周围有树木、隔声板之类吸收声波的物体,就会好一些。

(3)视野。这一条不必多说,肯定楼层越高视野越好。但是顶层房太阳直射楼顶,夏天会很热。

(4)灰尘。一般认为9~11层是扬灰层,灰尘都会悬浮在这个高度,不上不下。扬灰层是指由于气流和建筑微环境的影响,建筑物在一定高度范围内的部分灰尘密度较大。但不一定是高层的9~11层,因为其具体高度受诸多方面因素影响,在不同地区、不同城市、不同市区甚至不同小区都有差异,这跟灰尘密度、周围建筑高度和气流湍流特性都有关系。不同建筑的"扬灰层"并不相同,不能一概而论。

(5)风俗。中国人一向偏爱数字6、7、8,讨厌4。而西方视13、18都是不吉利的数字,这个要根据个人信仰作出选择。假如什么都不在乎,选择"不吉利"的楼层在价格上反而能享受更多优惠。

37. 购买一层房有哪些优缺点?

(1)一层房的优点是:进出方便省力,尤其对家里有老人、身体不好、行动不方便的人来说,很适合;大多一层房的房子都带院子的,可以有很大的利用空间,小孩子也可以有个玩耍的空间;夏天比别的楼层阴凉，可以少用空调。

（2）一层房的缺点是：如果是造得比较早的房子，地基不高，一层房容易潮湿阴冷；一层房的光照会是最差的；一层房是每户人家必经之路，噪声相对较大；一层房最容易被小偷等光顾；一层房的私密性也较差；蚊虫较多。

38. 购买顶层房有哪些优缺点？

（1）顶层房的优点有：视野开阔，对保护视力有好处；通风、采光效果好，阴雨天能节省照明用电；受外界噪声影响小，没有楼上住户的噪声干扰，也不会受楼道邻居上上下下的干扰，比较安静；因穿行的人少，楼道比较卫生，而且个人空间较多；蚊虫较少；私密性好等。

（2）顶层房的缺点有：夏热冬冷，夏天要比低层住宅多耗费电资源和水资源；如果屋顶的建筑质量有问题，容易出现渗水、裂缝；水压一般比较小；高层住宅的顶层房最怕停电，公摊电梯运行费以及电梯维护费用比较多；没有电梯的顶层房，爬楼梯比较辛苦，不适合有老人的家庭等。

39. 购房选择什么样的朝向？

（1）从房子朝向的选择上来讲，正南向的房子一定优于正北的房子，也会比正北的房子要贵不少。如果不能接受太高房价的话，则宁愿买单价高、面积小一些的南向房也不要考虑那些相对便宜的北向房。这对于家中有老人和正处在生长、发育期的孩子的家庭尤为重要。

（2）对于东南、西南朝向房产大家就要根据自己的喜好来选择了，东南朝向的房子得到的日照要早于西南朝向，而西南朝向的房子在一天之中的"日照时间"要高于东南向的房子。一般来说，南向或偏南 30°以内的东南向、西南向都是较好的朝向，能够保证一天之内房屋接受至少 2h 的阳光照射。

（3）就房屋内部空间来说，客厅卧室朝向最重要。客厅是一套住宅中使用率最高，使用人数最多的房间。客厅的朝向以南向为最佳方向，客厅朝南，冬天可以晒进太阳，在夏天又是凉风习习。卧室朝向为东南、东、东北也可。最好不要选朝西卧室。如果是两居室或三居室，有一间卧室朝向北方尚可。

（4）卫生间一般较潮湿，易滋生病菌，因此要保持采光、通风，最好避免选择西向的卫生间。厨房的油烟产生量大，形成时间短，靠自然通风难将其在短时间内排出，所以一般会用抽油烟机或是排气扇向外排气，厨房最好不要选择北向。

40. 买二手房电梯是不是越多越好？

在相同电梯数量的情况下，肯定是户数越少越好，就像三梯四户肯定比三梯八户要好，但是如果遇到不同电梯、不同户数的情况下，又该如何选择呢？一个简单的做法是用电梯数除以户数，得到每户的电梯数，这个数字越大越好。就像两梯三户的每户电梯数为0.67，三梯四户的每户电梯数为0.75。但这仅仅是一个参考的因素，还要综合其他因素来选择电梯二手房。

单层户数越多，公摊面积就越大，每月的物业费里的"水分"也就越多。除了物业费外，维修费中的电梯因素也需要考虑。如果电梯越多的话，承担的费用会更多，这也是一个大问题。

41. 如何辨别二手房真实"年龄"？

（1）查询房龄最可信的方法是去房产交易中心查询。

（2）可以从周围居民确认一下房屋的真实年代，不要随便听信中介公司关于房屋年代的介绍。

（3）房屋内如果新近装饰过，可以进入厨房、卫生间观察，因为厨卫的装修比较难以改变，一般从厨卫的装修比较容易判断出房屋的大概年代，由于地板的装修不容易更换，地板的成色及款式也比较容易看出房屋装修的新旧。

（4）观察楼道情况，了解户表状况。

（5）查看产权证，产权办理时间也能大致判断房屋时间的年限。如果是单位房，可由产权办理时间向前递推两三年；商品房则递推一两年时间。

（6）对于房屋年龄不放心的客户，在与房东签订二手房买卖合同的时候，可以在合同中进行约定，如果房屋的实际建造年限与房东所提供的不符，房东应承担违约责任。

42. 如何对二手房质量进行检验？

门：大门、房门的门插、门锁是否太长、太紧；门插是否插入得太少；门间隙是否太大；门四边是否紧贴门框；门开关时有无特别的声音。

窗：窗台下面有无水渍、爆裂、撞凹现象；行走时是否吱吱作响。

地面：地板间隙是否太大；柚木地板有无大片黑色水渍；地脚线接口是否妥当，有无松动。

顶棚：顶棚有无水渍、裂痕；特别留意厕所顶棚有无油漆脱落或长霉菌。

墙身：墙身、顶棚楼板有无特别倾斜、弯曲、起浪、隆起或凹陷的地方；墙身顶棚有无部分隆起，用木棒敲一敲有无空声；墙身、墙角接位有无水渍、裂痕。

厨厕：厨、浴用具有无裂痕；裂痕有时细如毛发，要仔细观察。坐厕下水是否通畅，冲水声音是否正常，冲厕水箱是否漏水。厨房瓷砖、有无松动、脱落及凹凸不平。砖缝有无渗水现象，浴缸、面盆与墙或柜的接口处防水是否妥当，厨具、瓷砖及下水管上有无水泥没有清洗干净。水龙头是否妥当，下水是否顺畅，厨房、浴厕地台下水是否快速妥当。橱柜柜身有无变形，门是否能顺利开合。

其他：衣柜门是否牢固，试一下全部的开关、插座及总电闸有无问题；试燃气、热水器开关是否妥当。

43. 二手房交房时需要办理哪些手续？

在房产交易中因交房而产生的纠纷主要表现在水、电、燃气及其附属设施和房屋装修等方面。如果在买卖双方的《房地产买卖合同》中，对上述情形予以关注，那么在实际的房屋交接过程中，这样的矛盾会很大程度上被避免。因此，为尽可能地减少今后的麻烦，在交房时应注意以下事项：

（1）结清水表账单。大多数的房产上下家不需要办理水表过户手续。但在交房时根据买卖合同的约定，双方须要进行抄表读数，并按实际的抄表数由业主结清所欠费用。交房当日要求上家携带好近期的水费账单，并可以向相关部门查询该房产已往的水费欠缴情况。

（2）告知电表状况。按规定，凡发现私自装拆电表箱、私自开启封印、擅自改变计量装置等行为均属违章行为，违者按违章用电处理。因此，在交房时建议买方亲自查验电表是否有移动改装的痕迹。在办理交房手续时除双方核对电表读数外，还须双方携带本人身份证件、房产证等前往所在地电力营业厅办理电表过户更名手续，并结清该电表的所有欠费。

（3）协助燃气过户。按照燃气公司的规定，上下家必须凭《房屋买卖合同》，其中须写明本房价已包含燃气设施费或该燃气设备无偿转让的证明文字，以及上下家的身份证，上家近期的燃气费账单，双方亲自到燃气部门办理过户更名手续。

（4）协助有线电视过户。有线电视实行一户一卡制，如遇上家拖欠费用的情况，时间一长，有线站会作封端处理。因此在交房时买方可要求卖方提交交房当年的有线电视费收据凭证及有线电视初装凭证。买方凭上述两样资料和新的房地产权证，即可到房屋所在地的有线电视公司办理过户手续。

（5）结清电话、宽带费用。如果买房无须延用卖房的电话号码，则卖方可以去电信公司注销或迁移该号码，然后买方另外自行申请安装电话。如果买方需要延用卖方的电话号码，则买卖双方一起到电信部门办理过户手续，并以交房当日为准结算话费账单。至于宽带费用以交房当日为准并以上月账单结算。

（6）结算维修资金。按照房地产管理部门的规定，住宅转让时，维修资金账户中余款是不予退还的，因此卖方凭《商品住宅维修资金结算交割单》可向买方按实结算或赠送给买方。同时维修资金的所有人更名为买方。

（7）物业更名及结算物业管理费用。建议买卖双方到房屋所在地的物业管理公司办理，以交房当日为准结算物业管理费。

44. 购买二手别墅的细节有哪些？

如何选择二手别墅，大到地段、资源的选择，小到户型、社区景观的设计等等，许多细节都不应被忽略。以下五大细节需多加留意。

（1）买别墅就是买资源。选购别墅就是在选购资源，因为别墅的稀缺性，才能衬托出购买者的身份和社会地位等。无论是小区的内部景观抑或山水等外部资源等都是产品保值和增值的重要价值点，不过不一样的景观所掏的"银子"也各有不同。

（2）建筑质量是关键。由于很多二手别墅的建造已经有一些年代，因此必须注重建筑质量，包括房型的建筑使用面积与产权证是否有出入；房屋的内外部结构是否做过改动，室内装修如何；了解房内管线的走向、承重墙的位置等等，从墙体、地面，到门窗、管道，每个细节都要认真观察。

（3）考察配套设施。虽然多数别墅都被用作"第二居所"，但是也必须注意小区的交通、生活配套、物业管理等细节。以交通为例，由于别墅多是在较偏远区域，便捷的交通十分重要；而小区的物业管理在很大程度上也决定着其总体价值。购房者还应注意到购买房源周边是否有拆迁改造等规划，是否影响居住等，从大局上把握好。

（4）户型结构要合理。别墅产品的户型有很多讲究，合理的结构也能保障居住的舒适性。通常来说，花园离餐厅应该更近些、全家常聚在一起的餐厅要重点考察、顶层房最好有个主卧、露台并非越大越好、尽量选择双首层别墅（入户首层和花园首层）等因素购房者应更多考虑。

（5）税费等成本心中有数。购买二手别墅要看其"两证"是否齐全，对于无证的别墅，消费者一定要权衡，购买风险很高。别墅是高档消费品，因此国家对于别墅开征的税费与普通住宅有很大区别，特别是卖方如果不了解税务部门对别墅的税费征收情况，往往会支付很大比例的税费，购买前应咨询清楚。此外，由于早期的别墅从景观、结构、外墙等等方面都有缺陷，入住前可能也要进行装修改造，对成本预算也应充分估计。

45. 投资二手房要注意哪些问题？

和其他投资项目一样，二手房投资分为长线投资和短线投资两类。长线投资主要依靠所购买房屋的租金收益获利；短线投资主要是买房用于出售，靠转手出卖的房屋差价赚取利润。无论选择哪种投资方式，都需要根据个人的经济实力量力而行，从地段、配套设施、房屋质量等多角度衡量投资价值。

（1）估计自己的财政实力。为避免盲目投资影响正常生活，投资二手房前要估算个人的流动资金和固定资产，以及可以抵押的财物如股票、债券、基金等的总价值。家中的流动资金不得少于三个月家庭开支数量的总和。充分预计生活中可能发生的变故，预留一定的流动资金。一方面能保证有充裕的资金和时间应付突发的变故，以保障正常生活不受影响；另一方面，也是为投资解决后顾之忧，使自己保持良好的投资心态。

（2）考察房子本身的情况。地段和人气是决定二手房投资价值的关键因素。某一地段的二手房交易活跃程度是判断该区域投资价值的风向标。对于长线投资者来说，为保证日后稳定的租金收入和尽量缩短房屋空置期，还应了解房屋所处地段的租赁供需状况、租金高低、空置率等。无论是求好卖还是好租，完善的周边生活配套和便捷的市政配套设施必不可少。相对于新房而言，二手房的配套条件是看得见、摸得着，容易考察。医院、学校、超市、菜市、邮局、餐馆、道路交通等是重点考察指标。同时还要考察房屋周围有无噪声、有害气体、水污染和垃圾污染，以及小区环境、保安和卫生状况。了解小区水质、供电容量、供热系统及方式、物业管理和各项收费标准、电视接收的清晰度等。这对将来投资卖或租个好价钱尤为重要，决定了房屋的投资升值空间大小，以及投资回报率的高低。一般投资配套相当完善的区域，在需求旺盛时期，即使有政策调整，所受的影响不会太大，价格易保持坚挺。

（3）尽量玩"小"的。二手房作为一种投资产品，质量的优劣决定了其增值和投资的价值。投资二手房前期可先选择小户型的二手房，如一室或两室户。按照市场需求，$50\sim 90m^2$ 的中小户型二手房属于投资热点，这类房屋总价低，即使单价较高，购房者也可以接受。切忌选择一些面积太大的房屋，面积太大即使价格便宜也很难出手。因为小一点的二手房占用资金不是太大，出租也较灵活。租金收益往往并非和面积成正比，而与地理位置有很大关系。

（4）选择专业的中介公司。二手买卖也好，再次租售也好，专业中介是必不可少的。专业的投资中介会提供专业投资的服务，诸如物色投资物业、争取更优惠价格和租客打交道等。资深中介会协助处理投资过程中出现的各种小问题，对于投资者确实提供不少便利。当然，在专业中介的帮助下，投资者对整个投资过程需要了解什么、注意什么也应该心里有数，也好对中介的说法有一个衡量的标准，避免被中介牵着鼻子走。

46. 投资房产有哪些好的建议？

（1）商业地产投资方向，回避综合商场店铺，可考虑商务公寓或者写字楼项目。

（2）密切关注工业地产。伴随物流以及电子商务的发展，工业地产的需求大增，并且受政策影响较小。

（3）全球视野配置房地产资产。不妨适当考虑海外置业，尤其在一些国家住宅地产处于低迷期，出现了不少性价比高的项目，可把握时机介入。

（4）当前旅游地产以及文化产业是个热门方向，到该领域投资，可规避政策风险。

（5）房地产行业投资应密切关注人口红利转折点，人口红利转折点很可能是整个房地产行业分水岭，无论是购房投资还是清盘，都应考虑这个时间节点。

47. 二手房投资有哪些诀窍？

（1）跟风性选择。看新房哪个区域涨得快，则同一区域的二手房通常就具有较大的投资性。同一区域的新房与二手房在地理位置、周边环境、生活设施等条件上都有较强的类同，相差的无非是房子的新旧程度及小区环境，但这两点对价格的敏感度不起主要作用。因此新房涨得快的地区，二手房通常就具有较大的投资性。

（2）了解政策倾向性。哪里会开轨道交通，哪里有绿地建设，哪里是重点开发区等等。区域层次提高了，区内的房子自然就得利。

（3）价格、年限和物业的装修新旧程度也相当重要。一般来说，年限越短的二手房，越有投资前景。反之，二十世纪七八十年代的房子价值较低。

48. 二手房投资有哪些系统风险？

只要是投资，就必定会有风险，投资二手房也是如此。因为买二手房涉及的问题很多，更有一些中介在其中"兴风作浪"。系统风险来自于两个方面，一是市场方面：即房屋价格因整个宏观经济形势的变化而变化，如果在房价高时买房，而在低价时卖出，就会造成很大的损失；二是行政政策方面，如城市拆迁，虽然拆迁时有补偿，但会造成不必要的损失，如果投资者买下了非法建筑、被依法查封或者被依法以其他形式限制房屋权属转让的房产，损失就不可避免了。

49. 二手房投资有哪些个别风险？

个别风险是由于某些不利因素的影响而给个别投资者带来的风险。主要有四种：

（1）出租管理风险。如果是想通过收取租金体现收益，在购买之前就应该想清楚，这一区域的房子可以租给谁，租金多少。如果大家都想投资房产，通过租金获益，房东多，房客少，租金就会自然呈下降趋势。另外，出租住房获益是一个漫长的过程，同时还要考虑对出租住房的管理和出租前后的变动因素，如果这套房子离自己住的地方很远，照应起来成本就太高了。一时找不到租房者；二手房供大于求，租金下降；租房者不守信用，一跑了之，甚至变相偷走房中家具、留下大笔电话账单。这些都是现实中的风险。

（2）变现风险。不少人只看到二手房房价节节攀升，但是一旦投资者急需现金，将房子拿到市场上出售时，才会发现有可能"有价无市"，难以靠升值后的价位售出获取差价。

（3）中介圈套风险。一些从业人员的不规范行为对二手房市场价格上扬起着推波助澜的作用，最终倒霉的还是投资者。

（4）突发事件风险。这种风险属于不可抗力，是任何投资者都难以预料和避免的风险，比如自然灾害等。

50. 怎样规避二手房投资风险？

（1）详细了解政策。在投资二手房之前，一定要认真地了解国家以及当地政府对待二手房的政策，要知道政府支持什么、反对什么、限制什么。能利用好相关的政策，就会赚钱；反之，就会因为违反政策而造成损失。详细了解城市的规划和二手房交易中的所有费用很有必要。

（2）查验清楚房屋权属。二手房交易需要与形形色色的人打交道，在对对方一无所知的情况下，只有对房屋的权属和交易流程仔细把关，才能保证安全交易。在投资购买前，要去管理部门查验房屋权属，在确定房屋权属没有问题后才能进行交易。

（3）规划好如何投资。对于长线投资来说，在买房之前就应该想清楚，该区域的房子可以租给谁，租金多少。确定出租给公司的，最好是选择同一层里有其他公司办公的商业办公大楼，不要购买居民区里三居室以上的房子做投资，一般公司不会把办公地点选择在居民区里。如果可供出租的房屋太多，而需求较少，租金自然就会下降，同时还要面临房屋闲置的风险。

51. 投资商铺要注意哪些问题？

（1）多看。①看商铺的展示性，有无大楼、大树挡住视线；一般来说，转角的店面展示性更为突出。②看门面，商铺最好有独立的门面，门面越宽越好。门面宽就能更好展示商家形象，亮出招牌，让过往行人看到。③看店面形状，是否方正、有无柱头，有无浪费或不可利用的空间；理想的商业建筑结构以框架为佳。④看绿化隔离，有无长的绿化隔离带阻碍进出。看有无方便的、临时的停车空间。⑤看周边商家，如选择成熟的商业街，还需要仔细观察所选店面周边有无著名连锁品牌专卖店入驻。因为品牌连锁机构的商业选址工作相当系统化和专业化，借这些公司的市场判断能力，可以增加投资成功的把握。

（2）多听。听商铺门口过往的人流、车流。一般来说人流越密集的商铺价值就越高。所以选择商铺应在办公楼、交通枢纽、学校或居民密集区附近，这样能保证有固定的消费群。商铺的收益诀窍在于商铺门前的有效人流量，总量越高越好。

（3）多问。问相邻的商铺租金价格，问周边楼盘居民的消费水平。一般来说在周边购买力较高的区域，商铺的价值更高，获得更高的租金和较好投资回报率的机会更大。要问商铺周边商家的生意好坏、商铺的租金价格。商家生意越好，商铺租金价格越高，商铺价值也就越高。

（4）多跑腿。买商铺一般都是长线投资，所以一些目前地段不太好、位置不理想的地方并不见得不适合投资，商铺投资要看发展前景。经常看到一条路或一个桥的打通可以盘活一条商业街，同时一个商业广场或大卖场的开建，带来人气，从而带来财气。所以了解城市发展规划非常重要。

套现能力是评估商铺价值的重要指标。产权和经营权独立、租客如云的商铺是投资高手的热门首选，这种商铺容易成功套现；相反，不独立的商铺，一旦出现纠纷，将增加套现风险。

52. 投资公寓有哪些优点？

（1）户型较小：公寓一般都是小户型，面积小、总价低。

（2）可商可住：公寓是在商业性办公用地上建造的，可供办公、酒店等商业用途，同时户型大小和设计上又适合住宅，购买者可自住，也可出租给企业或住户，或两者兼而有之。同一购买者，在不同的时段用途也有所不同：有的购买者纯粹是用来自住，有的则是用来投资保值。

（3）配套优越：公寓一般是作为写字楼的搭配性产品建造，大多处于城市或区域核心地段，因临近写字楼、商场等而有较稳定的租赁客户群。

（4）不限购不限贷。由于公寓是商业用地，所以不在限购限贷之列。

（5）精装修，省去装修烦恼。目前大多数公寓都是精装修的，购置这样的房子，可以拎包直接入住，为买房人省去了很多的麻烦。

（6）物业管理较好。公寓的物业管理一般都比较好，一般住宅是无法与之相比的。

53. 投资公寓有哪些缺点？

（1）产权年限短。与住宅 70 年产权相比，公寓通常产权在 40～50 年，使用年限只有住宅的 2/3 左右，只有极少数由于补交了地价或其他原因可以达到 70 年，如果将总价平摊到使用年限上，公寓的年使用成本会明显高出。后续产权如何处理，目前也没有明确说法。

（2）物业费较高。公寓由于提供各种商务服务，并且有些物业会将公摊的水电费用包含在内，形成了公寓物业管理费居高不下的局面。

（3）水电费一般较高、不能用明火。公寓是商用水电，粗略估计，商用水电大概是民用水电的一倍。有些项目管理严格，就算是瓶装燃气也不能送上楼，日常居家只能一切电器化，用电费用更高。

（4）如用来居住，氛围较乱。因为公寓都是商住两用的，一些人将其作为办公地点，如果居住的话，办公的人来来往往，可能会显得比较乱一些。

（5）宜居性较差。通常商务公寓在户型设计上会更倾向于办公，一般都不设计阳台，与住宅相比不仅赠送面积减少，而且宜居性也会略差些。一些公寓，户型单一，无独立厨房、客厅，缺乏足够的储存空间，不适宜日常起居。

（6）贷款利率高，不能用公积金。个人贷款购买公寓首付是50%，利率为基准利率的1.1倍。公寓的贷款是不能使用公积金贷款的，亦不能以购买公寓为由提取公积金。

（7）不能入户、无学区。能否入户，关键要看项目所在地块是按照什么性质审批的，如果是纯商业性质，就不能单独立户，所以公寓是不能入户的；如果是综合性质，那么其中的商业部分不可立户，而住宅部分则可以入户，所以有些商用楼有一部分可以入户，也是这样的原因。和"无法入户"一样，公寓也是不带有学区的，就算有名校相傍，但业主的子女却无法享受名校学区。

（8）得房率不高。公寓一般得房率不高，市场上大多公寓只能有70%左右的实用率。而住宅则不同，住宅公摊相对较小，实用率能达到80%以上，有些旧房改房，实用率还能达到90%以上。

（9）转手成本太高。公寓的转让交易税费，比住宅而言，没有"满五年"或者"不满五年"的区别。住宅二手交易可免收交易印花税、土地增值税，但商用公寓交易不能免收。土地增值税的征收一般按出让土地增值额的高低实行四级超率累进税率,即按增值额的高低,对增值部分征收30%~60%的税费。此外,还需按物业交易总价征收5.5%的营业税。各项税费加起来,通常达到物业交易总价的10%~14%。

54. 投资写字楼要注意哪些问题?

投资写字楼首先要意识到,当写字楼租不出去的时候,它只能闲置在那里,而不能像住宅一样,可以自己住。所以,投资者一定要慎重。投资写字楼要注意以下几点:

(1) CBD区拥有便捷公共交通条件的优质项目为首选。是否位于城市的主中心区,是衡量一幢写字楼的档次和是否具有投资价值的要素之一。但是该区域的政府规划是否对"楼宇经济"利好、附近是否有提供客源的产业基础、周围是否具备企业办公所需的商业配套,都需要加以提前考虑。偏远且交通不便或交通拥挤的写字楼项目,日后出租通常较难,投资风险大。另外,停车位数量应列入考查范围,车位配比过低的项目招租也困难。

(2) 产品硬件配置要完善。对于实际租住的企业来说,写字楼的品质至关重要,它包含很多方面内容,如空调系统、电梯、停车场车位、建筑立面、大堂、层高、洗手间、景观、网络等都需逐一比较、现场观察。写字楼定位不同、硬件配置不同,能满足的承租企业也不同。

(3) 物业服务要专业。物业管理的好坏是决定投资能否保值增值的、至关重要因素,首先要看物管公司的品牌和社会口碑,关键是看其能否做到严谨、安全、细致、周到、快捷等,最好是在行业中拥有品牌知名度并具备实际管理经验的品牌服务企业,这样服务品质更有保障。

(4) 选择带租约的二手写字楼。租约长达3~5年的二手写字楼,哪怕售价与附近写字楼相比高也划算。因高档写字楼普遍管理费高,如几个月空置,管理费的损失对写字楼整体租金收入影响很大。

(5) 要瞄准目标客户群。在投资那些可以分割成很小面积进行出售的办公楼时，要特别当心。虽然总价上可能会便宜些，但由于进驻物业的公司档次较低、流动性大，再加上小业主太多，会影响到该办公楼的整体水平。当市场不好的时候，小业主会竞相压价，对客户进行的争夺战同样会影响到投资者日后的收益。

55. 二手房买卖要签订哪几个合同？

二手房买卖过程中，一般要签订三个重要的合同。

(1) 中介委托合同。如果是通过中介买房，一般都会签一个居间合同，此合同有时单独签，有时必要的条款在二手房买卖合同里体现。

(2) 房屋买卖合同。这个合同中，买房人一定要看仔细房屋原来的所有权是谁，房屋的面积有多大，房屋的价格是多少，各种费用的结清问题。对于出卖人来讲，成本最低的方法就是签订一个相对细致的合同，各个条条框框都签订好了，也能避免纠纷。

(3) 银行贷款抵押合同。如果买二手房时房款不是一次性付清的，那就得签银行贷款抵押合同，这个合同一般会涉及买房人和贷款银行。

56. 订立二手房买卖合同要遵循哪些原则？

(1) 平等原则。根据《中华人民共和国合同法》第三条："合同当事人的法律地位平等，一方不得将自己的意志强加给另一方"的规定，平等原则是指地位平等的合同当事人，在充分协商达成一致意思表示的前提下订立合同的原则。这一原则包括三方面内容：①合同当事人的法律地位一律平等，不论所有制性质，也不问单位大小和经济实力的强弱，其地位都是平等的。②合同中的权利义务对等，当事人所取得财产、劳务或工作成果与其履行的义务大体相当；要求一方不得无偿占有另一方的财产，侵犯他人权益；要求禁止平调和无偿调拨。③合同当事人必须就合同条款充分协商，取得一致，合同才能成立，任何一方都不得凌驾于另一方之上，不得把自己的意志强加给另一方，更不得以强迫命令、胁迫等手段签订合同。

（2）自愿原则。根据《中华人民共和国合同法》第四条："当事人依法享有自愿订立合同的权利，任何单位和个人不得非法干预"的规定，民事活动除法律强制性的规定外，由当事人自愿约定。包括：订不订立合同自愿；与谁订合同自愿；合同内容由当事人在不违法的情况下自愿约定；当事人可以协议补充、变更有关内容；双方也可以协议解除合同；可以自由约定违约责任，在发生争议时，当事人可以自愿选择解决争议的方式。

（3）公平原则。根据《中华人民共和国合同法》第五条："当事人应当遵循公平原则确定各方的权利和义务"的规定，公平原则要求合同双方当事人之间的权利义务要公平合理具体包括：在订立合同时，要根据公平原则确定双方的权利和义务；根据公平原则确定风险的合理分配；根据公平原则确定违约责任。

（4）诚实信用原则。根据《中华人民共和国合同法》第六条："当事人行使权利、履行义务应当遵循诚实信用原则"的规定，诚实信用原则要求当事人在订立合同的全过程中，都要诚实，讲信用，不得有欺诈或其他违背诚实信用的行为。

（5）善良风俗原则。根据《中华人民共和国合同法》第七条："当事人订立、履行合同，应当遵守法律、行政法规，尊重社会公德，不得扰乱社会经济秩序，损害社会公共利益"的规定，"遵守法律、行政法规，尊重社会公德，不得扰乱社会经济秩序和损害社会公共利益"指的就是善良风俗原则。包括以下内涵：合同的内容要符合法律、行政法规规定的精神和原则。合同的内容要符合社会上被普遍认可的道德行为准则。

57. 违反合同签订原则要承担哪些法律后果？

（1）当事人违反平等原则，在缔约过程中一方以欺诈、胁迫的手段或者乘人之危，使对方在违背真实意思的情况下订立的合同，根据《合同法》第五十四条第二款规定，受损害方有权请求人民法院或者仲裁机构变更或者撤销所订立的合同。

（2）当事人违反合同自由原则，一方以欺诈、胁迫手段使对方在违背真实意思的情况下订立的合同，根据《合同法》第五十四条第二款规定，受损害方有权请求人民法院或者仲裁机构变更或者撤销所订立的合同。

（3）当事人违反公平原则，合同中的权利义务不对等，导致合同显失公平的，根据《合同法》第五十四条第一款规定，受损害方有权请求人民法院或者仲裁机构变更或者撤销所订立的合同。

（4）当事人违反诚实信用原则，在缔约过程中一方当事人故意告知对方虚假情况，或者故意隐瞒真实情况，致使对方当事人对合同性质、标的物的品种、质量、规格和数量等重要内容产生重大误解而签订合同的，根据《合同法》第五十四条第一款规定，受损害方有权请求人民法院或者仲裁机构变更或者撤销所订立的合同。

（5）当事人违反善良风俗原则，违反法律、行政法规的强制性规定或者损害社会公共利益的，根据《合同法》第五十二条的规定，另一方当事人有权请求人民法院或者仲裁机构确认该合同无效。

58. 二手房买卖合同包括哪些条款？

下列内容在一份二手房买卖合同中是必不可少的：

（1）当事人的名称或姓名、住所。这里主要是搞清当事人的具体情况、地址、联系方式等。

（2）标的。本合同的标的，就是双方欲进行买卖的二手房，这是本合同的关键，一定要明确约定。这里应写明房屋位置、性质、面积、结构、格局、装修、设施设备等情况，同时还要写明房屋产权归属等。

（3）价款。这是很重要的内容，主要写明总价款；付款方式、付款条件，如何申请按揭贷款、定金、尾款等。

（4）履行期限、地点、方式。这里主要写明交房时间、条件、办理相关手续的过程等。

（5）违约责任。这里主要说明哪些系违约情形；如何承担违约责任；违约金、定金、赔偿金的计算与给付等。

（6）解决争议的方式。这里主要约定解决争议是采用仲裁方式还是诉讼方式，需要注意的是，如果双方同意采用仲裁的形式解决纠纷，应按照我国《仲裁法》的规定写清明确的条款。

（7）合同生效条款。双方在此约定合同生效时间；生效或失效条件等。

（8）合同中止、终止或解除条款。按照《合同法》第六十八条、第九十一条、第九十四条之规定，合同当事人可以中止、终止或解除房屋买卖合同。有必要在此明确约定合同中止、终止或解除的条件等。

（9）合同的变更与转让。在此约定合同的变更与转让的条件或不能进行变更、转让的禁止条款。

（10）说明合同的附件以及附件的效力。

59. 签订二手房买卖合同需要注意哪些问题？

房屋作为一种特殊的商品。依据法律规定，房屋买卖双方当事人必须签订书面的、由政府有关部门制定的格式合同，该房屋买卖合同作为产权转让登记的重要凭证，是买受人取得房屋产权，即标的物（标的物是房屋的所有权或使用权）物权转移的主要和重要文件。

（1）确认基本信息的真实性与有效性。合同签署人出售房屋的有效性：房产证、身份证和签署合同人要统一，如有特殊情况，需出具有法律依据的公证委托书。房屋地址要按照房产证件中的房屋地址严格填写，不得随意增改文字。只有房地证或房产证中所属地址才是法律唯一承认的房产合法地址，不能按照门口的门牌号或习惯称呼的小区名称填写。

房屋面积要按照房地证或房产证上注明的面积填写。这个面积是国家经过专业机构测量的面积，也就是法律上承认该房屋的权利面积。因为，有部分房屋附有赠送的小院、阁楼、地下室或露台等，这部分的面积可能不含在房地证或房产证的面积中，但是需要在合同的"其他条款"中注明。

房屋权属要明确注明。私产房要填写产权人和共有权人姓名，企业产要填写产权单位名称，公产房要填写所属房管站名称。如遇继承、赠与、法院判决等情况，须卖方出具相关证明。

（2）交易金额及付款方式的约定。有关金额约定时应顶格大写，字迹清晰。如有小写，须注意前后一致。明确付款金额和具体时间，保证总金额一致，前后时间不冲突。过户贷款具体事项以银行和房地产管理部门为准。在签署合同时买方应支付定金，卖方出具收款票据或收条，交付定金时应由正规中介经纪人或律师见证。

（3）附属设施可依据"三要三不要"的原则。燃气、暖气和一户一表要注明，并约定日期交接相关证件或变更证件。因为电话、有线电视、网络等历史欠费问题不好解决，并且电话还涉及卖方的隐私，所以建议在合同中约定这些附属设施由卖方申请关闭，然后买方自行开通。如果有家具或电器等留给买方，需要在合同中注明。并且约定附属设施相关证件及费用缴清凭证的交接日期。

（4）签字及联系方式。合同需要买卖双方本人签字，并尽量多留存电话，留存住址或可以邮寄的联系地址，以保证买卖双方的正常联系。

（5）合同签署中不要留白和随意涂改。如需要修改，交易双方须全部在修改处签章确认。

60. 购房过程中定金与订金有什么区别？

定金是一个规范的法律概念，是合同当事人为确保合同的履行而自愿约定的一种担保形式。二手房交易中，买家履行合同后，定金应当抵作价款或者收回；若买家不履行合同，无权要求返还定金，卖家不履行合同的，应双倍返还定金。我国《担保法》还规定：定金应以书面形式约定，不得超过主合同标准额的20%。当事人一旦以书面形式对定金作了约定并实际支付了定金，即产生相应的法律后果。

定金作为合同履行的一种担保,《担保法》中规定：担保合同（即定金条款）是主合同的从合同，若主合同无效，定金条款无效（另有约定的，按约定）。换言之，若合同无效，定金条款亦无效，收受定金的一方应返还定金。如一方过错造成主合同无效，过错方应承担相应的民事责任，而不是没收或双倍返还定金了。

订金并非一个规范的法律概念，实际上它具有预付款的性质，是当事人的一种支付手段，并不具备担保性质。二手房交易中，如买家不履行合同义务，并不表示他丧失了请求返还订金的权利；反之，若卖家不履行义务亦不须双倍返还订金，但这并不意味着合同违约方无须承担违约责任。

定金与订金无论是从内容上还是法律后果上都有明显不同，在签订购房合同时，购房者应对此有充分的理解，并根据自己的实际情况慎重行事。

61. 二手房买卖先签合同等过户有哪些风险？

（1）房价变动导致合同毁约。采取这种先签订购房合同后过户的方式买房，房产证依旧属于老业主，从法律角度来讲房屋产权依旧属于原房东。从签订购房合同到办理过户，中间可能需要很长的一段时间，或许是一年，或许是五年，都有可能。在楼市调控的背景下，房价剧烈波动，若是房价波动范围不大，到了具备过户条件之时或许双方践约都不存在问题，但是房价出现大幅异动，交易双方能否履行购房合同办理过户就会存在疑问。房价上涨过多，原业主可能宁可赔违约金也不办理过户；房价下跌过多，购房者宁可放弃购房定金或者部分购房款也不愿意继续履约。房价变动导致违约纠纷的情况并不鲜见，在一个先签合同等过户的购房交易中，这种风险尤其大。

（2）容易出现一房多卖的骗局。只要没过户，房屋产权的法定所有权人就不会变更，即使到房屋管理部门去查询也无法获得真实的交易情况，这种购房模式本来就是属于一种打法律擦边球的交易方式，自然无法按照正常的交易模式去理解。既然脱离了法律的严格监管，就会留下一些交易漏洞，若是被人有心利用，则可能产生连环骗局。假设有房一套，房主利用低价为诱饵，采取这种交易方式来设套的话，可以这样做：房主A采取先签合同等过户的方式将房子卖给B，因为没有过户，也查不到交易记录，接下来房主A还可以用同样的方式将房子卖给C、D、E、F……只要有人继续购房，这套房就可以一直卖下去，等到骗局被揭穿的时候，或许房主已经逃离了，剩下一群购房者在打架了。

除了以上两种主要风险，还有将来楼市调控政策的变化使得过户出现新的限制也是不可忽视的风险，由此导致的违约成本也不小。

62. 什么是居间合同？

居间合同是居间人向委托人报告订立合同的机会或者提供订立合同的媒介服务，委托人支付报酬的合同。居间合同中的居间人不是委托人的代理人，而是居于交易双方当事人之间起介绍、协助作用的中间人。代理人是在委托人授权的前提下，以委托人的名义与第三人订立合同，委托事务完成后，根据合同中有偿或无偿的约定，而决定是否向代理人支付报酬。居间行为的目的就是为了促成他人之间的交易，并获取报酬。所以居间合同的一个典型特征就是有偿性。

例如，市民张先生通过A中介出售自己的房屋，而市民于女士则在A中介登记寻找房源，通过A中介的斡旋、说合，最终于女士购买了张先生的房屋。在这个交易过程中，张先生和于女士都是委托人，A中介就是居间人。

居间人与委托代理人的区别在于：委托代理人有缔结合同的代理权，可代委托人订立合同；而居间人无代理权，不得代委托人订立合同。

63. 和中介签订居间合同应注意哪些问题？

居间合同由于没有统一的示范文本，因此内容大多是中介公司自行制订，而其中条款大多对中介公司有利，消费者相对处于弱势。这种由中介公司自行拟定的合同，不仅内容不一致，甚至名称也花样百出：《委托代理出售房屋协议》、《委托代理购买房屋协议》、《独家代理售房协议书》、《独家代理购房协议书》或《房屋买卖居间合同》等。

在二手房交易中要减少可能出现的风险，维护自身的合法权益，唯有认真签订中介合同，明确各方的权利义务关系。需要加以注意的问题主要有：

（1）中介经纪报酬的支付主体和条件要明确。根据《合同法》规定，中介方促成交易的，有权要求委托人支付中介经纪费。在这方面有两点需要注意：首先，要在《居间合同》中明确中介经纪费支付的主体是买方还是卖方。如果委托方特别要求"到手价"的话就需要与中介方书面约定清楚：促成交易后免收中介经纪费或由对方支付，以免将来发生争议。其次，对中介经纪费的支付条件要约定明确，原则上是在中介方促成买卖双方签订《房地产买卖合同》时支付。如中介方与委托方另有约定的，从其约定。鉴于房屋交易过程中环节较多，可以将中介经纪费的支付与工作进度相结合，做到哪一步就支付哪一步的中介经纪费。

（2）中介方的法律地位和责任要明确。在很多中介公司参与二手房买卖的案例中，经常会碰到两种现象：一是交易过程中中介方要求委托方支付一笔定金，并称该定金是对方要求的，如果一方反悔，可对反悔方适用"定金法则"；但往往买卖双方发生纠纷后才发现该笔定金因种种原因中介方并未实际交付给买卖一方，导致定金未实际交付不发生法律效力，使支付定金方无法利用"定金法则"追究对方的违约责任。另一常见现象就是买卖双方的联系方式互不知晓，有关信息均由中介方转达，当一方有违约行为时，委托方很难行使通知、催告等权利，最终可能会给委托方追究对方违约责任造成很大困难。

（3）中介方设置的违约条款应谨慎审查。目前，各大中介公司采用的均为自制格式合同，在这些合同中中介公司常常会给委托方设置一些违约条款。一般有以下两类：一类是针对中介公司促成交易成功后，委托方拒不支付或迟延支付中介报酬的违约责任，对此，在法律上没有争议；另一类是针对委托方要求解除买卖合同或双方协议解除买卖合同的，则中介公司除收取固定中介报酬外仍会要求委托一方或双方另行支付相当于中介报酬的违约金，对此，司法实践中认定这类违约条款"加重对方责任、排除对方主要权利"且有强制交易之嫌，故会认定其无效。但也有人认为此条款是在"意思自治"的基础上订立，是双方当事人的真实意思表示，应为有效条款。所以，对于第二类违约条款的设定，委托方应谨慎审查，以免骑虎难下。

（4）中介方服务内容与中介经纪费应明确。委托方在签订《居间合同》时应尽量参照相关的收费标准和服务内容来确定中介方的中介经纪费，对于超出标准范围的收费，委托方有权拒绝。

（5）中介有关信息披露应该准确：中介方明确告知购买方关于房屋的基本情况，包括房屋质量、有无抵押、是否经共有人或同住人同意出售等。

另外，值得一提的是，在合同条款确认后签字、盖章时，要核对中介方的相关资格证明。

64. 怎么能把房子卖个好价钱？

"第一印象"相当重要，好的"第一印象"是成功的一半。买方往往在最初的15s内就已形成了对房屋的初步印象。在带客户看房时，如发现房屋外墙斑驳脱落，花园杂草丛生，过道上堆满杂物和垃圾，客户一定会产生一种破旧感。因此，粉白外墙、打扫走道、置换破碎的玻璃窗是要做的第一步。

当客户进入房屋内部时，保持房间的整洁是至关重要的：可以在入口的玄关处放上一块干净的踏脚布；将零乱的鞋类一律请进鞋箱；擦亮地板、打上一层房聚氨酯，让它光亮如新；修补墙纸的裂缝、墙漆的剥落。另外，让买方感到舒适也很重要：要检查门窗的开关是否自如，房间内的灯具是否良好；将该修的开关修好，该换的灯泡换掉。别忘了在客户看房时打开所有的照明，放上柔和的音乐，再喷一些柠檬气味的香水，这样会产生不同凡响的效果。

厨房是买方最为关注的区域之一。若厨房显得陈旧，可使用家具清洁上光剂进行修光，这样看上去比较新，而且所花的成本也不高。请将工作台面上零碎的厨房用具和配件移入橱柜内，以创造整洁的外观；工作台面若有缺口或损坏，应加以修理；检查煤气灶台、抽油烟机以及水龙头的使用状况是否正常，因为这些同样都是买方的留意所在。

在浴室的美化上有很多方法可改进不足：擦亮浴室内的玻璃镜、淋浴门、浴缸、洗脸盆和水龙头；将梳妆台上的个人护理用品移到视线之外；在空的地方放上一瓶鲜花加以点缀；在浴巾架上整齐地挂放毛巾和浴巾。如果可以的话把旧的厕所坐垫换成橡木的或换上新的坐垫套。经过这样一番对细节的处理，一定能大大提高房屋的可售性，由于在修饰中花了费用，也会提高售价。

65. 出售房子的渠道有哪些？

在确定房屋的价格之后，大量的信息发布，寻求卖房的渠道尤为重要。在一些房产网站或者综合网站的二手频道发布出售信息，刊登报纸广告，通过亲朋好友或者熟人销售，自己在社区张贴广告，让物业公司帮忙推销，委托中介公司销售都是不错的选择。选择售房屋渠道的时候，要综合考虑各个因素。比如，如果是忙碌的上班族，没有时间去张贴广告，那么通过中介公司是最有效率的办法。一般来说，目前通过中介公司还是比较可行的办法，中介公司掌握的客户量大，容易成交。

报纸广告，很有效的方式。报纸广告信息拥有较强的公信力，效果也好，但是费用较高。

房地产网站。现在有很多大型房地产网站如搜房网、房道网、百度乐居等，提供了免费发布卖房信息，或者是网站的广告位，快速方便，而且流量大，用户多。

房地产中介。有专业的经纪人服务，能较快、较安全地实现房产交易。

66. 卖二手房应该注意什么问题？

（1）选取品牌中介较可靠。随着二手房市场的日渐发展，中介交易正在一步步走向规范，但各种纠纷还是令购房者不胜其烦。许多市民在选择购房时，一般都以名牌中介作为第一选择，一方面操作比较规范，另一方面房源也比较充裕。卖方最好将房屋委托给一些比较大的中介公司，除了能够保证比较多的客源外，最重要的是能够保证交易的安全性，避免带来后顾之忧。

（2）不要为了省钱而跳过中介。有一些"精明"的卖房者通过中介与购房者碰头后，为了省去一笔中介费，会"跳过"中介与购房者直接进行交易。这一方面是卖房客户不诚信的表现，另一方面也增大了交易的风险。二手房交易是一个烦琐的过程。一旦跳过中介，买卖双方就必须亲自去处理这些事务，将消耗极大的精力和时间，反而会降低交易的效率。

（3）心平气和报房价。房主在报价的时候一定要心平气和，客观地估计自己房子的价格。如果不放心，可以对比一下周边的价格，然后综合一下报价。

（4）合同细节要注意。由于买卖双方缺乏房屋交易的经验，在交易过程中往往比较注意房款、中介费等比较大的费用，但在某些细节问题上则不注意。如果这些细节问题在签合同前就事先约定好了，就不会产生这些"后遗症"。

（5）自售房屋有学问。目前市场上也有一部分房主的二手房交易并不是通过中介进行的，而是通过朋友、亲戚的介绍寻找买家。这种情况下，要仔细研究二手房交易的相关政策、程序、手续等知识，否则很难顺利完成整个交易过程。自己不熟悉的话，起码也要找一个懂行的朋友陪同。

67. 房产中介有哪些作用？

所谓房产中介，是指在房地产开发经营与消费的供求市场中，为交易物体提供评估、交易、代理、经纪、咨询等服务及善后管理服务的机构。从类型上分，房地产中介主要包括房地产经纪、房地产评估、房地产咨询三大类。通常人们经常说的房产中介主要是指房地产经纪机构。其作用主要表现在以下几方面：

（1）投资置业咨询。经营机构或个人将置业、投资、换房、租赁物业，买卖（或租赁）楼宇及置业的设想、货源、位置等要求委托给房地产中介机构，该机构以最快时间、合理的价格为客户提供优质服务，同时协助办理房地产评估、过户、银行按揭、产权归属证明、凭证等各种服务。

（2）房地产营销策划和代理。市场经济的日益发展和国际经济接轨，房地产开发商为减低经营成本，开通销售渠道，正逐步摒弃自我设计、自产自销楼盘的传统观念和做法，从而全面委托中介机构策划、代理、宣传、销售、管理，这是近年来我国房地产开发的一个全新概念。

（3）房地产价格评估。我国自1993年7月原国家建设部、人事部认定第一批房地产估价师至今，全国已有注册房地产估价师逾万名，分布在房地产行业特别是各房地产估价机构中，他们在专业领域里发挥着越来越重要的作用。比如，随着住房市场的发展，涉及房地产纠纷的估价逐渐呈上升趋势，这些纠纷的解决，需要房地产估价师为纠纷仲裁方、纠纷的一方或双方、人民法院等提供估价服务。

68. 通过中介买二手房的有哪些好处？

当前，二手房在整个房产交易市场中占据的份额越来越大，消费者通过中介购房已经成为一种有效并且常见的选择。通过中介公司最大的好处就是安全、省心。

二手房业务比较复杂，其涉及的环节多，许多事情非专业人士所能解决。中介公司具有专业的经纪人为客户服务，能快速、安全地办理各种手续，为购房者节约了宝贵时间，并且规避了不少的风险。中介有固定的营业场所，出现纠纷可以去找。

中介公司掌握着大量的房源，公司经纪人对房价、政策等比较了解，能提供客户比较翔实的区域背景信息，比如环境、交通、学校、治安等，从而帮助购房者选择合适的居住区；房地产经纪人掌握的住房信息通常更为丰富，根据购房者的经济承受能力和个人喜好最大可能地实现住房匹配；房地产经纪人对市场行情和房价更为了解，避免花高价多付冤枉钱。

69. 房产中介的营业范围是什么？

房地产中介服务业是房地产行业的附属行业。一般为大家所熟知的房地产中介主要业务是二手房买卖租售，但房地产中介服务业有更广泛的内涵。房地产中介服务业是指专门从事房地产咨询、房地产价格评估、房地产经纪等经济活动，发挥服务、沟通、鉴定等功能，并实行有偿服务的行业。房地产中介服务业经营范围包括以下几方面：房屋的买卖（代理/自营）、租赁置换及相关金融、信息、法律等专业化服务。

70. 房产中介收费标准是什么？

目前，房产中介公司的收费依据还是1995年国家相关部委联合发出的《关于房地产中介服务收费的通知》，房产中介收费主要是三个方面：房地产咨询费、房地产价格评估费、房地产经纪费。

（1）房地产咨询费：按服务形式分口头咨询费和书面咨询费两种。口头咨询费，按服务所需时间结合咨询人员专业技术等级由双方协商议定收费标准。书面咨询费，按咨询报告的技术难度、工作繁简结合标的额大小计收。普通的，每份收费300~1000元，复杂的，可适当提高收费标准，但不准超过咨询标的额的0.5%。此项收费标准属指导性参考价格。

（2）价格评估费：严格来说，评估费是评估公司收取的，房产中介公司向评估公司推荐业务，评估公司可给予其返点，或者评估公司给房产中介公司一个最低价，多收的部分归房产中介公司所有。以房地产为主的房地产价格评估费，区别不同情况，按照房地产的价格总额采取差额定率分档累进计收。土地价格评估的收费标准，按主管部门的有关规定执行。

（3）房地产经纪费：根据代理项目的不同，实行不同的收费标准。房屋租赁代理收费，无论成交的租赁期限长短，均按半月至一月成交租金额标准。房屋买卖代理收费，按成交价格总额的0.5%～2.5%计收。实行独家代理的，收费标准可适当提高，但不应超过成交价格的3%。

71. 优秀的房产中介有哪些？

链家地产、中原地产、信义房屋、21世纪不动产、满堂红、太平洋房屋、合富辉煌、我爱我家、玛雅房屋、哈考特不动产等公司都是全国比较知名的品牌，其业务范围不局限于一个城市。当然也有一些本土品牌，只在当地稳健发展，也做出了品牌，比如济南的百居安房产、贵阳的贵房置换等。

72. 如何选择房产中介？

（1）看证件是否齐全，是否有相应的资质。正规的中介公司应该具备下面两个证件：一个是工商部门颁发的《营业执照》，另一个是房地产管理部门颁发的《房地产经纪机构资质证书》。考察中介公司时，可查看房屋中介公司经营场所在显著悬挂《营业执照》、《税务登记证》和《资质证书》。是否具备当地房地产经纪协会的会员资格，是否能为客户提供商业贷款、公积金贷款等也是判断房产中介资质的因素。

（2）看房产中介公司是否有明确的公司名称、长期经营的地址。这可以通过看公司的招牌、询问周围人该公司的成立情况和经营情况来确定，以防空头公司诈骗。

（3）看房产公司的规模。规模大、实力强的房地产公司，一般都门面装修整洁、企业标识鲜明、办公地点较大、硬件设施完善。

房产中介的现代经营模式一个显著的特点是实行连锁经营，因此，规模大的中介公司拥有数量众多的连锁店或者分支机构，分布在城市的不同地区。

（4）看从业人员素质和数量。好中介的从业人员既有较强的业务能力，又有较好的从业素质，服务热情，受过专门的培训，了解区域二手房的价格，能够为消费者提供投资置业的咨询。一个房产中介公司拥有的经纪人越多，该机构的技术实力和业务水平就越高。二手房中介从业人员必须拥有房地产经纪人资质，房地产经纪人在从事二手房中介过程中，如有任何违法或对客户不利的情况发生，有关部门可以通过政府相关的行政措施对其进行相应处罚。

（5）看经营是否规范。工作人员是否有统一的制服、徽章、工牌、合同、看房单，法人名称是否一致，业务流程是否统一等。

（6）看房产中介公司营业执照上的注册资金。客户通过房产中介来交易房屋，最主要的原因是希望在整个交易过程中由第三方来维护双方的利益。但目前许多小中介的注册资金仅为人民币10万元，现有的二手房交易款项必然大于公司的注册资金，一旦发生房产中介卷逃资金的行为，客户的权益很难得到保障。因此，最好选择一些注册资金比较大的品牌中介，万一发生纠纷，客户可以通过有关途径得到妥善解决。

（7）看房产中介的品牌和信誉。一个房产中介的品牌和信誉来自于社会对它的肯定，凡是知名度比较高的房产中介，一般都有严格的内部管理机制，完善的交易制度，社会评价较高。经营时间长的房产中介一般品牌比较强，所以尽量选择那些历史较长的中介公司。

（8）看房产中介的收费。正规的房产中介会在显著的位置张贴收费标准，做到阳光收费，"公平、公正、公开"，并按照规定提供正式的发票。

（9）看房产中介公司的分工是否明确。目前市场上，小中介一般由业务员全程处理所有事项，大的品牌公司则分工较细，会将房产交易的前端和后续分开，由房地产经纪人从事前端的房产开发、带看、收意向金、斡旋、交房等工作，另外再设立专门部门从事签订房地产买卖合同，办理过户、贷款、领证等手续。这样既有利于资源优化，又可以确保交易的安全性。

73. 如何查询房产中介的资质？

可在各城市的房地产主管部门查询房产中介的资质备案号等，在工商部门可以查询房产中介的注册资本、法人代表、股东情况等详细情况。

74. 房产中介骗人的花招有哪些？

（1）无照经营：此类中介利用目前市场管理空当，租间房，装个电话，打出广告就可以开业了。至于什么手续，他们根本就懒得搭理。正因为此，这类中介往往带有"游击队"性质，能骗就骗，骗不下去时换个地方接着骗。几天前还在接业务，不到一周就人去屋空。接受这种服务的消费者不仅买不成房，所交的全部费用也无法追回。

（2）手续不全：房地产中介服务机构在领取营业执照后的一个月内，应当到登记机关所在地的县级以上人民政府房地产管理部门备案。房地产管理部门应当每年对房地产中介服务机构的专业人员条件进行一次检查，并于每年年初公布检查合格的房地产中介服务机构名单。检查不合格的，不得从事房地产中介业务。而有不少中介组织根本没有到有关部门进行备案。以为只要领取营业执照即可开业，根本没有把备案手续放在心上。

（3）证件不实：根据相关规定，严禁伪造、涂改、转让《房地产经纪人资格证》。事实上，有很多房产中介公司在申请注册成立时，所提供的从业人员资格证书是借用他人的证书来充数的。

（4）制造假荣誉：一些房产中介为了获得消费者的信赖，特意花点钱自己制作一个铜牌或者锦旗，写上"十佳中介"、"诚信房产中介"等荣誉称号。不知情者，还真以为该公司获得了荣誉，其实只是个假称号。一些房产中介还冒充客户给自己写感谢信，以博得客户的好感。

（5）故意抬高楼价：业主在中介公司放盘之后，中介公司往往会私自加价，并且在组织买家看楼时，安插本公司员工充当买家，制造混乱局面以哄抬楼价，使消费者在不明真相的情况下匆忙下定金。

（6）签订霸王合同：不良中介公司常常利用消费者购房知识的欠缺，在合同中制造种种陷阱，买家上当后却有苦无处诉。还有的利用二手市场没有标准合同的漏洞，用注明对自己有利条款的自制合同，与消费者签订霸王合同。

（7）简单合同套牢客户：不法中介在与客户签订"房屋买卖合同"时，只简单说明了双方约定的房款数额、地理位置等基本情况，待到过户完成之后，由于没有付款时间、付款方式、入住交验、费用明细等相应条款，最终演变成业主长年催讨、购房者避而不见、中介公司推卸责任的境地。

（8）冒充个人现金收房：现在一些不法中介以"个人"名义"现金收房"，与业主谈好房价后，再与业主一同去公证处办理房屋出售全权委托公证。业主在收到房款后便将房产证交到了这位购房"个人"手中，至此就以为完成房屋买卖交易。实际上，不论是抵押房产还是出租房产，所用的全都是业主的名义，一旦该套房屋出现纠纷，金融机构和公安机关首先就会找业主本人而不是找中介公司了解情况。

（9）违规滥收费：在没有完全完成交易时，就要求消费者付出高于政府规定的中介费。一些中介公司的佣金，往往不按国家规定来收取，而是按所谓行规收取，有的甚至高达物业成交价的6%。一些不法中介自己收一套房子，然后只要来了客户不管是租还是买，他都极力推荐去看看房子，然后又以各种理由阻止交易的进行，一天下来，看房的费用也够办公费了。另外，中介公司会巧立名目，什么担保费、定金、押金、咨询费等等，让人应接不暇。

（10）资讯不实：某些房屋中介公司掌握的房源，很大一部分是通过在报纸或其他媒体上的资讯中得来的，他们再把这些资讯进行记录、归类、汇总以后，就变成了自己掌握的房源来源。这些反馈来的资讯受人力、财力等各种条件限制，不可能或者根本无法核实。但为了拉住顾客，赚取服务费或资讯费，中介公司往往不管实际情况，大包大揽，先让顾客交钱再说，因此很容易造成资讯不实，甚至出现假房主行骗事件。比如在租房时，中介公司通常以"现有房源、马上入住"、"超值特价数量有限"等借口为由，要求消费者先交纳中介费用，但其收钱后，或是以房主有事，或是以业务员忙等借口阻止消费者看房，均不能按原约定时间提供房源。

（11）隐瞒屋缺点：房屋作为一种复杂的交易商品，质量问题有时候很难在短时间内发现，尤其对于不懂行的购房者。而同时，一些中介在带领客户前往看房的过程中，为了促成交易，往往领着购房人走马观花般地看房，甚至刻意隐瞒房屋的各项缺点，促成房屋的成交。等到发现问题时，中介又以种种理由搪塞。

（12）面积陷阱：房屋面积关系到总价，一些中介在房屋交易的谈判中，故意模糊使用面积和建筑面积，让购房者以为总价是以使用面积计算，结果等到真正成交时，中介却要用建筑面积来计算总价，购房者此时就处于比较被动的处境。

（13）非法挪用房款：在目前房产中介市场中，一些中介公司迫于资金压力，利用房产过户的时间差挪用客户的房款，大肆"吃进"买房人房款，那边恶意"拖欠"卖房人房款。拿到客户的大笔款项后，中介公司去进行股票、期货、基金的短期投资甚至存在银行吃利息，以期让这些账上的钱流动起来赚取大笔灰色收入。

（14）暗做私单：部分中介公司的业务员为了获取高收入，将自己搜寻到的房源不报给公司，自己偷偷地私下和买卖双方成交。这种情况下，风险更大，会导致交易过户、交房等手续无人跟进，严重时还会出现经纪人拿了钱就失踪等情况，造成不必要的损失。

（15）携房款逃跑：一些不良中介公司在短时间内大量敛财，然后携带大量客户的房款逃跑。曾经发生在合肥的"桃园事件"令人痛心，桃源房产老板"卷款"失踪，4425万元房款被骗。

75. 房产中介"吃差价"有哪些方式？

房产中介"吃差价"所采用的共同手法是：对登记售房者压低

评估价和登记售价，对咨询买房者抬高市场行情，以此创造出一个差价空间。通常按照以下几种方式进行具体操作。

(1) 介入交易，直接倒手。当发现登记售房人同意以一个较低价格出让时，房产中介常会指派一名内部人员与其商谈，砍价，并交付定金订下该房，并在合同中约定一个较长的履行期限。出现有购买该房意向者，该内部人员作为卖方与其以一个更高的价格进行交易。交易成功后到房管部门签订交易登记合同时，房产中介一方面以种种名义将内部人员的名字换成真正的售房人，另一方面以少交契税为由在登记合同中订立一个较低的售房价格。于是，两笔交易合并成了一笔交易，交易中间的差价在购房人付款过程中，流入房产中介之手。对于这种交易，购房人尤其是在合同售方与产权人不一致时，通过严格核对交易对方身份关系可以及时发现。发现后，可以售房人非产权人且无法得到追认为由，主张合同无效。

(2) 接受全权委托，抬价销售。有的卖房人因身在外地或工作繁忙，无暇与有购房意向者一一接洽。他们通常会在房产中介建议下，向其出具手续，委托其全权处理售房事宜。不少房产中介于是就趁机以高于委托人指示价格的价格与购房人进行交易，从中赚取差价。对于这种情况，如果房产中介以自己名义与购房人进行交易，则它与委托人之间形成的是行纪法律关系。根据《合同法》第四百一十八条规定，行纪人高于委托人指定的价格卖出的，可以按照约定增加报酬，该利益属于委托人。如果房产中介以卖房人名义与购房人签订合同，则它与委托人间形成的是代理关系。根据《民法通则》和《合同法》的相关规定，此时房产中介所签订合同中的权利、义务均由委托人承受。房产中介作为代理人无权将买房人交付的部分房款占为己有。故委托人一旦发现房产中介借从事行纪、代理事务之机，赚取差价，可据上述法律规定，要求房产中介返还差价。

(3) 保底销售，超过分成。有的情况下，房产中介与登记售房人约定，当它以某个保底价格卖出该房时收取一定比例的中介费；当它以高于保底价格卖出该房时，对超出部分价款与售房人按一定比例分成，通常是五五分成或四六分成。这种约定原则上是可以成立的。其中要明确的是，房产中介所收取费用在性质上属于居间、代理等业务的报酬，它无权与售房人分割售房款。房产中介有义务向委托人客观地提供估价、咨询服务，而售房人确定的保底销售价格通常是据房产中介提供的估价作出的。该价格与实际成交价出入较大时，房产中介收取的中介费可能过高，有失公平。为了克服约定居间报酬可能存在的弊端，国外法律规定了约定报酬酌减制度。当约定报酬大大超过居间人所提供劳务的价值致显失公平时，法院可以根据委托人的申请酌情降低报酬额。降低的幅度，使房产中介实际收取的报酬不高于物价部门核定的最高收费标准为宜。

76. 房产中介人员的违规行为有哪些？

目前，房地产经纪行业还不太成熟，中介从业人员鱼龙混杂，素质参差不齐，在房产交易中还存在着形形色色的违规行为。主要有以下几种：

（1）索取、收受经纪合同以外的酬金或其他服务，或者利用业务之便，牟取其他不正当利益；

（2）允许他人以自己的名义从事房地产经纪业务；

（3）同时在两个或两个以上经纪人组织执行业务；

（4）与一方当事人恶意串通损害另一方当事人利益；

（5）为权属不清的房地产和按规定不准买卖或交换的房地产提供中介服务；

（6）兼职房地产经纪人接受与所在单位有竞争关系的当事人委托，促成交易；

（7）超越资格范围从事房产交易活动。国家对从事房产交易的从业人员分别实行不同的资格认证制度，只有通过相应的考试并取得资格证书的人员才能从事相应的中介活动，超越资格范围的中介行为，必然影响中介的服务质量；

（8）与一方当事人串通损害另一方当事人利益；

（9）在中介活动中采取恐吓、欺诈、行贿等手段；

（10）为无履约能力或者签约能力的人进行中介服务。

77. 如何选择合格房产经纪人为自己服务？

（1）从业时间。二手房的交易是长期复杂而专业的商品交易，没有长时间的锤炼肯定谈不上炉火纯青，因此，没有一定从业时间的房产经纪人不会是一个专业的经纪人，一般都要在2年以上。

（2）专业度。专业度是选择房产经纪人的首要条件，专业度包括对房价走势判断、对经营区域楼盘出售情况、对交易流程、对贷款税费及合同阐述、推荐房源性价比、优化客户的购房计划方案等多方面的专业等。

（3）历史成交记录。历史代表着曾经的辉煌，了解经纪人的历史成交记录有助于了解经纪人的综合实力，因为在余下的购房过程中所选择的经纪人一直是共战的盟友，没有人会找一个不如自己专业的经纪人做购房盟友。

（4）诚信度。只有诚信的经纪人才能把购房的主动权交给他，也只有把购房的主动权交给信任的经纪人才能购买到最称心的房子。

（5）谈判能力及技巧。经纪人的谈判能力及谈判技巧是能否帮助购房者买到"物美价廉"、性价比高的房子的最关键因素，不同的经纪人对同一套在卖的房子会谈判出不同的价格，这就是经纪人的魅力所在。

（6）在所属公司的职位。房产中介公司是以业绩的好坏来评定职位的高低的，一般来说职位的高低与其专业度、历史成交记录、谈判能力及技巧成正比。

78. 房地产经纪人有哪些权利？

（1）依法发起设立房地产经纪机构；
（2）加入房地产经纪机构，在房地产经纪机构关键岗位任职；
（3）指导房地产经纪人协理进行各种经纪业务；
（4）经所在机构授权订立房地产经纪合同等重要文件；

（5）要求委托人提供与交易有关的资料；
（6）有权拒绝执行委托人发出的违法指令；
（7）执行房地产经纪业务并获得合理佣金。

79. 房地产经纪人有哪些义务？

（1）遵守法律、法规、行业管理规定和职业道德规范；
（2）不得同时受聘于两个或两个以上房地产经纪机构执行业务；
（3）接受职业继续教育，不断提高业务水平；
（4）向委托人披露相关信息，充分保障委托人的权益，完成委托业务；
（5）为委托人保守商业秘密。

80. "跳单"对购房者可能会产生哪些危害？

所谓"跳单"，又被称为"逃佣"、"跳佣"，指二手房的交易双方通过并委托（书面委托、口头委托）中介公司的房产经纪人代为寻找适合自己的房屋或是买家，但是在通过中介方介绍之后却越过中介公司私下成交而逃避向房产中介机构缴纳应付之佣金。"跳单"本身不仅是一种不道德的行为，同时对于跳单行为人来说，也是具有极大的危害的，而且很多时候是"偷鸡不成蚀把米"。

（1）交易风险加大：一家正规、诚信的房产中介公司作为交易辅助方不但可以利用自己手中巨大的客户量和房源为买卖双方提供快捷、有效的服务，而且也在交易的过程中应用相关的法律知识和手段确保买卖双方交易的合理性与合法性，从而大大降低交易双方的风险，也在很大程度上避免了欺诈行为的发生，这一点对于买卖双方都是十分重要的。而缺少了中介公司有效的监督，无疑会加大房产交易的风险。

（2）承担违约责任：对于已经与中介公司签署了"委托协议"的卖方（或买方）而言，一旦跳单，将直接面临委托协议中"违约责任"的处罚。中介公司只要可以证明确实为成交的双方提供过相应的服务就可以在法律上获得支持从而判定违约行为的发生，并要求支付违约责任中标明的相关费用。

（3）起诉：而在实践当中，房屋中介机构可以用很多种手段证实自己确实是带领交易双方实地察看了房屋并做出了相应的促成工作，在掌握证据之后，这类诉讼中介公司取胜的难度并不是很大，所以对于消费者来说，一旦走到这一步，不仅仅是需要全额交付中介服务佣金，还会承担诉讼费甚至面临有关的赔偿性处罚。

（4）骚扰与报复：虽然中介公司对于跳单的交易双方进行骚扰与报复是不合法的，但这种现象在近些年还是屡屡发生，甚至还出现过重大的刑事案件。即使"跳单者"通过法律的手段保护自己，但是本来平静的生活也会受到不必要的打搅，为节省一笔可能不大的佣金付出代价很不值得。

第二章 房地产管理

81. 按经济形态划分,住宅分为哪些种类?

(1) 商品住房。商品住房是指具有经营资格的房地产开发公司(包括外资投资企业)开发经营的住宅。它不同于长期以来住房体制中所供给的福利性住宅,是纯粹商品化的住宅。

(2) 经济适用住房。经济适用住房是指具有社会保障性质的商品住宅,具有经济性和适用性的特点。经济性是指住宅价格相对市场价格而言,是适中的,能够适应中低收入家庭的收入能力;适用性是指在住房设计及其建筑标准上强调住房的使用效果,而不是降低建筑标准。它是国家为解决中低收入家庭住房问题而修建的普通住房。这类住宅因减免了工程报建中的部分费用,其成本略低于普通商品住房,故又称经济适用住房。

(3) 微利房。微利房是指房地产开发商修建的用于公开向社会让利出售获取微利的普通商品房。

(4) 安居房。安居房是指实施国家"安居工程"而建设的住房(属经济适用房一类),是国家安排贷款和地方自筹资金建设的面向广大中低收入家庭,特别是特困户提供的销售价格低于成本,由政府补贴的非营利性住房。

(5) 解困房。解困房,是指在实施安居工程之前或未实施安居工程的城镇,政府为解决当地住房特困户的困难而专门修建的住房。它只售给经审查符合条件的住房困难户和无房户。

(6) 房改房。房改房,是指按照单位分房原则,已经分配的执行国家规定的房改标准出售的住房。

(7) 集资房。是指改变住房建设由国家和单位全包的制度,实行政府、单位、个人三者共同承担，通过筹集资金，进行住房建设的一种办法。职工个人可按房价全额或部分出资，政府及相关部门在用地、信贷、建材供应、税费等方面给予部分减免。

（8）平价房。是指以成本价加上3％的管理费作为销售价格向大多数中低收入家庭提供的住宅。成本由征地和拆迁补偿费、勘察和前期工程费、建安工程费、住宅小区基础建设费、管理费、贷款利息和税金等七项因素构成。

82. 按使用类型住宅分为哪些类别？

（1）单元式住宅：又叫梯间式住宅，是以一个楼梯为几户服务的单元组合体，一般为多、高层住宅所采用。单元式住宅的基本特点：每层以楼梯为中心，每层安排户数较少，一般为2~4户，大进深的每层可服务于5~8户，住户由楼梯平台进入分户门，各户自成一体。户内生活设施完善，即减少了住户之间的相互干扰，又能适应多种气候条件。建筑面积较小，可以标准化生产，造价经济合理。仍保留一定的公共使用面积，如楼梯、走道、垃圾道，保持一定的邻里交往，有助于改善人际关系。单元式住宅一经建造使用，便被社会所接受，并推广到世界绝大多数国家和地区。

（2）公寓式住宅：公寓式住宅一般建在大城市，大多数是高层大楼，标准较高，每一层内有若干单独使用的套房，包括卧室、起居室、客厅、浴室、厕所、厨房、阳台等，还有一部分附设于旅馆酒店之内，供一些常常往来的中外客商及其家眷中短期租用。

（3）花园式住宅（别墅）：花园式住宅也叫西式洋房或小洋楼，即花园别墅。一般都是带有花园草坪和车库的独院式平房或二三层小楼，建筑密度很低，内部居住功能完备，装修豪华，并富有变化，住宅水、电、暖一应俱全，户外道路、通信、购物、绿化也都有较高的标准，一般为高收入者购买。

83. 按建筑结构住宅分为哪些类别？

（1）砖混住宅：砖混结构是以小部分钢筋混凝土及大部分砖墙承重的结构。砖混结构住宅中的"砖"，指的是一种统一尺寸的建筑材料。也有其他尺寸的异型黏土砖，如空心砖等。"混"指的是由钢筋、水泥、砂石、水按一定比例配制的钢筋混凝土配件，包括楼板、过梁、楼梯、阳台、挑檐、这些配件与砖作为承重墙相结合，可以称为砖混结构式住宅。由于抗震的要求，砖混住宅一般在5～6层以下。

（2）框架结构住宅：框架结构住宅，是指以钢筋混凝土浇捣成承重梁柱，再用预制的加气混凝土、膨胀珍珠岩、浮石、蛭石、陶粒等轻质板材隔墙分户装配而成的住宅。适合大规模工业化施工，效率较高，工程质量较好。

（3）钢混结构住宅：这类住宅的结构材料是钢筋混凝土，即钢筋、水泥、粗细骨料（碎石）、水等的混合体。这种结构的住宅具有抗震性能好、整体性强、抗腐蚀能力强、经久耐用等优点，并且房间的开间、进深相对较大，空间分割较自由。目前，多、高层住宅多采用这种结构。其缺点是工艺比较复杂，建筑造价较高。

（4）跃层式住宅：跃层式住宅是近年来推广的一种新颖住宅建筑形式。这类住宅的特点是，内部空间借鉴了欧美小二楼独院住宅的设计手法，住宅占有上下两层楼面，卧室、起居室、客厅、卫生间、厨房及其他辅助用房可以分层布置，上下层之间的交通不通过公共楼梯而采用户内独用小楼梯连接。跃层式住宅的优点是每户都有二层或二层合一的采光面，即使朝向不好，也可通过增大采光面积弥补，通风较好，户内居住面积和辅助面积较大，布局紧凑，功能明确，相互干扰较小。不足之处是安全出口相对狭小。在东南沿海的广东、福建的一些开放城市建设较多。近年来在北方城市的一些高级住宅设计中，也开始得到推广。

（5）复式住宅：复式住宅是受跃层式住宅启发而创造设计的一种经济型住宅。这类住宅在建造上仍每户占有上下两层，实际是在层高较高的一层楼中增建一个1.2m的夹层,两层合计的层高要大大低于跃层式住宅(复式为3.3m,而一般跃层为5.6m),复式住宅的下层供起居用、炊事、进餐、洗浴等,上层供休息睡眠和贮藏用,户内设多处入墙式壁柜和楼梯,中间楼板也即上层的地板。因此复式住宅具备了省地、省工、省料又实用的特点,特别适合三代、四代同堂的大家庭居住,既满足了隔代人的相对独立,又达到了相互照应的目的。虽然复式住宅在设计施工和使用上有面宽大、进深小、部分户型朝向不佳、自然通风采光较差,层高过低,隔声、防火功能差,房间的私密性、安全性较差等缺点,但这种精巧实用的住宅类型,由于经济效益十分明显,价格相对偏低,成为住宅市场上的热销产品。

84. 哪些房屋不能买卖?

有下列情况之一的房屋,不得买卖:
(1) 无房屋所有权证;
(2) 房屋所有权有纠纷,房屋产权有纠纷或者房屋产权不明晰;
(3) 共有房屋未经其他共有人书面同意的;
(4) 违法或违章建筑;
(5) 是著名建筑物或文物古迹等限制流通的房屋;
(6) 是由于国家建设需要,以确定为拆迁范围的房屋;
(7) 法律、行政法规规定禁止买卖的其他情形。

85. 哪些房屋买卖合同是无效的?

(1) 房产、地产分别转让,合同无效。房屋是建筑在土地上的,为土地的附着物,具有不可分离性,因此,房屋所有权通过买卖而转让时,该房屋占用范围内的土地使用权也必须同时转让。如果卖方将房产和土地分别转让于不同的当事人,或者出卖房屋时只转让房屋所有权而不同时转让土地使用权,买方可以提出这种买卖合同无效。

(2) 未办理登记过户手续,合同无效。房屋买卖合同的标的物所有权的转移以买卖双方到房屋所在地的房管部门登记过户为标志，否则，房屋买卖合同不能生效，也就不能发生房屋所有权转移的法律效果，即使房屋已实际交付也属无效。故只要房屋没有正式办理登记过户手续，即使卖方已收取了房价款，交将房屋交付买方使用，当事人仍可提出合同无效的主张。

（3）产权主体有问题，合同无效。出卖房屋的主体必须是该房屋的所有权人。非所有权出卖他人房屋的，其买卖行为无效。房屋的产权为数人共有的，必须征得共有人同意才能出卖，出卖共有房屋时，须提交共有人同意的证明书。

（4）侵犯优先购买权，合同无效。房屋所有人出卖共有房屋时，在同等条件下，共有人有优先购买权。房屋所有人出卖出租房屋时，须提前3个月通知承租人，在同等条件下，承租人有优先购买权。房屋所有人出卖房屋时侵犯共有人、承租人优先购买权时，共有人、承租人可以请求法院宣告该房屋买卖合同无效。

（5）单位违反规定购房，合同无效。机关、团体、部队、企业事业单位不得购买或变相购买城市私有房屋。如因特殊需要必须购买，须经县级以上人民政府批准。单位违反规定，购买私房的，该买卖关系无效。

（6）买卖中存在欺诈行为，显失公平，合同无效。买卖城市私有房屋，双方应当本着按质论价的原则，参照房屋所在地人民政府规定的私房评价标准议定价格。买卖合同生效后，双方均不得因价格高低无故反悔，应按合同议定的价款、期限和方式交付。但如果出卖人在房屋质量问题上有欺诈、隐瞒行为或在生效后发现存在质量问题的，买受人可要求同出卖人重新议定价格，协商不成的，可向法院起诉。

86. 房屋权属证书有哪些种类？

我国实行不动产登记制度，房产证是证明房屋所有权人拥有所有权或其他相关权利的唯一书面证明文件，除此之外任何证明文件也不能代替房产证包括公证书。房产证是由有关部门在所有权转移后通过登记发证手续颁发给产权人。

我国目前实行的是全国统一的房屋权属证书制度。有关房屋权属证书是由建设和城乡建设部统一制作并签制的。我国有的地方实行的是房产证和土地证分开的制度，有的实行的是二证合一的制度。若只有房产证没有土地证，根据《城市房屋权属登记管理办法》第6条的规定，房屋权属登记应当遵循房屋的所有权和该房屋占用范围内的土地使用权权利主体一致的原则。也就是虽只有房产证，但对房屋占有的土地也有独占的使用权，开发商及其他人无权出卖或占用该土地。

房屋权属证书除最常见、最基本的《房屋所有权证》外，还有《房屋共有权证》、一般是房屋所有权人为二人或二人以上的情况下颁发领取的，《房屋他项权证》一般是房屋抵押权人、典权人持有的。已购公房的房产证又区别为完全产权的房产证（成本价）和不完全产权的房产证（标准价）。

87. 房产证记载了哪些内容？

房产权利人，房地坐落，土地状况（来源、用途、地号、面积、使用期限），房屋状况（幢号、室号、建筑面积、用途、层数、竣工日期），地籍图，房屋平面图。

88. 房产证有什么样的效力？

国家对房屋权属证书按统一规定制作，各地必须使用由住房和城乡建设部统一制作的房屋权属证书，其他部门、单位制作的证书无效，不受国家法律保护；但实行该规定前由各市、县人民政府房地产管理部门颁发的房屋权属证书仍然有效，受国家法律保护。

89. 房屋权属证书的颁发机关是哪里？

房屋权属证书一般由直辖市、市、县人民政府房地产管理部门或建设部门颁发，未设人民政府房地产管理部门的市、县，暂由人民政府作为发证机关，并委托下属房地产管理单位具体办理房屋产权登记发证工作。

90. 办理产权证有哪些法律意义？

（1）没有房产证房产难以上市出售和出租；
（2）没有房产证不能在拆迁的时候得到完全的补偿；
（3）没有房产证无法将房产赠与他人；
（4）没房产证无法在离婚时分割房产；
（5）没房产证的房子无法由子女办理继承手续；
（6）没房产证的房子无法办理抵押；
（7）没房产证的房子开发商欠款可能会殃及此房。

91. 如何识别真假房产证？

产权证是所购房屋的"身份证"，是识别上家真实身份最重要的凭证之一。买卖当事人在二手房交易过程中应特别注意，要认真识别产权证真伪，以下六种办法可帮助购房者辨别真假房产证。

（1）看封皮。真的产权证封面硬实有纹理，摸起来有凹凸感，颜色鲜艳（深红色），字体纹理清晰醒目；假的产权证则封面光滑，颜色暗淡，封皮较软。

（2）看纸张。真产权证的内页纸张是采用专业水印纸，类似人民币的水印制作。其识别方法类似人民币的水印头像，只有在灯光下才能看出来；假产权证的水印平铺就容易看见，质量粗糙，模糊不清；真产权证纸张光洁、挺实，用手轻抖有哗哗响声；假的纸张手感稀松、柔软。

（3）看发证机关盖章。真产权证第一页上的盖章是由机器套红印制的房地产主管部门的行政公章；假产权证则一般加盖手工雕刻的公章，因为纸张较薄，在其反面很容易看到透过来的印章痕迹。

（4）看注册号。真产权证封皮反面下方的注册号是机器印制的，呈线状，手摸起来有凹凸感；假产权证的注册号是由手工雕刻的章盖上去的，手摸起来没有凹凸感。

（5）看附记。真产权证第三页中附记一栏的内容包括：产权来源和其中分摊面积等；假产权证中附记有些为空白。

（6）看图纸。真产权证中的房屋分户图纸是专用纸，纸张较厚；假产权证的图纸很薄，类似一般的A4纸厚度。

识别房产证真假的最有效方法，还是到当地的房产主管部门、房产档案馆去查阅相应的记录。尽管在购买二手房的过程中，购房者看房、选房就耗费了不少心力。不过为了维护自己权益，像房产证这样的重要证件，购房者还是要多留个心眼，不能图省事儿。

92. 新版房产证有哪些独特的防伪措施？

2013年1月起房屋产权登记中心已正式使用新版房产证。新版证书增加了新的防伪方式，对房产证的真伪有了更直观的辨别方法。现市面上留存着多种版本的证书，最近版本为2008版。新版与2008版证书外表一致，红色32K外皮，有烫金国徽及《中华人民共和国房屋所有权证》字样。在原有的人民币用纸、水印防伪、缩小字母防伪等措施外，添加了人民币特有技术——防伪金线。在防伪线条中隐约可见"住房和城乡建设部"字样。有了这样的防伪线条，权属证书的安全性得到了进一步的提升。房产证升级后，老版证书均无须更换可继续使用。

93. 房产证加密有哪些形式？

（1）密码加密。密码加密的密码是由六位数字组成，申请人初次办理房屋登记业务，如商品房、二手房的转移登记时，可在工作人员的问询和提示下进行设置，同银行系统设置密码相同，录入两次，系统验证两遍密码一致进行保存。对于已经拥有房屋所有权证的，有两种方式可以设置密码：一是办理变更登记、抵押登记时，可设置密码；二是产权人本人持身份证、房产证原件到房产交易大厅专门申请设置密码。

（2）指纹加密。指纹加密是一种更为先进的加密方式。密码可能会遗忘，相貌也会发生变化，而指纹是独一无二的，其唯一性无法复制。房屋登记信息密码采集程序采用公安部二代身份证指纹采集系统的标准，在采集指纹信息时，要采集左、右手大拇指信息，如有特殊情况按照食指、中指、环指、小指的顺序采集。同时，该系统将会在适当的时机与公安部指纹采集系统联网，增加适用性。指纹采集简单易行，采集时，只需被采集人保持手指干净，稍微用力将手指第一关节缓慢划过指纹采集设备即可。指纹加密可预防数字密码被遗忘而增加困扰，对客户而言也更加安全可靠。

94. 二手房产权状况怎样查询？

（1）要求卖方提供合法的证件，包括产权证书、身份证件、资格证件以及其他证件。①产权证书是指"房屋所有权证"和"土地使用权证"。②身份证件是指身份证、工作证和户口簿。③资格证件是指查验交易双方当事人的主体资格。例如：代理人要查验代理委托书是否有效；共有房屋出售，需要提供其他共有人同意的证明书等等。④其他证件是指：出租房产，要查验承租人放弃优先购买权的协议或证明；共有房产，要查验共有人放弃优先购买的协议或证明；中奖房产，要查验中奖通知单和相应的证明等。

（2）向有关房产管理部门查验所购房产产权的来源。查验产权记录包括：房主是谁，假如为共有财产，则应注意各共有人的产权比例及拥有权形式；档案文号，即该宗交易的文件编号，假如查询者希望获得整份文件，可依此编号向有关方面取阅该份文件副本；登记日期，此日期为该项交易的签订日期；成交价格，即该项交易的成交价，查询者应注意如果成交价是注明"部分成交价"，则代表该成交价不单只包括该房屋，并且包括其他房地产成品；其他内容，如房屋平面图等。

（3）查验房屋有无债务负担。房屋产权记录只登记了房主拥有产权的真实性以及原始成交事实。至于该房屋在经营过程中发生的债务和责任，则必须查验有关的证明文件，包括抵押贷款的合同、租约等。还要详细了解贷款额和偿还额度、利息和租金的金额，从而对该房产有更深的了解。另外，购房者还需了解的内容房屋是否被法院查封。

总之，要了解房屋产权的真实情况，购房者除了要向卖房方索要一切产权文件，仔细阅读外，还要到房屋管理部门查询有关房产的产权记录，两者对照，才能清楚地知道该房的一切产权细节，不至于有所遗漏。

95. 房产档案查询有哪些情形？

《房屋登记簿管理试行办法》第十条规定个人和单位提供身份证明材料，可以查询登记簿中房屋的基本状况及查封、抵押等权利限制状况；权利人提供身份证明材料、利害关系人提供身份证明材料和证明其属于利害关系人的材料等，可以查询、复制该房屋登记簿上的相关信息。

房屋登记簿上记载的房屋所有权人（包括法人、自然人）及其自然人的配偶、继承人、受遗赠人，可以查询、复制该房屋登记簿上的机关信息。房屋登记簿上记载的其他权利人，可以查询、复制该房屋登记簿上的相关信息。国家安全机关、公安机关、检察机关、审判机关、纪检监察部门和证券监管部门，可以查询、复制房屋登记簿上的相关信息。公证机构、仲裁机构，可以查询、复制该房屋登记簿上的相关信息。仲裁、诉讼案件的当事人以及其他形式的利害关系人，可以查询、复制该房屋登记簿上的相关信息。不属于以上情形的个人和单位提供身份证明材料，可以查询登记簿中房屋的基本状况及查封、抵押等权利限制状况。

96. 各类房产档案查询分别需要哪些材料？

（1）继承公证需开具房屋权属状况信息证明，应提交以下资料：由直系亲属持关系证明、死亡证明、房产证、身份证。

（2）赠与公证需开具房屋权属状况信息证明应提交以下资料：本人应提交房产证、身份证；非本人应提交直系亲属关系证明、房产证、身份证。

（3）银行贷款需开具房屋权属状况信息证明应提交以下资料：本人应提交房产证、身份证；非本人应提交直系亲属关系证明、房产证、身份证。

（4）法院立案需开具房屋权属状况信息证明应提交以下资料：本人应提交房产证、身份证；非本人应提交直系亲属关系证明、房产证、身份证。

（5）律师查询：查询基本信息（抵押、查封）需要提交律师证（原件）、律师调查函（原件）；打印房屋权属信息需要提交律师证（原件）、律师调查函（原件）、授权委托书（原件）及委托人的身份证复印件；看档案资料及打印需要提交律师证（原件）、律师调查函（原件）、授权委托书（原件）、委托人的身份证复印件及立案证明（原件）。

（6）补证出具房屋权属证明：单独所有的由本人持身份证办理；共同共有的由产权人及共有人持身份证共同办理；房改房的由夫妻双方持身份证共同办理；如一人去世应由配偶持身份证及死亡证明（派出所出具）办理；夫妻双方都去世应由直系亲属（包括：父母、子女）其中一人持身份证、直系亲属关系证明、死亡证明（派出所出具）。

（7）无房证明：本人开具无房证明：需持户口本及身份证（原件）办理；本人不能办理的由直系亲属其中一人持身份证、直系亲属关系证明。

（8）申请公租房、廉租房出具房产情况证明：查询自己名下房产卖出的记录：本人需提交户口本及身份证原件。本人不能办理的由直系亲属其中一人持身份证、直系亲属关系证明。查询户口或身份证上的地址：本人应提交区房管局出具的房屋权属状况联系函、户口本及身份证。所有资料应提交原件。本人不能办理的由直系亲属其中一人持身份证、直系亲属关系证明及房管局出具的房屋权属状况联系函、户口本。

以上直系亲属指配偶，父母、子女；直系亲属关系证明由居委会、派出所、单位其中一方出具即可；未注明提供复印件的材料均需提供原件。

97. 过户时买卖双方需带哪些证件和材料？

（1）买方：
1）身份证原件及复印件；
2）户口本原件及复印件；
3）房屋买卖合同。
（2）卖方：
1）房屋所有权证原件及复印件；
2）身份证原件及复印件；
3）户口簿的原件和复印件；
4）房屋买卖合同或其他具有房屋权属转移合同性质的凭证的原件和复印件；
5）《国有住房出售收入专用票据》原件及复印件（房改房提供）；
6）契税完税证明原件及复印件；
7）购房定金收据及复印件；
8）原购房税务部门监制发票原件及复印件；
9）出售住房按规定支付的有关费用凭证等资料的原件及复印件。

如有公证提供：公证书原件及复印件、委托人身份证原件及复印件符合个税免税条件需填《家庭生活用房说明》需要本人签字。

98. 房产证署名对应权益有何不同？

婚前要买房子，由于房价高，不少需要父母的首付款资助，夫妻还贷款，不同署名方式到底对以后房产的归属有什么影响？

（1）产权证登记在"准夫妻"名下：这种情况，房屋被认定是夫妻的共有财产，贷款也被认定是夫妻的共同债务。如无"借条"

等其他证据，父母的首付款被认定为赠与夫妻两人，归双方共有，若出现离婚的情况，父母也无权索回出资的钱款。但如果购房后，"准夫妻"并没有进行婚姻登记，而是分手的话，虽然"准婚房"还是被认定为双方的共有财产，贷款也被认定为双方的共同债务，但对于父母的出资，如果有相应的证据显示，父母出资是基于"准夫妻"双方结婚的目的，法院也会认定这部分出资是一种附条件的赠与，而条件就是双方结婚，如果双方没有结婚，父母有权索回出资的钱款，外地法院出现过这样的判例。

（2）产权证登记在父母名下：此种情况房屋被认定是父母的财产，贷款也被认定为父母的债务，相应的增值或贬值也由父母享有或承担。但如果结婚后，夫妻双方用婚后的收入还贷的，双方离婚，一方虽无法主张房屋的所有权，但对于已支付的贷款本息可主张为向父母的借贷。

（3）产权证登记在"男方和父母"名下：若采用这种方案，房屋被认定是男方和父母的共有财产，贷款也被认定为男方和父母的共有债务，相应的增值或贬值也由男方和父母享有或承担。而男方的相应产权份额属于婚前个人财产，根据新《婚姻法》，并不因结婚而产生共有的结果。但如果结婚后，夫妻双方用婚后的收入还贷的，双方离婚，女方虽无法主张房屋的所有权，但对于已支付的贷款本息可主张为夫妻共同财产，要求男方和父母返还并平均分割。产权证登记在"女方和父母"名下的也是这样。

（4）产权证登记在"父母和准夫妻"名下：若采用这种方案，房屋被认定是准夫妻和父母的共有财产，贷款也被认定为四人的共有债务，相应的增值或贬值也由四人共同享有或承担。如果结婚后，仅用夫妻双方的婚后收入还贷的，双方离婚，对于已支付的贷款本息可主张为夫妻共同财产，父母无权享有该部分的权利。

（5）产权证只登记在"男方"或"女方"名下：这种情况需要从两个角度进行分析：一是一方或一方的父母出资，仅仅登记在该方子女的名下，根据新《婚姻法》的规定，这属于该方子女的婚前个人财产，结婚后也不会自动转化为夫妻共同财产，若出现离婚，该房产仍属于原产权人。二是一方或一方的父母出资，但登记在未出资的另一方名下，法院通常认定为是一种附条件的赠与行为。如果双方未结婚，该房屋属于产权证上所载一方的名下，但对方可以要求返还已支付的款项；如果双方结婚，则属于产权证下该方的个人财产。

对于以上种种产权登记的方案，并不存在正确与错误的问题，只是不同的方案必将导致不同的法律后果。不过，准婚房的产权登记在谁的名下，除了法律因素、感情因素，还因父母的介入变得异常复杂，因此，当事人除了充分了解各种方案的法律后果外，还应妥善处理各种关系，保存好各种凭证，尽量避免日后产生纠纷和矛盾。

99. 什么是房屋产权共有关系？

房屋产权共有，是指两个或两个以上的自然人或法人对同一房产所享有的所有权。因其同一房产而产生的各个共有人之间的权利和义务关系，称之为房产共有关系。

100. 房产共有与房产公有是否是一回事？

房产共有与房产公有是两个不同的概念。**房产共有**是两个或两个以上的共有人依照法律的规定或约定享有所有权，他们是共有房产的共同所有人。而**房产公有**则不同，即公有房产的主体是单一的。在我国，国有房产或集体所有的房产都是社会主义的公有财产，只能归国家或集体所有，任何自然人都不能成为公有房产的主体，也不能享有所有权。

101. 房产共有关系有哪几种形式？

房产共有关系可以分为按份共有关系和共同共有关系。

（1）按份共有关系：是指两个或两个以上房产权利人对同一房产按照份额享有权利和义务的关系，它可以发生在自然人之间、法人之间,也可以发生在自然人与法人之间。如个人具有部分产权的房改房,就属于自然人(职工)与法人(原产权单位)之间的按份共有关系。

(2)房产共同共有关系:是指两个或两个以上的房产权利人对同一房产享有平等权利的关系。是不确定份额的共有,只有在对共有房产进行分割时,才能确定各个共有人应得份额。

102. 房产按份共有人有哪些权利?

(1)房产按份共有人拥有以自己的份额相对应部分的占有、使用、收益和处分的权利。

(2)每个共有人都有权要求将自己的份额分出转让或继承。

(3)按份共有人之一如放弃自己的权利,其他共有人可以按比例分享其份额;按份共有人的死亡、失踪又无合法继承人的,其房产份额推定为无主房屋,归国家所有;

(4)按份共有人要出卖自己的房产份额时,在同等条件下,其他共有人有优先购买权。保留优先购买权的共有人,必须按约定的期限和条件进行购买,否则视同放弃先买权。如果事先未告知其他共有人而出卖给非共有人的,其他共有人有权请求撤销已签订合同的权利。当然,其他共有人既不购买,又不允许非共有人购买,法律也是不允许的。

103. 房产按份共有人有哪些义务?

(1)按自己的份额和比例,分摊房屋维修费、管理费、房产税等,不得以任何理由拒交或迟交;

(2)爱护房屋公共部位和设施;

(3)负责消防、人防、绿地和环境卫生。

104. 房产共同共有人有哪些权利和义务?

房产共同共有人对共有房产享有完全平等的权利,即全体共同共有人都有权对该房产进行占有、使用、收益和处分。但同时，房产共同共有人的义务也是共同平均分摊的。在对外关系上，由全部共有人承担连带责任。在对房产共同共有权利的处分时，必须由全体共有人一致同意，只要有一个共有人不同意，只能通过诉讼途径解决。即先由人民法院按照共有人贡献大小、经济状况、生产和生活需要等因素（但分割夫妻共有房产，应当根据《婚姻法》照顾女方和子女权益的原则），确定各个共有人应得的份额，将共同共有的房产变成按份共有，再按按份共有房产的处分方法进行处理。

105. 房屋权属登记分为哪六种？

房屋权属登记行为，应当是一种行政行为，是一种是行政确认，分为以下六种：

（1）初始登记：新建房屋竣工后，权利人申请初始登记；

（2）转移登记：房屋买卖、交换、赠与、继承、调拨、以房地产作价入股或者作为合作条件与他人成立法人或者其他组织、法人或者其他组织合并（分立）、以房地产清偿债务、以其他合法方式使房屋权属发生变更的，当事人申请转移登记；

（3）变更登记：房屋所有权人（共有权人）名称改变、房屋坐落的地址变更、房屋面积增加或减少、房屋登记状况变更的，权利人申请变更登记；

（4）他项权利（抵押权）登记：设定房屋抵押权，当事人申请房屋抵押登记。登记后抵押情况发生变更的，当事人申请抵押变更登记；

（5）注销登记：房屋灭失、抵押权终止、房屋权利灭失的，权利人申请注销登记；

（6）补证、换证登记：证书（证明）遗失的，申请补证登记；证书（证明）破损的，申请换证登记。

106. 具有法律效力的房屋权属证书有哪几种？

房屋权属证书包括《房屋所有权证》、《房屋共有权证》、《房屋他项权证》或者《房地产权证》、《房地产共有权证》、《房地产他项权证》。

107. 房屋地名变化后，房产证是否有效？

仍然有效。因为房产管理部门对于房屋产权的管理，不仅仅是对单一的地名坐落管理，还包括对房屋的权属、地号、状况和产籍的管理。一套房屋可能会产生前后几个地名，但其地号是唯一的。产权人可以放心，房产证不会因为地名变更而丧失其有效性。

108. 不能办理房产证的原因有哪些？

对于购房者而言，不能办理房屋产权证的主要原因有：
（1）购房者没有交纳相关税费。
（2）没有提供房屋登记发证机关所要求的相关资料及身份证明。
（3）委托他人办理房产证但没有出具授权委托书等。

109. 产权证上最多可以写几个人的名字？

在产权证上署名，数量没有限制，但署名者必须要满足限购政策的规定。

110. 房屋所有权分为哪些权能？

房屋的所有权是指对房屋全面支配的权利。《中华人民共和国民法通则》规定，房屋的所有权分为占有权、使用权、收益权和处分权四项权能，这也是房屋所有权的四项基本内容。
（1）房屋的占有权通常由所有权人来行使，但有时也由别人来行使，这就是使用权与所有权分离的情况。例如，房屋出租，就将房屋一定时期内的占有、使用权让给承租人来行使。

（2）房屋的使用权是对房屋的实际利用权力。通过一定法律契约，非房屋所有权人也可获得房屋的使用权，如房主将房屋租给他人使用。

（3）房屋的收益权是指房主收取房屋财产所产生的各种收益。例如出租房屋，房主从房客处收取租金。有时房主也将部分收益权通过法律形式转让给非房屋所有权人。例如，房客可利用租来的房屋改为从事一些收益性经营活动，收益按照一定的比例，一部分交给房主，一部分留给自己。

（4）房屋的处分权是所有权中一项最基本的权能。房屋的处分权由房主行使。有时房屋处分权也受到一定限制，如房主作为债务人以住房作抵押向债权人借债，若是到期不能清偿债务，债权人可以处分房屋并优先受偿。

111. 产权房和使用权房有何区别？

我国实行的是土地国有制，即在中华人民共和国国土上，所有土地的所有权都是国家的，这种所有权是不出让的。开发商建房的土地是向国家买的有期限的使用权，最长为70年。所以，买产权房并无永久产权可言，开发商向国家买多少年土地使用权，所购的产权房的产权就是多少年。有些开发商向国家购买了期限70年的土地使用权，由于种种原因，三年后再建房，建房再用去二年，建成后又一下子卖不掉，如到建成后第三年买了房，那所购买的产权房的产权期限只是62年。如果买了别人居住过20年的二手产权房，所拥有的产权期限就不到50年了。

到年限国家要无偿收回土地和住房。如购房居民仍想拥有房产，必须再向国家交纳若干年限的土地使用金。如果购房居民未能在产权期限内将房产卖出去，那么就会遭受不必要的经济损失。

产权和使用权的区别在于所有权包括占有、使用、收益、处分四种权能，使用权为所有权的权能之一。

拥有一套住房的使用权，只是在要出租就会受到一定的限制，能否出租、转让获取收益，都要受到有关法规、契约、产权所有者的制约。

112. 房屋产权年限到期之后怎么办？

房屋所占的土地是有使用年限的，住宅用地一般为70年。土地所有权属于国家，不能进行交易，但土地使用权可以出让、转让。同时，《城市房地产管理法》中明确规定了房地产的买卖是房屋所有权和该房屋占用范围内的土地使用权同时转让。所以，在房地产交易中，伴随着房屋所有权转让的只是土地使用权。

由于目前规定住宅用地的使用年限一般只有70年，这就出现了70年后房屋产权和土地使用权间的矛盾。那么，土地使用年限期满后，房屋产权该如何处理呢？

《城市房地产管理法》第21条规定："土地使用权出让合同约定的使用年限至届满，土地使用者需要继续使用的，应当至迟于届满前一年申请续期，除根据社会公共利益需要收回该幅土地的，应当予以批准。续期的应重新签订土地使用权出让合同，依照规定支付土地使用权出让金。"首先，土地使用年限至届满时，国家根据社会公共利益的需要，有权收回土地的使用权。其次，如果国家对该土地没有特别的规划，原土地使用者可优先取得继续使用该土地的权利。但必须在届满一年前提出续期申请，并依照规定支付土地使用权出让金。最后，即使国家根据需要收回土地的使用权，原产权人仍然享有房产部分的所有权。以后的土地使用者应该根据房产的具体情况对原使用者进行适当的补偿。

113. 父母购置建造的房屋，登记在子女名下，是否就归子女所有？

资金来源是父母的，而且又是父母亲自经手购置或者建造的房屋，但产权却登记在子女名下，随着时间的推移，常常会发生产权纠葛。这类情况客观上有一定的复杂性。通常分以下几种情况来考虑：

（1）父母购置、建造的房屋，产权登记子女名下，如父母在登记前或登记时明确表示赠与的，如在房产证上或房管部门的档案中有赠与的明确记载，有经有关部门证明的赠与书或房产的公证证明，或者有其他足以证明赠与事实成立的情形，该争议的房产权就应归登记人所有；

（2）父母购置、建造的房屋，登记在子女名下，虽然登记的原因不明，但没有充分确凿的证据否定登记的，产权应该属于登记人所有。

（3）父母购置、建造的房屋，登记在部分子女名下，父母去世后，子女之间引起房产纠纷，进行房产诉讼时，除了应考虑上述两种情况外，还有一种情况，那就是登记人仅作为产权人的代表进行了登记。例如房屋产权虽然登记在部分子女名下，但房屋产权一直由父母亲掌管使用，在这种情况下，应认定争议的房产权仍应归原购置、建造房屋的父母所有，作为父母的遗产，根据继承法的有关规定和原则，由全部法定继承人继承。

114. 房产证上变"隐性"为"显性"有哪些方式？

我国的家庭习惯于只将一方作为房屋的权利主体加以登记，未登记在权属证明上的共有人称为"隐性共有人"。防止"隐性共有人"权利被侵害的最好办法就是把"隐性"变为"显性"，即在房产证上"加名"。按照目前的法律法规规定，可以通过房屋赠与、买卖、析产三种方式办理。

假设房屋产权人甲先生想在自己的房产证上加上儿子的名字，那么他可以选择将房屋的部分产权赠与儿子。

赠与双方持赠与合同书、原房屋说有权证等材料，到房产交易大厅申请房屋赠与转移登记，增加儿子为房屋共有人。

想在自己的房产证上加上其父母的名字，除了上述赠与的方式，还可以选择将房屋的部分房产卖给父母。交易流程按照二手房交易买卖手续进行，如果取得产权证或完税凭证的时间不满五年的二手房，卖方缴纳营业税、城市建设维护税、教育费附加、个人所得税、印花税等。买方缴纳契税、印花税等。但依据不同情况，有的税率是可以减免的。

如果想在自己的房产证上增加配偶的名字,除了可以选择赠与、买卖方式外,还可以选择房屋析产登记。以房屋析产方式增加房屋共有人的方法仅适用于夫妻之间。夫妻双方签订房屋析产约定书,约定房产为夫妻共有财产;夫妻双方持婚姻关系证明如结婚证、房屋析产约定书等资料,到房产交易大厅申请房屋析产转移登记,增加配偶为房产共有人。

115. 原购房时使用的姓名变更了怎么办?

如果卖房时证件号码有变化,则需要证件的办理部门出具相关证明。例如原用军官证登记现使用身份证,需要户籍所在地派出所或原部队出具证明。如果是姓名有所变化,则需要证件办理部门出具姓名变更证明。例如,身份证记载的姓名有变化,由户籍所在地派出所出具姓名变更证明或是户口上有曾用名记载。

116. 法院判决离婚的是否可以单方办理过户?

如法院判决书中明确了房子的归属,承受房屋的一方单方凭判决书在房屋没有抵押、查封等限制的情况下可以单方持判决书、房产证等资料到房管部门办理过户。

117. 离婚时谁可优先取得房产?

《婚姻法》第39条:离婚时,夫妻共同财产由双方协议解决;协议不成时,由人民法院根据财产的具体情况,照顾子女和女方的原则判决。第42条:离婚时,如一方生活困难,另一方应从其住房等个人财产中给予适当帮助。具体办法由双方协议;协议不成时,由人民法院判决。《最高人民法院关于人民法院审理离婚案件处理财产分割问题的若干问题的意见》第13条:对不宜分割使用的夫妻共有房屋,应根据双方住房情况和照顾抚养子女或无过错方等原则分给一方所有。分得住房的一方对另一方应给予相当于该房屋一半价值的补偿。在双方条件等同的情况下,应照顾女方。

118. 未成年人能否成为房屋产权人?

未成年人可以作为产权人购买商品房,但其购房程序同成年人购房程序有所不同。我国《民法通则》明确规定,10周岁以上、18周岁以下的未成年人是限制民事行为能力人,可以进行与他的年龄、智力相适应的民事活动。其他民事活动由他的法定代理人代理,或者征得他的法定代理人的同意。未成年人可以作为产权人购买商品房,但是其法定代理人应代理未成年人办理购房整个过程的手续。在未成年人未满18周岁之前,他不能单独处置该商品房,例如房屋转让、出租、抵押等。若欲进行上述活动,应在征得其法定代理人同意后,由其法定代理人代理行使。当未成年人年满18周岁后,则可以单独行使产权人对于房屋的相关权利。

以未成年的名义买房是可行的,但是贷款却会成为拦路虎。在目前银行贷款紧缩的情况,审核力度从严的情况下,未成年人贷款买房更是困难,因为他们不具备还款能力,银行发放贷款的对象是具有完全民事行为能力的自然人,未成年的孩子虽然可以单独购房,但不是完全民事行为能力人,也没有债务偿还能力,因此未成年人购房一般不能进行银行贷款。若产权证共同办理在父母及未成年人名下,一般申请贷款银行会要求父母为还款人。

119. 父母能处置未成年子女的房产吗?

未成年人的父母作为未成年人的法定代理人可以代为购买房屋,但是父母无权随意处置未成年人房产。这里所说的"处置"既包括买卖,也包括将未成年人的房产进行抵押贷款等其他形式。

我国不动产采用的是登记原则,即登记在未成年人名下的房产属于未成年人的个人财产,不属于其监护人,监护人无权随意处置。

《中华人民共和国民法通则》第十八条第一款规定,"监护人应当履行监护职责,保护被监护人的人身、财产及其他合法权益,除为被监护人的利益外,不得处理被监护人的财产"。目前,主要采取由父母双方共同到场,以书面保证的方式声明处置房产行为是为未成年人的利益。

因此,父母如果要处分未成年人房屋申请登记的,除了应当提交证明监护人身份的材料以外,还应当提供为未成年人利益的书面保证,由监护人共同代为申请。

120. 房产"阴阳合同"风险隐在何处?

对买方来说,房产买卖签订"阴阳合同"其可能受益最大,也是阴阳合同积极的追求者,但相应的,其中蕴涵着很大的风险。阴阳合同以虚报价格来逃避国家税收或骗取高额贷款损害国家税收和第三人的合法利益,属于无效合同。阴阳合同中买方存在偷逃契税的行为,一旦被税务部门查出后,可能将和卖家一样受到补缴税款、罚款等行政处罚。在数额达到标准时,则可能与卖方一同被追究刑事责任。

由于在房管部门网签备案的价格低于实际成交的价格,将来买家如再出售该房屋时,买家可能就要面临承担高额个人所得税等税费的风险。

现实也曾发生过因这种阴阳合同买卖二手房,因房价上涨,卖方主张合同违法撤销合同,买方拿不到房,产生不必要的诉讼。

对卖方来说,可能拿不到房屋交易全款。表面上看,虽说卖方看似没有太大损失,但是风险同样不少。

如果签订"阴阳合同"卖方不仅同样存在行政处罚和刑事追究的风险,还会给自己的买卖合同埋下隐患。由于阴阳合同上的房价低于实际价格且属于虚假纳税申报和损害国家利益,会大大增加买方的心理变化,如果买方反悔,卖方将面临承担利息、房价下跌等损失,还存在房款不能全额收回的风险。

如果买方不按期支付网签价格外的房款,或者恶意要求以网签价格进行交易，卖方将陷于困境中，采取协商、催讨、起诉方式，都会增加时间和金钱成本。

因为"阴阳合同"中的"阳合同"因不体现当事人的真实意思而不发挥效力，而"阴合同"是当事人的真实意思表示而认定为有效合同，"阴合同"只要内容合法，同样受到法律保护。然而，如果利用"阴阳合同"实施违法行为，或者以合法的形式掩盖违法的目的，则不仅伪装的"阳合同"无效，被伪装的"阴合同"也因内容违法而无效。因此，对"阴阳合同"要慎之又慎。

鉴于买卖双方签订"阴阳合同"的行为严重违反了中国税收管理规定，有关部门查实后，如果属于一般偷税行为，行政机关有权给予罚款、拘留等行政处罚；如果偷税数额较大、次数较多，则可能构成犯罪。

121. 一般认定阴阳合同法律效力有哪些情形？

（1）对于差价以装修名义并且差价较小的，一般认定合同有效。

（2）对于差价太大，一般会认定无效。

（3）对于卖方不想卖，主张中介与买方恶意串通以阴阳合同价过户损害其利益的，一般认定合同有效但过户价格条款无效。

（4）对于买方不想买而主张卖方避税，或者网签后只想以网签合同上的低价买，一般认定合同有效但过户价格条款无效。

（5）对于双方仍想交易但过户时一方主张以真实价过户，另一方拒绝的，会调解，调解不成则认定合同不成立。

122. 购房家庭住房情况证明有什么作用？

购买新建住房和二手住房的，应先到房屋档案馆查询家庭住房信息，对于符合限购条件的，档案馆出具《限购住房证明》，购房人持证明等资料购房；对于不符合限购条件的，不出具《限购住房证明》，购房人则不能购房。

购房人在缴纳契税时，需向税务征收部门提供家庭住房情况证明。同时，申请贷款时，有的银行也需要这个证明。

123. 开具限购证明需要哪些资料？

（1）家庭成员的身份证明（包括身份证、士兵证、军官证、带照片的户籍证明）。

（2）婚姻证明（包括结婚证或户籍所在地民政部门出具的未婚证明，离婚的提交离婚证、离婚协议书或判决书、调解书，离婚、丧偶后未再婚的提交户籍所在地民政部门出具的未再婚证明、配偶的死亡证明等）。

（3）家庭成员的户口簿（不在一起的，分别提交）。

（4）非本市户籍居民家庭的，还应提交个人所得税缴纳证明或社会保险交纳证明的原件。

（5）委托自然人查询的，受托人出具经公证的委托书及本人身份证原件。

（6）军人购房应提供团级以上政治部出具其为驻地部队士兵或军官，且明确部队驻址及婚姻状况证明。

124. 未成年人出具限购证明需要哪些资料？

（1）父母双方的身份证明（包括身份证，军官证，士兵证，带照片的户籍证明）。

（2）父母双方的婚姻证明（包括结婚证，离婚的提交离婚证，离婚协议或判决书，调解书，离婚，丧偶后未再婚的提交民政部门出具的未再婚证明等）。

（3）父母双方的户口簿及未成年子女的户口簿（不在一起的，分别提交出生证明和独生子女证）。

125. 什么是房屋赠与？

房屋赠与，指一方（赠与人）自愿把自己所有的房屋无偿赠与他人（受赠人），他人愿意接受的民事法律行为。

126. 房屋赠与有哪些法律特征？

（1）房屋赠与合同是单务合同、无偿合同。赠与人自愿单方承担将房屋无偿赠与对方的义务，但不享受对等的权利；受赠人则享有无偿接受对方所赠房屋的权利，一般不承担法律上的义务，即使受赠人在接受赠与时附有一些义务，但这些义务并非与所取得的权利互为代价。

（2）房屋赠与合同是实践性合同。赠与人必须把赠与房屋实际交付给受赠人，受赠人接受赠与房屋后，房屋赠与的民事法律行为才完成，合同才算生效。但在实物交付后，则不得再行撤回赠与。如果因赠与人撤回赠与而发生纠纷，受赠方可请求人民法院裁决。

（3）房屋赠与合同是要式合同。房屋赠与同房屋买卖一样，都属于所有权的转移。按照《城市私有房屋管理条例》的规定，应提交各项证明办理登记过户手续。

127. 哪些情况下对赠与房屋双方不征收个人所得税？

（1）房屋产权所有人将房屋产权无偿赠与配偶、父母、子女、祖父母、外祖父母、孙子女、外孙子女、兄弟姐妹；

（2）房屋产权所有人将房屋产权无偿赠与对其承担直接抚养或者赡养义务的抚养人或者赡养人；

（3）房屋产权所有人死亡，依法取得房屋产权的法定继承人、遗嘱继承人或者受遗赠人。

128. 房屋赠与必须符合哪些条件？

（1）赠与人必须是房屋产权的拥有人，同时必须具有完全民事行为能力；

（2）赠与的房屋必须具有合法的权属证件，不存在产权纠纷；

（3）赠与人和受赠人均属自愿，有书面赠与协议（合同），并办理公证；

（4）房屋赠与必须经房地产管理机关登记、审核，办理产权过户手续；

（5）受赠人必须依照有关规定缴纳税费；

（6）不得为逃避应当履行的法定义务，如债务履行、支付劳动报酬等而设定赠与；也不得为规避法规管理，如缴纳税费等而设立赠与。房屋赠与不得危害公共利益和损害他人的合法权益。

129. 房屋赠与分哪几个步骤？

（1）赠与人与受赠人订立房屋赠与的书面合同，即赠与书。按规定，房屋赠与一定要采用书面形式。

（2）房屋赠与的当事人（受赠人）凭原房屋所有权证、赠与合同，按规定缴纳有关税费。

（3）办理公证。根据司法部、住房和城乡建设部《关于房产登记管理中加强公证的联合通知》的规定，房屋赠与必须办理公证。

（4）办理房屋所有权转移登记手续。房屋赠与当事人到房地产管理机构申请变更登记，应提交下列证件：申请书、身份证件、原房地产产权证、赠与书及公证书和税费缴纳凭证。

（5）赠与人将房屋交付受赠人，这里的交付以办理房屋产权转移登记为准。

130. 房屋继承形式有哪些？

我国《继承法》第五条规定："继承开始后，按照法定继承办理；有遗嘱的，按照遗嘱继承或者遗赠办理；有遗赠扶养协议的，按照协议办理。"由此可见，房屋继承形式包括三种，分别是法定继承、遗嘱继承和遗赠、遗赠扶养协议。

（1）法定继承。所谓法定继承是指依据法律规定的继承人范围、继承的顺序、继承遗产的份额以及遗产的分配原则继承被继承人的遗产。继承权男女平等。遗产按照下列顺序继承：第一顺序：

配偶、子女、父母。第二顺序：兄弟姐妹、祖父母、外祖父母。继承开始后，由第一顺序继承人继承，第二顺序继承人不继承。没有第一顺序继承人继承的，由第二顺序继承人继承。上述所说的子女，包括婚生子女、非婚生子女、养子女和有扶养关系的继子女。父母，包括生父母、养父母和有扶养关系的继父母。兄弟姐妹，包括同父母的兄弟姐妹、同父异母或者同母异父的兄弟姐妹、养兄弟姐妹、有扶养关系的继兄弟姐妹。丧偶儿媳对公、婆，丧偶女婿对岳父、岳母，尽了主要赡养义务的，作为第一顺序继承人。同一顺序继承人继承遗产的份额，一般应当均等。继承人协商同意的，也可以不均等。夫妻在婚姻关系存续期间所得的共同所有的财产，除有约定的以外，如果分割遗产，应当先将共同所有的财产的一半分出为配偶所有，其余的为被继承人的遗产。

（2）遗嘱继承和遗赠。所谓遗嘱继承是指，继承开始后，按照被继承人所立的合法有效的遗嘱继承被继承人的遗产。立遗嘱人必须为完全民事行为能力人，无行为能力人或者限制行为能力人所立的遗嘱无效。遗嘱必须表示遗嘱人的真实意思，受胁迫、欺骗所立的遗嘱无效。遗嘱人可以撤销、变更自己所立的遗嘱。立有数份遗嘱，内容相抵触的，以最后的遗嘱为准。遗嘱继承和遗赠的最大区别在于遗嘱受益人的身份，遗嘱受益人为法定继承人为遗嘱继承，法定继承人以外的人，则为遗赠。例如，父母立遗嘱将房产给子女，则是遗嘱继承；爷爷奶奶立遗嘱将房产给孙子、孙女，则是遗赠，因为孙子女不属于法定继承人。

（3）遗赠扶养协议。我国《继承法》规定：公民可以与扶养人签订遗赠扶养协议。按照协议，扶养人承担该公民生养死葬的义务，享有受遗赠的权利。公民可以与集体所有制组织签订遗赠扶养协议。按照协议，集体所有制组织承担该公民生养死葬的义务，享有受遗赠的权利。

131. 什么是房产析产？

房产析产是根据相关协议、法律原则和一定的标准，将共有房产这一财产分割，而分属各所有人所有的行为。

132. 房产析产的原则是什么？

房屋为家庭生活中不可缺少的重要生活资料，正是因为它的重要性，才引发了这样或那样的种种矛盾和纠纷，当夫妻离婚或者家庭成员分家独立时，势必就要对该共有房屋进行分割分配。然而房屋又拆不得，因此在对房屋分割问题上就遇到了一个无法回避的问题：到底该房屋应当归谁？能否继续共用？没有得到房屋又该得到什么？对于这样的问题无论是法律的规定还是司法实践都给出了较好的处理，基本原则如下：
(1) 分割房屋时最大限度地保护房屋的整体性；
(2) 尽最大可能不损害房屋现有的价值；
(3) 采取一人独有，再给他人金钱或其他方式的补偿；
(4) 采取大家共有的方式；
(5) 大家竞买的方式；
(6) 出卖该房，大家分得价款的方式。

133. 什么是婚内析产？

根据《婚姻法》第十九条规定，夫妻可以约定婚姻关系存续期间所得财产以及婚前财产归各自所有、共同所有或部分所有。对于共同所有的房改房，夫妻可以书面约定为共有，并向登记部门申请登记双方姓名。

134. 婚内析产协议应该如何书写？

婚内析产协议首先应该注明房屋的坐落、产权证号、产权人、附属物情况等房产的基本信息，其次说明协商后的产权归属，夫妻双方对产权归属无异议后，签字印手印确认。

135. 有贷款的房屋可以申请办理婚内析产吗？

房屋已办理抵押登记的，需先办理抵押注销手续后，方可办理婚内析产手续。

136. 什么是房屋置换？

房屋置换是一种特殊形式的房屋买卖，其特殊性在于它可保证买卖行为的同时进行，也就是说房屋置换服务是买和卖的双向服务，一次置换成功，相当于两次交易。因此，成功置换必须是原有住房有下家接受，同时，看中了另一套住房。置换交易的最大好处就是买和卖同时进行，省去临时周转的麻烦，通过置换，可以比较轻松地以小换大、以远换近、以旧换新，来改善居住条件。在置换交易中，同时性最为重要，这也决定了交易条件的苛刻。

137. 房屋置换如何缴税？

如果交换后的房屋与原房屋价值相等，可免征契税，如果交换后的房屋比原房屋价值高，则按差额缴纳契税。对土地使用权交换、房屋所有权交换及土地使用权与房屋所有权之间相互交换的差额，明显不合理且无正当理由，由征收机关参照市场价格核定的计税价格作为计税依据。个人以房换房除契税外还涉及营业税及附加、个人所得税、印花税等税种。交换双方按照各自房产的评估价格计算交纳。

138. 什么是存量房网上交易？

存量房网上交易，是指通过房管部门网上操作系统进行挂牌委托，发布房屋出售信息，并对达成交易意向的房屋，由交易双方当事人通过网上操作系统签订合同的存量房出售行为。

139. 哪些信息应在网上予以公示？

（1）存量房坐落及相关测绘数据；
（2）存量房交易均价；
（3）经纪机构名称。

140. 买卖双方自行成交如何网上交易？

交易双方当事人自行达成存量房交易意向的，可委托资金托管机构或相关经纪机构办理存量房网上交易。资金托管机构、经纪机构应提供网上交易服务，打印买卖协议，发布交易信息。

141. 所有的存量房都得实行网上交易吗？

存量房交易均应实施网上交易。交易双方当事人可通过房地产经纪机构或房管部门指定的服务窗口签订、打印《存量房买卖协议》。

142. 想顺利网签需要注意哪些问题？

（1）房改房办理网签时，卖方需夫妻双方持有效身份证明同时到场；
（2）产权人已去世，继承人已办理继承权公证或持有法院生效法律文书，但未办理产权登记手续便将所继承房产出售的，办理网签时，继承人持继承权公证书或法院生效法律文书便可与买房人办理网签手续；
（3）离婚后，房产归一人所有，现房屋所有权人未办理房屋析产手续便将该房产出售的，如果产权人是协议离婚的，协议双方应先办理房屋析产手续，再凭新房产证与买房人办理二手房网签手续；如果产权人是以法院判决或调解方式离婚的，现房屋所有权人持生效判决或调解书可直接与买房人办理二手房网签手续；

（4）父母将自有房产转让给未成年子女的，无法办理网签手续；

（5）未成年人出售其房产时，其监护人（父母）需同时到场并出具为未成年人利益的书面保证；

（6）房屋坐落发生变更，在办理网签手续时，仍须按原房产证证载地址办理，买卖双方在办理房产登记手续时须提供房屋坐落变更证明；

（7）申请人不能到场的，受托人需持已公证的授权委托书办理网签手续；

（8）房屋共有人之间转让房产份额的，不需开具限购证明可直接办理网签手续；

（9）所售房屋存在房产抵押的，产权人需要办理房产抵押注销手续后，方可与购房人办理网签手续。

143. 网上交易能给买卖双方带来哪些好处？

（1）最大限度保证房源信息的真实性。二手房房源欲上网交易，必须经过最基本的信息核验，未通过信息核验的房源将不能上网挂牌交易。因此，购房者在进行二手房网上交易时，可以有效避免因虚假房源信息而造成的不必要损失。

（2）避免"吃差价"，保护卖房人权益。网上交易中，房源的相关信息都将在网上得以公示，买房人和卖房人都可以及时了解房源的相关信息，确保房价的一致性。这就有效避免了二手房市场一直存在的买卖双方沟通不畅、中介机构吃差价等房产交易过程中的顽症。

（3）杜绝"霸王合同"、"霸王条款"的出现。二手房网上交易将统一使用网上打印的买卖协议进行签约，充分保证买卖双方的利益，有效避免"霸王合同"、"霸王条款"的出现，有效规避目前市场上多现的"阴阳合同"、"三面合同"，使交易过程更加规范。

(4) 维护中介公司的合法权益。卖方委托某一房产中介机构进行网上挂牌以后,若再委托其他房产中介机构或直接进行交易,系统将会自动发送提示信息,若该中介机构与卖方客户签有独家代理协议,该中介机构可持该协议维护自身的合法权益。

(5) 避免"一房多卖"。卖方如果已经签订合同,而又出售给第三方,那么在再次签订合同时,交易系统将提示注意可能存在交易风险。这样将对俗称的"跳单"行为进行制约,维护中介市场的良性竞争,使中介市场的竞争更加有序。

144. 什么是二手房交易资金托管?

二手房交易资金托管是指二手房交易双方当事人为保证交易资金的安全,与资金托管机构签订资金托管协议,由资金托管机构代收买方当事人应付交易资金,并在完成产权登记后,按照约定,向卖方当事人代付应得交易资金的行为。

通俗地讲就是,买卖双方的交易资金由房屋管理部门指定的资金托管机构在银行开立的"存量房客户交易结算资金专用账户"进行划转。买卖双方与该机构签订《存量房交易资金托管协议》,并按照协议约定,买方将交易资金先存入专用账户,产权过户登记完成,确认买方可以领取房产证后,再由专用账户将交易资金划入卖方当事人账户。

二手房交易资金监管改变了原有的二手房交易模式及付款方式,使得整个交易过程在监管模式下完成,从根本上解决了交易双方信息不对称和不信任的状态,确保交易过程和交易资金安全。这样既保证卖方在房子出手后如数收齐房款,也保障了买方在付款后及时领到房产证。使房产交易像普通商品一样"钱货两清",从而保证买卖双方合法权益。资金监管政策明确规定中介公司不能代收代付客户交易资金,从而避免了中介公司挪用客户资金的可能,进而杜绝了不良中介"卷款逃跑"事件的再度发生。对抑制房产的投机行为,规范市场操作行为起到明显的作用。

145. 什么是资金专用存款账户？

存量房客户交易结算资金专用账户不能支取现金，实行"三点一线"式的资金流转方式，即交易资金由协议约定的买方账户转入"专用账户"，登记完成后再由"专用账户"转入卖方账户。若出现无法办理产权过户的情形，资金会由"专用账户"退回买方交款账户，切实保障交易资金的安全。

该专用账户只能用于二手房买卖双方的交易资金划转，不能用于资金监管机构自有资金的存储和划转，而且不得支取现金。专用账户独立于资金监管机构的自有财产及其管理的财产，既不属于资金监管机构的资产，也不属于服务中心的负债，账户内的交易结算资金属于房屋交易当事人。从而保障了买卖双方的交易资金安全，维护了买卖双方的权益。

146. 什么是存量房交易资金托管协议？

存量房交易资金托管协议简称"托管协议"，是由买卖双方与二手房交易资金托管机构签订的三方协议，该协议约定了交易房产的有关情况、买卖双方选择的相关托管银行名称及专用账号、买卖双方个人结算账户名称及账号、存款方式、转款方式、协议解除的办理手续，以及其他共同约定的事项，该协议一式三份，买卖双方与资金托管机构各持一份，协议一经签订便对三方均具有约束力，应共同遵守。

147. 买卖双方自行成交如何进行资金监管？

交易双方当事人持相关资料到资金托管机构提出申请，与资金托管机构共同签订《存量房交易资金托管协议》，协议主要内容包括：

（1）选择资金托管银行；

(2) 协议托管资金数额；

(3) 承诺资金托管事项。

148. 二手房交易资金监管的程序是什么？

（1）买方当事人自《资金托管协议》签订后，在协议约定期限内持有关资料到协议约定的银行储蓄网点交纳托管资金。

（2）受托银行根据买方当事人提供的《资金托管协议》，从联网信息中调取相关代收代付数据信息，核实无误后，按通知资金数额收款。

（3）受托银行将收受款项信息适时传递给资金托管机构，并于当日将所收款项划入资金托管机构在该行所设的专用账户。

（4）托管资金足额入账后，资金托管机构向买方当事人出具《存量房交易资金托管证明》。

（5）交易双方当事人持《存量房交易资金托管证明》和其他资料到登记机关申请办理转移登记手续。登记完成后，由资金托管机构按照《资金托管协议》的约定办理资金转款手续。登记审核后予以退件的，待交易双方当事人取回申报资料后，由交易双方当事人根据《资金托管协议》的约定到资金托管机构办理转款手续。

149. 二手房交易资金监管有哪些优势？

（1）交易过程更安全，化解买卖双方"信任危机"。资金监管保证了交易过程的安全，买卖双方更加放心，与网上交易共同实现了房产交易的"一手钱，一手货"，将市场交易行为和产权登记同步、可控完成，使交易过程更加安全。一旦发生限制交易的事件时，可以保障交易双方在终止买卖的同时，"专用账户"内的交易结算资金能安全返还，避免了以往在二手房交易中出现的因付款办证"时间差"导致纠纷的发生；全部购房款存入指定银行的交易结算资金专用账户后，房屋产权才会转移，保证卖房者能拿到全部房款，真正做到了"银货两讫"，解决双方"信任危机"。

（2）资金安全有保障，交易双方更放心。交易资金由协议约定的买方账户转入专用账户，房屋产权登记完成后再由专用账转入卖方账户，若出现无法办理产权过户的情形，资金会由专用账户退回买方交款账户，切实保障交易资金的安全。卖方看到全额资金到位后办理产权过户，买方确保能够领到新的房产证付款，当房屋完成过户手续，确保买方可以领证时便可进行银行转款，从而避免买方迟迟不领、卖方也不能取款的现象，同时维护买卖双方合法利益，使其更放心。

（3）将交易过程中的问题前置，减少房产买卖纠纷。按原来的交易模式，如买方需按揭贷款，只有办理完产权过户后，用新的房产证办理抵押登记，银行领取他项权证以后才可进行放款，这样，就会存在一个问题，即卖方尚未取得交易房款，产权却已经办理完过户，且买方已用其办理抵押登记，银行取得了该房产的他项权利，若银行贷款审批或发放贷款环节出现问题，卖方极有可能会出现"钱房两空"的局面，对交易双方都会产生麻烦，进而引发合同纠纷。目前，资金监管业务实行全额监管，如买方客户需要贷款，需提前联系银行申请贷款，全部交易资金到位后，才可进行产权过户。从而确保买方能拿到新房产证、卖方能拿到全额交易资金，同时，银行可以拿到房屋他项权证。不但减少了交易双方不必要的争议，而且还保证了银行信贷资金安全。

（4）抑制投机，规范市场。实施资金监管，不良中介依靠代收代付客户资金、吃差价来维持公司运营和店面扩张的行为，将受到限制，中介公司不能代收代付客户交易资金，从而避免了中介公司挪用客户资金的可能，杜绝了不良中介"携款潜逃"事件的再度发生。

150. 哪些情况下需实行资金监管？

（1）由房地产经纪机构促成、代理的存量房交易应实施存量房交易资金监管。房地产经纪机构为交易双方签订《买卖协议》的同时，应通过网上操作系统，录入资金托管协议相关信息，提交到系统后,交易双方当事人持相关资料到指定的资金托管机构服务窗口进行审核,签字确认并留存指纹印迹;如交易双方当事人因特殊原因不选择资金监管的,应为其出具《存量房交易资金不予托管声明》。房地产经纪机构不得以任何形式代收代付交易双方的购房款。

(2) 委托第三方代为办理相关手续的存量房交易,应实施存量房交易资金监管。资金托管机构在受理时,应要求受托人提供经过公证的委托书,在办理转款手续时,根据委托事项将监管资金划转至卖方当事人账户或受托人账户。

(3) 买方当事人需要通过贷款方式支付购房款的存量房交易,应实施存量房交易资金监管。交易双方将监管资金存入资金托管机构在银行设立的客户交易结算资金专用账户后,再申请办理产权登记手续。

目前,在北京、广州、天津等城市实行强制资金监管,而在济南等城市在某些情况下,可不进行资金监管,比如:交易双方自行达成存量房交易,并且未委托第三方代为办理,如协商一致不纳入交易资金监管的,交易双方当事人应当向资金托管机构提出书面申请,签字确认并留存指纹印迹。

151. 办理资金监管时应注意什么问题?

(1) 办理二手房交易资金监管业务,买卖双方应选择同一家托管银行,并在所选定的托管银行开立个人账户。为了增强房产交易资金的安全性,二手房交易资金监管业务的资金存转都是通过银行转账的方式进行的,买卖双方应事先选择同一家托管银行,并提交在该银行的个人账户,这样无论买方将售房款存入"专用账户",还是产权过户办理完毕后,托管机构将售房款由"专用账户"转入卖方账户,都能够保证交易资金即时到账,避免了因交易资金转账时间过长给交易双方造成不必要的麻烦,提高资金监管业务的时效性和便利性。

(2) 提交给房管局资金托管机构的账户名称应是房产买卖双方当事人的账户。目前个人账户除了存折以外还有银行卡,有的客户银行卡背面没有签名，无法看出户主是谁，等到最后办理转款的时候，托管银行录入账户才发现与托管协议签订的客户名称不是同一个人，无法办理转款手续，这样不仅给托管机构、托管银行的工作造成不便，也直接给客户本人产生不利影响，因此，在办理二手房交易资金监管业务时，务必提交买卖交易当事人的账户。

(3) 交易双方当事人可以使用原来的相应托管银行的账户，但该账户必须是本地账户。有些客户事先已经有了相应托管银行的账户，在办理二手房交易资金托管业务时不必再开设新的账户，但是双方所提交的账户必须是本地账户，很多账户非银行工作人员有时无法从账号本身看出是否是本地账户，只有到了最后转款环节、银行转款时才能看出。托管机构的"专用账户"是不能进行异地转款的，结果造成无法转款。

(4) 以贷款方式支付购房款的，按照资金监管的相关要求，贷款银行应提前发放贷款，将贷款存入指定的交易结算资金专用账户。除了少量定金外，买方应将全部房款存入托管机构"专用账户"后才能办理产权过户手续，对于需要银行贷款的也就相应地要求银行要提前放款。银行为了保证贷款安全，可以要求具有担保资质的担保机构进行担保。担保机构为客户提供担保后，会协助客户办理产权过户及房产抵押登记手续，为客户提供更加细致、周到的服务。

(5) 交易双方特别是出卖方要妥善保管存折，不要将存折交予他人，密码不要外泄。在办理二手房交易资金托管业务时，买卖双方会和资金托管机构签订《存量房资金托管协议》，事先约定好买方的存款账户和卖方的收款账户，而在房产交易过程中，由于一些百姓缺乏房屋买卖经验，便会委托中介机构全程代理，这时，一些中介机构就会趁机持卖方身份证原件开设一个存折，并在签署协议时提供给资金托管机构，房款到账以后不但不通知卖方本人，还埋怨托管机构工作效率慢，资金不能及时到账，使客户产生了误会。其实，资金托管机构和中介公司之间并没有业务往来，买卖双方与资金托管机构签订的《存量房资金托管协议》也与中介机构无关，资金托管机构只是在交易完成时，按照相关约定把房款转到《存量房资金托管协议》中所约定的卖方账户上。为了维护买卖双方自身的利益，到房管局办理存量房交易资金托管业务时，持有效证件亲自到场办理相关手续，不要随意将身份证、银行卡、存折等重要证件交给他人保管，密码不要外泄，以免造成不必要的损失。

152. 一次性付款如何办理资金监管？

（1）通过网上操作系统，买卖双方签订《存量房买卖协议》。

（2）买卖双方与托管机构签订三方的《存量房交易资金托管协议》。

（3）买方按约定日期将房款一次性存入托管机构在托管银行开立的"存量房客户交易结算资金专用账户"，由托管银行出具统一格式的《存量房交易资金托管收款凭证》。

（4）凭《存量房交易资金托管收款凭证》到托管机构换开《存量房交易资金托管证明》，并凭此证明及其他所需资料办理产权过户手续。

（5）产权登记完成，托管机构工作人员将房款一次性转入卖方账户，卖方直接到银行提取售房款，买方到房管部门领取房产证；登记机构予以退件的，买方申请退款，托管机构工作人员将房款一次性转入买方交款账户。

153. 贷款付款如何办理资金监管？

（1）通过网上操作系统，买卖双方签订《存量房买卖协议》。

（2）买卖双方与托管机构签订三方的《存量房交易资金托管协议》。

（3）买方按约定日期将首付款存入托管机构在托管银行开立的"存量房客户交易结算资金专用账户"，由托管银行出具统一格式的首付款部分的《存量房交易资金托管收款凭证》。

（4）买方凭首付款《存量房交易资金托管收款凭证》及贷款银行所需其他贷款资料向银行申请贷款。

（5）银行发放贷款，贷款资金存入托管银行"存量房客户交易结算资金专用账户"后，托管银行出具贷款部分的《存量房交易资金托管收款凭证》。

（6）凭全部托管资金的《存量房交易资金托管收款凭证》到托管机构换开《存量房交易资金托管证明》，并凭此证明及其他所需要资料办理产权过户手续。

（7）产权登记完成，托管机构工作人员将房款一次性转入卖方账户，卖方直接到银行提取售房款，买方到房管部门领取房产证；登记机构予以退件的，买方申请退款，托管机构工作人员将售房款一次性转入买方交款账户。

154. 办理资金监管需要提交哪些资料？

交易双方的身份证、双方在约定托管银行开设的个人结算账户、房产证及网上签订的《济南市存量房买卖协议》，以上资料原件、复印件各一份。服务中心核对原件，复印件留档备查。

155. 退回交易资金时该如何办理？

因该房屋不具备登记条件登记机关予以退件的，交易双方取回登记资料后，由买方当事人本人持登记机关出具的《退件单》到托管机构办理退款手续；买卖双方约定终止交易的，由买卖双方当事人同时到托管机构办理托管解除手续。交易资金由专用账户退回买方交款账户。

156. 经济适用住房申请条件有哪些？

各地条件不尽相同，以西安市为例：
（1）经济适用住房的申请人应具有本市城六区（新城区、莲湖区、碑林区、雁塔区、未央区、灞桥区）或长安区非农业户口。

（2）申请人家庭人均月收入符合市政府规定的最新标准。

经济适用住房标准：单身人均月收入 1818 元/人；两人家庭人均月收入 1667 元/人；三人家庭（包括三人以上家庭）人均月收入 1515 元/人。

（3）申请人家庭人均住房建筑面积低于市政府规定的相应标准。（家庭人均住房建筑面积低于 $17m^2$）。

（4）申请人及其家庭成员 3 年内有房屋赠与及转让的（房屋建筑面积超出市政府规定的相应标准），不得申请。

（5）申请人及其家庭成员名下有商铺、办公用房或营运车辆的，不得申请。

（6）申请人及其家庭成员名下拥有购买价格超过 15 万元的非营运车辆的，不得申请。

（7）申请人及其家庭成员名下有公司或出资参股的，注册（参股）资金超过 15 万元的，不得申请。

（8）申请人或家庭成员离异、涉及房产处置且未再婚的，离异时间应满 3 年。

（9）申请人年龄单身（未婚及离异、丧偶独身）应在 25 周岁以上，且不得超过 70 周岁。在校学生及现役军人不能作为申请人。

（10）市政府规定的其他条件。

157. 房改房是什么？

"房改房"，似乎是一个比较遥远的名词，也是 20 世纪 90 年代"房改"政策实施时所遗留的房屋。虽然目前关于"房改房"的问题并不是社会问题中的热门，但是在婚姻家庭中，还是存在着关于房改房的纠纷。

房改房又称已购公有住房，是指根据国家现行房改政策的有关规定，单位将原公房通过优惠的形式出售给已经承租或使用该房屋的职工，职工对其享有部分产权或者全部产权的居住用房。房改房是与我国特殊国情相适应、在推进城镇住房制度改革背景下的过渡性产物。

158. 房改房交易需要注意哪些事项？

（1）了解产权可靠性。确认产权的房主是否与卖房人是同一人，可到房管部门查询产权证的真实性，要确认原单位是否允许转卖并了解房屋的性质。一定要确认原单位是否同意出让，因为大部分公房进行房改时原单位都保留优先回购权，并了解是否已经按成本价补足分摊费用。

（2）确认登记的面积、使用期限。在房产证中，包括建筑面积、使用面积和户内实际面积；产权证上一般标明的是建筑面积、户型、土地使用期限、是否已补分摊。另外，土地出让金也是房改房必须交付的一项相关费用，这是由原业主支付的。

（3）清楚房屋背景与周边环境。买家须了解该房改房是否欠交物业管理费以及水电燃气费用，或者房屋是否抵押给银行，可向管理处或就近的居民了解情况。如有配套设施的，要现场使用以确认是否有损坏，观察户内外电线是否有老化现象，"三表"是否出户，电话线的接通情况，是普通电话还是宽频，小区绿化、保安情况以及住宅电梯质量等。

（4）确定房价的合理性。通过对市场上房屋买卖交易信息反复比较判断房屋的价值，买家还要多留意媒体信息、广告、宣传，然后与自己所意属的房屋进行比较。还可委托诚信中介公司或评估事务所进行评估，让双方达成合理的房价。

（5）慎重办理交易过户手续。办理交易过户手续是房屋买卖的最后环节也是最重要的一关，不要轻易先交钱再过户或者先过户再交钱。

产权过户须报经房屋土地管理部门办理完毕才算是完成过户手续，有关代理行（中介方）、律师、公证的保证或口头协议都不算已完成交易过程。对买方来说，产权过户手续完成后房屋产权才真正属于购买方，在此之前，卖方可能毁约。

159. 房改房买卖的方式有哪些？

（1）按成本价购买的房改房，其房屋的占有、使用、处置的权利全部归产权人所有,不需经过原产权单位同意就可处置。但其房产证上有未缴纳土地出让金和以成本价购买等记载,因此在进行转让时,须补交一定的费用,否则不能办理过户手续。

(2)标准价购买的房改房(标准价房改房的价格低于成本价房改房),其房屋的占有、使用、处置的权利全部归产权人所有,取消了需经原产权单位同意方可处置的规定,以及收益须按一定标准和原产权单位分成的规定(除非在与原产权单位签订的公有住房买卖合同中有特殊约定),目前唯一的限制就是原产权单位在同等价格下具有优先购买权。与成本价房改房类似,标准价房改房的产权证上也有未缴纳土地出让金和以标准价购买等记载,因此在进行转让时,也须补交一定的费用,否则不能办理过户手续。

160. 离婚后房改房怎样分?

房改房虽然特殊,但是在进行离婚财产分割时,也是要判定其归属的。有关房改房的归属问题,《婚姻法司法解释(二)》和《婚姻法司法解释(三)》中都有相应的规定。《婚姻法司法解释(二)》第十九条规定:由一方婚前承租、婚后用共同财产购买的房屋,房屋权属证书登记在一方名下的,应当认定为夫妻共同财产。《婚姻法司法解释(三)》第十二条规定:婚姻关系存续期间,双方用夫妻共同财产出资购买以一方父母名义参加房改的房屋,产权登记在一方父母名下,离婚时另一方主张按照夫妻共同财产对该房屋进行分割的,人民法院不予支持。购买该房屋时的出资,可以作为债权处理。

在传统计划经济体制下,我国长期实行的住房制度是一种由国家和单位统包职工住房投资、建设和分配的住房实物分配方式。改革开放以后,房改房开始向货币化、商品化住房分配制度过渡。房改房的价格并非完全由市场供求关系决定,而是由政府根据实现住房简单生产和建立具有社会保障性的住房供给体系原则决定。

161. 哪些房改房不能卖？

根据我国相关法律规定，上市交易的房改房必须取得房屋所有权证、土地使用权证和契证，权属清晰。出售在学校校园、工矿作业区域内的房改房，在同等条件下，原产权单位享有优先购买权。有下列情况之一的房改房暂不得上市：

（1）已列入近期规划改造范围，户籍已冻结并取得房屋拆迁许可证的房改房；

（2）擅自改变房屋使用性质的房改房；

（3）党政领导干部购买或者集资建造的超过面积控制标准的房改房；

（4）购房贷款尚未还清，所有权已设定抵押且未经抵押权人书面同意转让的房改房，经抵押权人同意转让的除外；

（5）职工原购公有住房时，经房改办批准，与原售房单位在公有住房（换购房）买卖协议中有其他约定条件的，从其约定；

（6）法律、法规以及市以上人民政府规定其他不宜出售的房改房；

（7）以低于房改政策规定的价格购买且没有按照规定补足房价款的；

（8）产权共有的房屋，其他共有人不同意出售的；

（9）上市出售后形成新的住房困难的；

（10）违反规定利用公款超标准装修，且超标部分未按照规定退回或者补足装修费用的。

162. 房改房的过户流程是什么？

（1）买卖双方建立信息沟通渠道，买方了解房屋整体现状及产权状况，要求卖方提供合法的证件，包括房屋所有权证书、身份证件及其他证件。

（2）如卖方提供的房屋合法，可以上市交易，买方可以交纳购房定金，买卖双方签订房屋买卖合同。买卖双方通过协商，对房屋坐落位置、产权状况及成交价格、房屋交付时间、房屋交付、产权办理等达成一致意见后，双方签订房屋买卖合同。

（3）买卖双方共同向房地产交易管理部门提出申请，接受审查。买卖双方向房地产管理部门提出申请手续后，管理部门要查验有关证件，审查产权，对符合上市条件的房屋准予办理过户手续，对无产权或部分产权又未得到其他产权共有人书面同意的情况拒绝申请，禁止上市交易。

（4）立契。房地产交易管理部门根据交易房屋的产权状况和购买对象，按交易部门事先设定的审批权限逐级申报审核批准后，交易双方才能办理立契手续。

（5）缴纳税费。税费的构成比较复杂，要根据交易房屋的性质而定。比如房改房、危改回迁房、经济适用住房与其他商品房的税费构成是不一样的。

（6）办理产权转移过户手续。交易双方在房地产交易管理部门办理完产权变更登记后，交易材料移送到发证部门，买方凭领取房屋所有权证通知单到发证部门申领新的产权证。

（7）对贷款的买受人来说在与卖方签订完房屋买卖合同后由买卖双方共同到贷款银行办理贷款手续，银行审核买方的资信，对双方欲交易的房屋进行评估，以确定买方的贷款额度，然后批准买方的贷款，待双方完成产权登记变更，买方领取房屋所有权证后，银行将贷款一次性发放。

（8）买方领取房屋所有权证、付清所有房款，卖方交付房屋并结清所有物业费后双方的二手房屋买卖合同全部履行完毕。

163. 房改房交易需要缴纳哪些税费？

契税、印花税：按照商品房的契税和印花税标准交纳。

土地出让金：房改房需要交纳土地出让金，计算公式为：当年成本价×建筑面积×1%。当年成本价指的是该房产实际上市出售的当年，由政府颁布的房改房成本价，也就是"今年"的成本价；

房改房在上市出售并且交纳土地出让金之后，其产权性质即等同于商品房产权了。

个人所得税：房改房的个人所得税计算方法与商品房相同，只是起算时间上房改房是以该房产当初房改时、交纳房改价款（购房款）的实际交付时间为起算，需提供当时的缴款凭证作为计算依据。

需要注意的是，除了可以直接上市的成本价房改房以外，还存在有"优惠价"、"标准价"两类房改房类型，标准价和优惠价的房改房上市，需要先交纳部分款项变更为成本价房改房方可直接上市，优惠价、标准价补足成本价的计算公式为：当年成本价×建筑面积×6%，交纳该款项后就可以按照成本价房改房有关规定上市交易了。

164. "共有产权房"是什么意思？

"共有产权房"，即中低收入住房困难家庭购房时，可按个人与政府的出资比例，共同拥有房屋产权。房屋产权可由政府和市民平分，市民可向政府"赎回"产权。共有产权房自2007年起在江苏省淮安市进行试点，该模式已在江苏省其他地区获得了推广。2014年，住房和城乡建设部召集了部分城市在北京召开了一场共有产权住房试点城市座谈会。在会上北京、上海、深圳、成都、黄石、淮安6个城市明确被列为全国共有产权住房试点城市。2014年的政府工作报告中，"完善住房保障机制"部分首次写入了"增加中小套型商品房和共有产权住房供应"。"共有产权房"作为经济适用住房的变异形式，其显著特点在于价格形成机制。"共有产权房"用地性质由划拨改为出让，并完全按照商品房进行开发，且销售价格计算也等同于商品房。"共有产权房"的出资方式，它是由政府按照"三七开"或"五五开"垫资，并不影响购房者向银行申请商业贷款等。

第三章 评估及测绘

165. 什么是房地产评估?

房地产评估是由持有《房地产估价人员岗位合格证书》或《房地产估价师注册证》的专业人员,根据评估目的,遵循评估原则,按照评估程序,运用评估方法,在综合分析影响房地产价格因素的基础上,结合评估经验及对影响房地产价格因素的分析,对房地产的特定权益,在特定时间最可能实现的合理价格所作出的估计、推测与判断。它实质上不是评估人员的定价,而是模拟市场价格形成过程将房地产价格显现出来,它具有专业性、技术性、复杂性,是科学、艺术和经验三者的结合。

房地产交易、租赁、抵押、担保、商品房开发与销售等环节都离不开对房地产的评估。房地产评估机构资质等级分为一、二、三级。国务院建设行政主管部门负责一级房地产评估机构资质许可。省、自治区人民政府建设行政主管部门、直辖市人民政府房地产行政主管部门负责二、三级房地产评估机构资质许可,并接受国务院建设行政主管部门的指导和监督。房地产评估机构应当由自然人出资,以有限责任公司或者合伙企业形式设立。

166. 房地产评估的原则有哪些?

(1) 合法性原则。合法性原则要求房地产评估应以评估对象的合法权益为前提进行。房地产的权益不同,价格也不同。房地产的权益要通过法律、法规、契约来规范、确认和保障。测算房地产的纯收益时,不能以临时建筑或违章建筑的收益为测算基础。

（2）最高、最佳使用原则。房地产是一种稀缺资源，无论是社会还是权利人都希望能发挥其最大的效益，并根据这种期望确定土地利用方式。因此要以委估房地产，主要是地产的区位、特性、等级等客观条件所决定的使用效益最大的使用方式或用途为前提进行评估。

（3）均衡原则。房地产的各个组成部分，如土地与建筑物、建筑物的结构、设备与装修等相互之间须达到一个均衡的比例关系，才能达到房地产整体的最高、最佳使用状态。均衡原则就是要求评估人员在评估房地产的某一个组成部分时，须充分考虑因其与其他组成部分之间的结构关系，从而决定的房地产整体最高最佳用途。

（4）适合原则。每一宗房地产总是处于某个特定的环境之中，只有当一宗房地产与其所处环境适合才能达到最高最佳使用状态。因此，评估人员在评估一宗房地产的价格时，须详细分析该宗房地产与其周围环境的关系，审慎确定最高、最佳使用状态。

（5）供需原则。商品的价格由该商品供给和需求的均衡点来决定。供小于求时，则价格上升，否则下降。房地产的价格由类似房地产的供求状况决定。

（6）替代原则。在同一市场上效用相同或相似的房地产，价格趋于一致。

（7）评估时点的原则。评估时点又称评估基准日、评估期日、评估时间，是一个具体的日期，通常用年、月、日表示，评估额是该日期的价格。房地产市场是不断变化的，房地产价格有很强的时间性，它是某一时点的价格，不同的时点，同一宗房地产往往会有不同的价格，也就是说，评估实际上只是求取某一时点上的价格，所以评估一宗房地产的价格时，必须假定市场情况停止在评估时点上，同时评估对象房地产的状况通常也是以其在该时点的状况为准。

167. 房地产评估的具体收费标准是什么？

根据原国家计委、建设部关于《房地产中介服务收费的通知》有关规定执行。房地产评估收费标准，按照房地产的价格总额采取差额定率分档累进计收，具体标准是：

(1) 房地产价格总额在 100 万元以下（含 100 万元的），按 5‰ 的费率计收；

(2) 房地产价格总额在 101 万元以上至 1000 万元的，按 2.5‰ 的费率计收；

(3) 房地产价格总额在 1001 万元以上至 2000 万元的，按 1.5‰ 的费率计收；

(4) 房地产价格总额在 2001 万元以上至 5000 万元的，按 0.8‰ 的费率计收；

(5) 房地产价格总额在 5001 万元以上至 8000 万元的，按 0.4‰ 的费率计收；

(6) 房地产价格总额在 8001 万元以上至 1 亿元的，按 0.2‰ 的费率计收；

(7) 房地产价格总额在 1 亿元以上的，按 0.1‰ 的费率计收。

例如：房地产价格为 1600 万元差额定率分档累进收费：

100 万元 × 5‰ = 0.5 万元

(1000 − 100) 万元 × 2.5‰ = 2.25 万元

600 万元 × 1.5‰ = 0.9 万元

合计收费 = 0.5 万元 + 2.25 万 + 0.9 万元 = 3.65 万元

168. 哪些因素影响二手房价格？

评估之前需要了解二手房价格是如何形成的。二手房房价的形成，无非是两个方面：一是实体因素，二是影响因素。实体因素可以参照一定标准；但影响因素则带有强烈的主观评价，需要丰富的经验与娴熟的技巧去分析与把握。一般而言，影响因素可以分为以下三大类：一般因素、区域因素、个别因素。

(1) 一般因素。即随时随地都在起作用的因素，它的作用虽不明确，却起着基础性的作用。这样的因素随处可见，例如：大城市人口多密度大，小城市人口少密度小，同样的房子大城市肯定更贵；"成功人士"汇集的社区，肯定比工业区的职工社区，房价要贵得多；家庭规模不断缩小，能更好地保护个人隐私的户型肯定比公共宿舍式的房子好卖；这些都是与人口相关的社会因素的影响。

此外，心理因素也会影响房价。例如，人们普遍地喜"8"厌"4"，房子沾了"8"字，身价凭空高一截；房子沾了"4"字，就只有受点委屈了。最为典型的莫过于"风水"之说，如果某套房子被风水先生指为不祥，则很难再有清白名声，人人避之不及。再如，卖主此刻正是债主盈门，或是打离婚官司，或者忙于搬迁，此时只恨不能早日脱手，但求不亏而已，房价也较"温柔"。

（2）区域因素。就住宅的区位而言，二手房价格与区位质量的优良程度密切相关。考察区位质量，应从以下方面着手：

气候条件。阳光是否充足、空气是否清新、是否一年四季都"大风起兮尘飞扬"。

居民素质如何。它决定了购房者将与哪些人交往，能在何等程度上满足购房者的社交需要。

街道与交通状况。如晚上是否有路灯、晴天是否一地灰，雨天是否一地泥、交通是否方便等。

基础设施与公益设施状况如何。如附近是否有幼儿园、学校、医院、银行、邮电局等。

商业网点是否齐全。如购物是否便利。

环境状况。如是否有晨跑、散步或者遛狗的空间。

住宅布局是否合理。如楼与楼之间的距离是否宽阔，不要因为狭窄而相互妨碍等。

（3）个别因素。影响二手房房价的个别因素可以从如下方面考察：二手房的结构，是钢筋混凝土或混合结构，还是砖木结构？结构不同，造价就不同；使用年限不同，价格自然也不会相同。二手房的式样、设备、质量、装修等无须多言。质量至少应包括三个层面：设计质量、建筑质量、原房主的使用质量。对于二手房而言，使用质量直接关系到成色、保养等问题。

169. 二手房如何进行评估？

目前市场上应用最为广泛也是最为精确的评估方法是市场比较

法，通过对同一楼盘的在售房源的挂牌价格，以及同类型楼盘的近期实际成交价格进行专业处理，换算出具体某个楼盘的平均单价，然后结合待评估房屋的实际情况，包括面积、楼层、朝向、装修状况、其他特征因素等，计算出该房屋相对科学合理的市场参考价。

在评估房价时参考的因素包括：

（1）所在小区的均价，以及小区内类似房屋的挂牌价和成交价格；

（2）周边小区类似房源的挂牌价和成交价格；

（3）所在小区和所在板块的房价走势；

（4）被估算二手房的特性，包括房型、楼层、装修、朝向、房龄、小区内位置、景观等。

170. 二手房在什么情况下需要进行评估？

（1）购买房屋时可能需要房地产评估。交易双方当事人向房地产管理部门申报其成交价格时，房地产管理部门如果认为明显低于房地产价值，会委托具有一定资质的专业评估机构对交易的房地产进行评估，并以评估的价格作为缴纳税费的依据。此外，交易双方为确定合理的交易价格，也可以委托评估事务所进行评估作为交易价格的参考。

（2）进行房地产保险时需要房地产评估。房地产保险评估，分为房地产投保时的保险价值评估和保险事故发生或损失程度评估。房地产投保时的保险价值评估，是评估可能因自然灾害或意外事故而遭受损失建筑物的价值。

（3）申请抵押贷款时需要房地产评估。向银行申请房地产抵押贷款时，抵押人以抵押物作为还款的担保，银行为确定抵押物的担保价值需要对抵押人的房地产进行评估，借款人为了证实其拥有的房地产价值，确定其可能获得的贷款金额，也会委托评估机构对自己的房地产价值进行评估。

（4）遇到征地和房屋拆迁时，需进行补偿评估。

（5）发生房地产纠纷时要进行评估。发生房地产纠纷时，可委托具体权威性的专业房地产评估机构对纠纷案件中涉及的争议房地产的价值、交易价格、造价、成本、租金、补偿金额、赔偿金额、评估结果等进行科学的鉴定，提出客观、公正、合理的意见，为协议、调解、仲裁、诉讼等方式解决纠纷提供参考依据。

171. 房地产评估程序有哪些？

（1）获取评估业务。获取评估业务是指获取房地产评估业务，这是房地产评估的先决条件。

（2）明确评估基本事项。无论从何种途径获取房地产评估业务，评估方与委托评估方一般都有一个业务接洽的过程，在此过程中，评估方要就评估的基本事项以及评估收费问题与委托评估方沟通和协商，予以明确，为后续工作打好基础。

（3）签订评估合同。在明确评估基本事项的基础上，评估方与委托评估方应签订委托评估合同或协议。

（4）拟订评估作业方案。为保证评估工作高效率、有秩序地进行，根据评估目的、待估房地产基本情况及合同条款，评估方应及时拟定合理的评估作业方案。

（5）搜集、整理评估所需资料。评估资料是为应用评估方法、作出评估结论及撰写评估报告书提供依据的，因此，评估资料是否全面、真实、详细直接关系到评估结果的可靠性和准确性。

（6）实地查勘评估对象。实地查勘是指房地产评估人员亲临现场对评估对象的有关内容进行实地考察，以便对委托评估房地产的实体构造、权利状态、环境条件等具体内容进行充分了解和客观确认。通常，委托评估方应派出熟悉情况的人陪同评估人员实地查勘。在实地查勘过程中，评估人员要事先准备已设计好的专门表格，将有关查勘情况和数据认真记录下来，形成"实地查勘记录"。完成实地查勘后，实地查勘人员和委托方中的陪同人员都应在"实地查勘记录"上签字，并注明实地查勘日期。

（7）选定评估方法计算。在前述工作的基础上，根据待估房地产评估对象、评估目的和资料的翔实程度，就可正式确定采用的评估方法，然后，采用相应的评估方法进行具体计算。

（8）确定评估结果。评估结果的确定过程，是使评估不断接近客观实际的过程。不同的评估方法是从不同的角度考虑对房地产进行评估的，因此，用不同评估方法对同一宗房地产进行评估，其计算结果很自然不会相同。评估人员应对这些结果进行分析、处理，以确定最终评估额。

（9）撰写评估报告。评估人员在确定了最终的评估额后，应撰写正式的评估报告。评估报告是房地产评估机构履行委托评估合同的成果，也是评估机构所承担法律责任的书面文件，同时又是房地产评估管理部门对评估机构评定质量和资质等级的重要依据。

（10）评估资料归档。完成并向委托人出具评估报告后，评估人员应及时对涉及该评估项目的资料进行整理、归档，妥善保管。这将有利于评估机构和评估人员不断提高评估水平，同时也有助于行政主管部门和行业协会对评估机构进行资质审查和考核，还有助于解决以后可能发生的评估纠纷。

172. 什么是房地产测绘？

房地产测绘是专业测绘中的一个很具有特点的分支。它测定的特定范围是房屋以及与房屋相关的土地，也就是说，房地产测绘就是运用测绘仪器、测绘技术、测绘手段来测定房屋、土地及其房地产的自然状况、权属状况、位置、数量、质量以及利用状况的专业测绘。

173. 哪些情况下需要房地产测绘？

有下列情形之一的，房屋权利申请人、房屋权利人或者其他利害关系人应当委托房产测绘单位进行房产测绘：
（1）申请产权初始登记的房屋；
（2）自然状况发生变化的房屋；
（3）房屋权利人或者其他利害关系人要求测绘的房屋。

174. 房地产测绘时需要哪些资料？

二手房在转移时需要登记测绘，如果是个人住宅，那么需要房产证原件及复印件；如果是单位住宅，需要单位机构代码证、营业执照、身份证、房产证原件及复印件。如果是办理继承、赠与的过户登记，需要提交房屋所在地公证处办理的公证书复印件1份。

变更登记测绘时，需要携带变更证明材料、房产证、申请人身份证明或单位机构代码证、营业执照（复印件）。补证申请测绘时，需要刊登公告的报纸、申请人身份证明或单位机构代码证、营业执照（复印件）。

此外，如果是进行房改申请测绘，也分为三种情况。需要公房出售的房子，需要有单位出售公有住房测绘申请表、单位房产证；如果是公房补差的房子，需要补差测绘申请表、部分产权的产权证；如果是公房调购，需要有调购测绘申请表、需调购的产权证。

175. 商品房销售面积如何界定？

商品房的销售面积即为购房者所购买的套内或单元内建筑面积（以下简称套内建筑面积）与应分摊的公用建筑面积之和。

商品房销售面积＝套内建筑面积＋分摊的公用建筑面积

176. 套内建筑面积由哪些部分组成？

套内建筑面积由套（单元）内使用面积、套内墙体面积和阳台建筑面积三部分组成。

（1）套内使用面积包括：卧室、起居室、餐厅、过道、厨房、卫生间、夹层、厕所、储藏室、壁柜等分户门内面积的总和；跃层住宅中的户内楼梯，按自然层数的面积总和计入使用面积；不包含在结构内的烟囱、通风道、管道井，均计入使用面积。

（2）套内墙体面积包括新建住宅各套之间的分割墙、套与公用建筑空间之间的分割墙，以及外墙（包括山墙），均为共用墙。共用墙体按水平投影面积的一半计入套内墙体面积；非共用墙墙体水平投影面积全部计入套内墙体面积；内墙面装修厚度均计入套内墙体面积。

（3）阳台建筑面积：包括原设计的封闭式阳台，按其外围水平投影面积计算建筑面积；挑台（底阳台）按其底板水平投影面积的一半计算建筑面积；凹阳台按其交战面积（含女儿墙墙体面积）的一半计入建筑面积；半挑半凹阳台，挑出部分按其底板水平投影面积的一半计算建筑面积，凹进部分按其交战面积的一半计算建筑面积。

177. 房屋公用建筑面积包括哪些？

房屋公用建筑面积是指业主共同占有或共同使用的建筑面积，分摊的公用建筑面积可分为 4 类：①建在幢内为本幢服务的水、电、气、暖通等相关设备用房；②建在幢内为本幢服务的警卫室、信报间、消防控制室等管理用房；③墙体部分，包括外墙、套与共用空间之间的分隔墙中，未计入套内墙体面积的其他墙体水平投影面积；④本幢内的水平通道、垂直通道、大厅、门厅等公共通行建筑部位。

178. 车库、人防、避难层是否计入分摊的公用建筑面积？

避难层、作为人防工程的地下室，不计入分摊的公用建筑面积；幢内设置的公共机动车库、非机动车库不计入分摊的共用建筑面积。

小区内地面的车位本身不是建筑物，在房产面积计算时不计入建筑面积，也不会作为房屋的分摊面积。此外，不计入分摊的共用建筑面积还包括架空层、会所、物业管理用房以及为多幢房屋服务的公共用房和管理用房等。

179. 哪些部位不计入房屋面积?

（1）层高小于 2.20m 的房屋部位。

（2）突出房屋墙面的构件、配件、装饰柱、装饰性的玻璃幕墙、飘窗、垛、勒脚、台阶、无柱雨篷、烟道、壁炉等。

（3）房屋之间无上盖的架空通廊。

（4）建筑物内的操作平台、上料平台及利用建筑物的空间安置箱、罐的平台。

（5）骑楼、过街楼的底层用作道路街巷通行的部分；临街楼房挑廊下用作道路街巷通行的部分，不论其是否有柱、是否有围护结构。

（6）独立烟囱、亭、塔、罐、池、地下人防干、支线。

（7）电梯下方的电梯机坑。

（8）户室或阳台中由栏板、护栏等分隔的空调机位。

第四章　银行及保险

180. 买房常见的付款方式有哪些？

（1）一次性付款。一次性付款手续简便，房价折扣较高，但占用大量资金。

（2）分期付款。一般是在付清首期房款后分若干期付款，直至交房后全部付清，有免息付款和低息分期付款两种方式。分期付款方式虽然可以减轻筹资压力及资金风险，但费时费力。

（3）银行按揭贷款。这是市场上使用较多的一种方式，相对来说更为合理。目前我国采用固定利率和浮动利率相结合的方式，个人住房贷款利率实行一年一定，于每年1月1日根据当时的相应档次利率确定本年的利率水平。

181. 一次性付款购房的优点有哪些？

（1）付全款省钱。虽然第一次付的钱多，但从买房的总数来看，可以免除各种手续费、银行利息等。而且因为是一次性付款，所以能和卖房人讨价还价，进一步节省购房款。

（2）无债一身轻。付全款购房日后没有经济压力，因为购房者已经可以不再为房款操心，从容安排以后的金融计划。同时也节省时间，不必进行任何资信认证，今日事今日毕。

（3）转手容易。从投资角度说，付全款购买的房子再出售方便，不必受银行贷款的约束，一旦房价上升，转手套现快，退出容易。即便不想出售，要发生经济困难时，还可以向银行进行房屋抵押。

182. 按揭购房的优点有哪些？

（1）花明天的钱圆今天的梦。按揭就是贷款，也就是向银行借钱，购房不必马上花费很多钱就可以买到自己的房子，所以按揭购房的第一个优点就是钱少也能买房。

（2）把有限的资金用于多项投资。从投资角度说，办按揭购房者可以把资金分开投资，贷款买房出租，以租养贷，然后再投资，这样资金使用灵活。

（3）银行替你把关。办贷款是向银行借钱，所以房产项目的优劣银行自然关心，银行除了审查贷款人本身外，还会审查房屋本身的情况，为购房者把关，自然保险性高。

183. 一次性付款购房和按揭购房的缺点有哪些？

（1）资金压力大。如果不是资金充裕，毕竟一次性投入很大，也许影响消费者其他投资项目。

（2）投资风险大。除非对其房产项目有相当了解，万一拿不准房屋情况，盲目付款，房价下跌，则投资风险加剧。

（3）背负债务，心理压力大。因为中国人的传统习惯不允许寅吃卯粮，讲究节省，所以贷款购房对于保守型的人不合适。而且事实上，购房人确实负担沉重的债务，无论对任何人都是不轻松的。

（4）不易迅速变现。因为是以房产本身抵押贷款，所以再出售时手续比较麻烦，不利于购房者退市。

184. 自己办贷款还是找代理公司？

自己办贷款省钱、费时间。如果不走冤枉路的话，办理贷款跑个五六趟一般就能完成了。但因为贷款所需的材料较多，如身份证、户口本、各种发票、证明文件等，买房人往往会因为材料带不全跑冤枉路。另外，表格的填写也较麻烦，各银行要求不一样，比如收入证明一栏有的要盖财务章、有的要盖公章,问不清楚就得一切重来。虽然各银行都有咨询电话,但经常占线。因此,买房人实际办贷款时,就不只是五六趟的理想状态了。

找代理办贷款,花钱买方便。目前可代办贷款的机构很多,收费各不相同,但服务效果基本一致:贷款人基本不用跑腿,顶多到银行去一次,就能顺利得到贷款。值得注意的是,一般代办机构的收费都只是服务费,包含了上门协助贷款人填写申请表和贷款有关合同、递送贷款资料、协助办理抵押物审核评估、协助办理保险手续等,与贷款有关的各项费用,如律师费、保险费、评估费等还需自己另交。

185. 贷款购房应考虑哪些因素?

(1)已有资金。对家庭现有经济实力做一综合的评估,以此确定购房的首付款金额和比例。经济实力的内容包括存款和可变现资金两大部分。

(2)贷款金额。借款人住房贷款的月房产支出与收入比控制在50%以下,如果购房者每月收入5000元,他每月用于还贷和支付物业费的钱最多不能超过2500元。如果自己每月的收入只有2000元,那么即使满足了"月供不超过收入的50%"的要求,1000元用于还贷,剩下的1000元能否满足开支也是一个重大问题。最好是先把自己的家庭开支做一个统计,然后从自己的总收入中扣除,这样就可以算出每月还贷的大致金额了,以此作为贷款的依据。

(3)收入预期。在进行购房贷款时,不仅应该考虑到当前的收入和支出,还要对未来的形势进行估计。如果购房者的收入波动比较大,则要考虑自己是否能每月按时还贷。另外,孩子上学的开支也有阶段性,上高中和大学时的开支应该是最高的,这些也都应该考虑在贷款计划当中。如果购房者的收入波动大,或者贷款期间有几年的开支比平时多,那么最好能保证自己有一定的积蓄来填补这个空缺。而如果在还贷期间,自己的工作会很稳定,并且收入还会再增加的话,在贷款时就可以适当把贷款年限缩短,这样可以减少利息的总支出。

（4）还款方式。还款方式也跟购房者的收入状况有关。如果购房者现在的收入比较高，而在还款期间就会退休，或是收入会有一定的下降，则最好选择等额本金的还款方式，这样每个月的还款额是呈递减的趋势，总支出也比等额本息的还款方式要少一些。而如果自己的收入一直处于比较稳定的状态，则可以选择等额本息的还款方式。

186. 向银行贷款要注意哪些问题？

（1）要选择好贷款银行。对借款人来说，如果购买二手房，就可以自行选择贷款银行。各贷款银行提供的服务品种不一样，收费也不尽相同，借款人可以根据自己的实际情况选择服务好、收费低、手续简便的银行贷款。

（2）向银行提供的资料要真实。申请住房贷款，银行一般要求借款人提供经济收入证明。对个人来说，应提供真实的个人职业和近期经济状况证明。有些人没有工作单位，为了得到银行贷款，往往找各单位给自己出具收入证明，甚至私刻公章。一旦事情败露，不仅得不到银行贷款，在银行留下不良记录，还可能承担刑事责任。

（3）提供本人地址要准确、及时。借款人提供给银行的地址准确，就能方便银行与其联系，每月能按时收到银行寄出的还款通知单。遇到中国人民银行调整贷款利率，还可在年初接到银行寄出的调整利率通知。

（4）每月还款要及时，避免罚息。对借款人来说，必须在每月约定的还款日前注意自己的账户上是否有足够的资金，防止由于疏忽造成的违约而被银行罚息，同时，在银行留下不良的信誉记录。

（5）在借款最初一年内不要提前还款。最初一年内提前还款，将承担高额的违约费用，所以第一年最好不要进行提前还款。

（6）还贷有困难不要忘记寻找身边的银行。当在借款期限内偿债能力下降，还贷有困难时，不要自己硬撑。客户可向银行提出延长借款期限的申请，经银行调查属实，且未有拖欠应还贷款本金、利息，银行就会受理延长借款期限申请。

（7）贷款后出租住房不要忘记告知义务。当在贷款期间出租已经抵押的房屋，必须将已抵押的事实书面告知承租人。

（8）贷款清偿后不要忘记撤销抵押。借款人还清全部贷款的本金和利息后，可持银行的贷款结清证明和抵押物的房地产他项权利证明，前往房产所在的区、县的房管局撤销抵押。

（9）妥善保管借款合同和借据。申请贷款签订的借款合同和借据都是重要的法律文件，由于贷款的期限比较长，作为借款人，应当妥善保管。

187. 二手房贷款有哪些类型？

目前，我国现行的购房贷款方式有三种：按揭贷款、公积金贷款和组合贷款。按揭贷款是指购房者以所购的楼宇作为抵押品而从银行获得贷款，购房者按照按揭契约中规定的归还方式和期限分期付款给银行，银行按一定的利率收取利息。如果贷款被认违约，银行有权收走房屋。住房公积金贷款是指政府所属的住房公积金管理中心运用公积金，委托银行向购买自住住房（包括建造、大修）的住房公积金缴存人发放的优惠贷款。组合贷款是指公积金管理中心运用政策性住房资金，银行运用信贷资金向同一借款人同时发放的购房贷款，是政策性和商业性贷款组合的总称。两部分资金分别按照住房公积金贷款利率和银行贷款利率计算，贷款期限相同，借款日和还款日为同一天。

188. 什么是二手房按揭？

按揭一词并非法律用语，而是实务操作中的一种习惯性称谓。它是一种贷款方式，是指具有完全民事行为能力的自然人，在购买房产时，就部分或大部分购房款向银行或其他金融机构提出贷款申请，以其所购房产所有权或期权作为按期偿还贷款的担保，同时，若其所购商品房尚不具备直接办理所有权变更登记手续的，则该商品房的开发商为购房人按期偿还贷款，向"贷款银行"提供信誉担保，对购房人的贷款债务承担连带保证责任。二手房按揭是指购房人以在住房二级市场上交易的楼宇作抵押，向银行申请贷款，用于支付购房款，再由购房人分期向银行还本付息的贷款业务。

189. 按揭所涉及的当事人包括哪些？

（1）贷款人，即批准借款人申请，并向申请人发放住房贷款的银行；
（2）借款人，即向贷款银行申请住房贷款的购房人；
（3）保证人，即与贷款银行达成贷款合作协议，由贷款银行向购房人提供购房贷款，并由其承担连带责任的房地产开发商或个人；
（4）保险人，即为按揭贷款申请人办理所购商品房保险的保险公司。

190. 按揭所涉及的法律关系有哪些？

（1）借款人因购房与卖房人产生的房屋买卖关系；
（2）借款人为支付购房款向银行申请贷款，与贷款银行所发生的借贷关系；
（3）借款人（即抵押人）将所购房屋抵押给贷款银行，与贷款银行所产生的抵押关系；
（4）房地产开发商或个人作为保证人向银行保证借款人按期清偿贷款，而与银行所产生的保证关系；
（5）借款人按银行指定的险种向保险公司购买所购房产的保险，而与保险公司所产生的保险关系。

191. 按揭贷款购房人有哪些权利？

（1）有权了解、咨询、知悉按揭贷款的有关事项；

（2）有权要求贷款银行按合同约定的时间、金额、方式发放贷款；

（3）借款清偿前后，均有权占有、使用所购房产；

（4）征得贷款银行同意后，有权将抵押房产出租、转让赠与或以其他方式处分；

（5）因房屋买卖合同无效、被撤销导致贷款目的无法实现时，有权要求解除借款合同（借款合同另有约定的除外）；

（6）结清全部贷款本息后，有权要求贷款银行返还《房地产权证》及其他有关文件，并办理抵押登记涂销手续；

（7）有权向贷款银行追讨违约金。

192. 按揭贷款购房人有哪些义务？

（1）申请按揭时，借款人应当提交真实资料，不得弄虚作假；

（2）按贷款合同约定的期限、金额偿还贷款本息；

（3）妥善保管、使用抵押房产，因过错致抵押房产毁损，其就保险公司赔偿后的不足部分向贷款银行承担保险范围以外的损失；

（4）结清贷款前，未经贷款人同意，不得擅自将抵押房产出租、转让、赠与或以其他方式处分；

（5）按揭期间，应将所购房产的《房地产权证》、保险单正本等资料交贷款人保管；

（6）因抵押房产与第三人发生纠纷，或抵押房产被司法机关依法采取强制措施，应及时通知贷款银行；

（7）借款人变更住所、联系方式、通信地址的，应及时通知贷款银行。

193. 贷款银行在按揭各法律关系中的权利有哪些？

（1）审查借款人提供的资料，决定是否批准按揭申请；

（2）要求借款人将所购房产所有权作为贷款的抵押，抵押期间，有权保管该房产的《房地产权证》、保险单正本等相关权证；

（3）监督借款人抵押房产的使用情况；

（4）有权主张借款人未经其同意，擅自处分抵押房产的行为无效；

（5）借款人未按期偿还贷款本息，贷款人有权处分抵押房产以清偿贷款本息；

（6）因借款人过错致抵押房产价值减少，有权要求其恢复抵押房产价值或提供相当价值的担保；

（7）借款人未如期偿还贷款本息，有权要求开发商承担全部清偿责任；

（8）有权就保险范围内的贷款损失要求保险公司赔偿。

194. 贷款银行在按揭法律关系中的义务有哪些？

（1）按贷款合同的约定发放购房贷款；

（2）借款人全部结清贷款本息时，将抵押房产的《房地产权证》、保险单正本等交还借款人；

（3）出具贷款本息全部结清的证明，协助借款人办理抵押登记涂销手续。

195. 哪些二手房可以申请按揭贷款？

第一种是购买按规定可出售的公有住房，需要购房贷款的；第二种是购买具有产权的二手住房，需要购房贷款的。

196. 二手房按揭贷款的申请条件有哪些？

（1）有完全民事行为能力的自然人，具有稳定的经济收入和按期偿还贷款本息的能力；

（2）有贷款人认可的资产作抵押或质押，或有符合规定条件、具备代偿能力的单位或个人作为偿还贷款本息并承担连带责任的保证人；

（3）有购买住房的合同或协议；

（4）所购二手房必须是符合政府规定的可进入房地产市场流通的条件，具有房屋所有权证、土地使用权证和契证，且卖房人具有完全处置权利的；

（5）所购住房价格基本符合贷款人或其委托的房地产估价机构评估价值；

（6）不低于购买房款 30% 以上的首付款。

197. 银行对贷款审查主要有哪些方面？

（1）**房屋本身**。包括房屋地段、房屋类型、竣工年限和房屋价格。公寓、普通住宅、别墅等不同类型的房产决定的贷款成数会不尽相同。这直接关系到购房人的资金融资情况，关系到买卖合同中的付款时间及金额，甚至严重到会涉及违约及赔偿问题。在竣工年限上，因为目前在我国土地采用的是有偿有限期的使用权使用制度，房屋的竣工年限可以反映出目前此房屋土地的使用年限的长短。竣工年限的长短也可以推算出房屋的新旧，从而可以判断出房屋的价值。在房屋单价与总价方面，严格控制高价房审批规模。

（2）**借款人情况**。比如主借人及房产共有人的自然状况："你是谁？从哪里来？社会关系如何？"这些均是银行审核的重点。甚至包括主借人的健康状况及文化程度均是银行审核关键要素。职业情况：目前工作是大多数人稳定经济来源的基础，所以银行非常关注单位的性质及工作岗位，这在某种程度上反映出一个人的工作能力及工作年限。家庭情况：现有住房性质及家庭财务支出状况。与银行的关系：他是否有负债会直接决定此笔贷款的可贷成数，同时还有银行的存款状况。资信情况：一个人的信用好坏只要输入身份证号码就可以看得出，有无还贷、电信、水电燃气费等公共事业的欠费或逾期都能一目了然。

（3）**担保机构资质**。为了保证银行、上下家的风险，二手房贷款的发放离不开具有担保资质的房屋贷款服务公司的参与。所以房屋贷款服务公司的操作资质、操作规范性、在银行的信用直接影响着贷款的审批及发放。对于第三方保证应视同对借款申请人的要求进行审查和分析；对于抵质押，重点分析抵质押物的价值、抵质押手续的健全有效、抵质押物的变现能力等。

（4）保险机构。在我国目前试行的房屋抵押规定明确指出：抵押当事人约定对抵押房地产投保的由抵押人投保，保险费由抵押人负担，并将保险单移送抵押权人保管。在抵押期间，抵押权人为保险赔偿的第一受益人。

198. 申请二手房按揭贷款须提交的资料有哪些？

（1）买卖双方共同提交的资料：买卖双方填写的《购房抵押贷款申请表》，买卖双方签订的《房屋转让合同》。

（2）购房人（借款人）提交的资料：收入证明（单位收入证明，并可选择提供存款证明、有价证券、其他房地产证明及其他收入证明）；身份证和户口簿及婚姻状况证明；配偶身份证；若购房人为企业法人的，须提供企业法人营业执照、法定代表人证明书、公司章程、验资报告及近期财务报表和贷款证等有关证件资料。

（3）售房人提交的资料：售房人（含共有人）身份证、户口簿或受委托人公证委托书和身份证；房屋共有人同意出售的书面文件；所售房屋的产权证明文件；若房屋已出租，须提供租户的证明文件及同意出售的文件；若售房人为企业法人，须提供有效的企业法人营业执照、法定代表人证明书等有关文件；若所转让房产为国有资产，还须提供国有资产管理部门同意转让的证明文件。

199. 二手房贷款的办理程序是什么？

（1）贷款申请及初步评估。手续和文件：交申请表，卖方产权证（复印件）、买方收入证明及身份证复印件（核对原件）；房屋估价；交房屋转让合同。

（2）资料调查、贷款批复及贷款受理。手续和文件：调查及审批；初步回复（贷款额及年限）；签订购房抵押贷款合同；办理授权委托书公证；预签保单。

(3) 房屋抵押登记。手续和文件：买卖双方或委托人到房地产交易管理所办理（带备产权证、身份证原件）。

(4) 发放贷款。手续和文件：买卖双方缴清保险费、公证费、中介费等费用，将收据交银行检查。

200. 大概需要多长时间能拿到贷款？

首先是按揭服务公司对贷款资料初审，其次是银行审核贷款资料，这两步操作需要一周左右的时间，银行对借款人的个人资料审核相当严格，如果银行对资料有疑问，就会在调查资料真实性上多花费些时间。

201. 购房贷款有哪些还款方式？

(1) 固定利率房贷。目前国内借款人与银行已签订的房贷合同都是浮动利率的，央行每一次加息，借款人的月供就要有相应的增加。而固定利率房贷则不会"随行就市"，就是在贷款合同签订时，即设定好固定的利率，不论贷款期内利率如何变动，借款人都按照固定的利率支付利息。由于固定利率将高于现行利率，对于打算提前还贷的人来说，选择固定利率贷款是不划算的。有升息预期的投资者则比较适合申请固定利率房贷。

(2) 等额本息还款。银行目前办理得最多的还款方式就是等额本息还款方式。这种还款方式是按按揭贷款的本金总额与利息总额相加，然后平均分摊到还款期限的每个月中。作为还款人，每个月还给银行固定金额，但每月还款额中的本金比重逐月递增、利息比重逐月递减。等额本息还款方式尤其适合收入处于稳定状态的人群，以及买房自住、经济条件不允许前期投入过大的购房者。

(3) 等额本金还款。等额本金还款方式是指借款人每月等额偿还贷款本金，贷款利息随本金逐月递减并结算还清的方法。其特点是每月归还贷款本金相等，利息则按贷款本金余额逐月计算，前期还贷金额较大，以后每月还款额逐渐减少。由于还款额是逐月递减，因此每个月的还款额都是不等的。采取等额本金还款法，借款人可随还贷年份增加逐渐减轻负担。这种还款方式将本金分摊到每个月内，同时付清上一还款日至本次还款日之间的利息。使用等额本金还款的特点是，借款人在开始还贷时，每月负担比等额本息还款要重。但是，随着时间的推移，还款负担便会逐渐减轻。这种还款方式较适合目前收入较高的人群。此外，如借款人打算提前还款，等额本金还款法也不失为一个不错的选择。

（4）等额递增（减）。等额递增还款方式和等额递减还款方式，是指投资者在办住房商业贷款业务时，与银行商定还款递增或递减的间隔期和额度，在初始时期，按固定额度还款，此后每月根据间隔期和相应递增或递减额度进行还款的操作办法。等额递增方式适合目前还款能力较弱，但是已经预期到未来会逐步增加收入的人群。相反，如果预计到收入将减少，或者目前经济很宽裕，可以选择等额递减。

（5）按期付息还本。"按期付息还本"就是借款人通过和银行协商，为贷款本金和利息归还制定不同还款时间单位。即自主决定按月、季度或年等时间间隔还款。实际上，就是借款人按照不同财务状况，把每个月要还的钱凑成几个月一起还。按期付息还本方式适用于收入不稳定人群，以及个体经营工商业者。

202. 哪些人群适合"双周供"？

"双周供"指将贷款还款方式从原来每月还款一次改变为每两周还款一次，每次还款额为原月供的一半。采用双周供还款与按月还款法相比，好处很明显。"双周供"适合收入较为稳定和均衡的人士，如除了月收入以外还有其他的较为定期的收入来源（季度奖、年终奖），以及有海外和港澳台生活背景的已熟悉产品特性的人士。

203. 哪些人群适合"接力贷"？

接力贷指以某人的子女作为所购房屋的所有权人，父母双方或一方与其子女作为共同借款人,接力还款。说通俗点,就是父母还不了的,由子女接着还。其优点:为年龄较大的购房者提供方便。可将借款人贷款年限适当延长,不受相关规定的限制。其缺点:是父母和子女之间有可能因房屋产权出现纠纷,或继承人之间因遗产处理问题发生纠纷。"接力贷"适合基本上是年龄在四十岁以上的购房者,或父母还在工作,子女刚参加工作、收入暂时不高的需要买房的家庭。

204. "存抵贷"适合哪些人群?

"存抵贷"是指按揭购房者只需将活期存款账户与房屋贷款关联起来,并将自己的闲置资金放在约定的活期账户上,就可达到少交贷款利息的目的。贷款买房的人,存折上总有少则几千元多则数万元的存款,而如果是做买卖的小业主,平时活期账户里的流动资金量就更大。在不影响资金流动性的前提下,用活期存款来冲抵按揭贷款,最高可获得一定的年收益。存抵贷业务就是如此,它把客户的活期存款与住房贷款结合起来管理,只要活期存款超过5万元,银行就会把超出部分按一定比例将其视作提前还贷,节省的贷款利息作为理财收益返还到客户账上。但客户存折上的资金并没有真正动用,需要周转时可随时支取。"存抵贷"适合计划持有房产期限较短或有提前还贷计划,有较强融资需要,资信良好的借款人。

205. 哪些人群适合混合利率购房贷款?

个人住房混合利率贷款是指在贷款开始的一段时间内(利率固定期)利率保持固定不变,利率固定期结束后利率执行方式转换为浮动利率(即传统的个人住房贷款利率执行方式,称为利率浮动期)的贷款。该产品适合收入固定、预期升息或锁定风险的人。

206. 哪些人群适合置换式房屋按揭贷款?

"置换式"个人住房贷款是对已经自筹资金全额付款购买商品

住房并取得房屋所有权证书的自然人客户发放的、用于清偿购房所负非贷款类债务的贷款。客户无论购买一手房和二手房都可办理置换式个人住房贷款；在首付比例、期限、利率、贷款额度、月还款额和还款方式上都可以享受个人住房按揭贷款的同等条件。需要注意的是，当客户已经用自筹资金全额付款购买了商品住房并取得《房屋所有权证》后，只有在规定年限内，才可申请置换式个人住房贷款。置换式个人住房贷款目前暂只限于个人购买住房，不含个人自建房和个人商业用房。对于全额付款购房的客户，置换式房贷可以使房产变成现款。如果客户在全额购房后，急需用钱或者有更好的投资途径，可以用置换式房贷让购房钱轻松"解冻"。该产品适合于个人购买住房者，用自筹资金全额付款购买了商品住房并取得《房屋所有权证》不超过合理年限，申请了住房按揭贷款者。

207. 个人住房贷款有几种担保方式？

个人住房贷款实行抵押贷款、质押贷款、保证贷款和抵押加阶段性保证贷款四种担保方式。

（1）抵押贷款方式指贷款行以借款人或者第三人提供的符合规定条件的房产作为抵押物而向借款人发放贷款的方式。

（2）质押贷款方式指借款人或者第三人将凭证式国库券、国家重点建设债券、金融债券、银行存单等有价证券交由贷款行占有，贷款行以上述权利凭证作为贷款的担保而向借款人发放贷款的方式。

（3）保证贷款方式指贷款行以借款提供的具有代为清偿能力的企业法人单位作为保证人而向其发放贷款的方式。

（4）抵押加阶段性保证贷款方式指贷款行以借款人提供的住房作抵押，在借款人取得该住房的房屋所有权证和办妥抵押登记之前，由开发商提供阶段性连带责任保证而向借款人发放的贷款。最常见的个人商业性住房贷款就是抵押加阶段性保证贷款方式。

208. 什么是房地产抵押贷款？

房产抵押贷款是指银行以借款人本人或第三人合法拥有的具有房产证、可流通的房产作为抵押担保，向借款人发放的贷款。贷款可用于个人消费，也可用于其他临时性资金需要。

209. 申请抵押贷款的条件有哪些？

（1）年满 18 岁，具有完全民事行为能力，有合法、有效的身份；

（2）有稳定的经济收入，信用良好，有按期偿还借款本息的能力；

（3）所购房屋的产权明晰，符合法律、法规规定的可进入房地产二级市场流通的条件；

（4）有购买住房的合同或协议；

（5）同意以所购房屋及其权益作为抵押物；

（6）提出借款申请时，有不低于购房价款 30% 的自有资金；

（7）贷款银行规定的其他条件。

210. 房地产抵押的合同应当具备哪些条款？

以房地产设定抵押，抵押人和抵押权人应当签订抵押合同。根据我国有关的法律规定，房地产抵押合同应当具备下列条款：

（1）抵押当事人的自然情况；

（2）抵押物的坐落、类型、结构、面积、价值、房屋所有权属、土地使用权属及权证编号；

（3）被担保的主债权的种类、数额；

（4）债务人履行债务的期限；

（5）抵押担保的范围；

（6）抵押物的占管人、占管方式和责任，意外毁损和灭失的风险责任；
(7) 抵押权人处分抵押房地产的方式；
(8) 争议的解决方式；
(9) 抵押当事人约定的其他事项。

211. 已抵押的房地产能否转让？

根据《中华人民共和国担保法》的规定，已抵押的房地产可以转让，但应由抵押人、转让人和受让人三方签订有关的公证书，即签订将原抵押转移给新的受让方的协议；抵押人未通知抵押权人或者未告知受让人的，转让行为无效。

212. 哪些房地产不能设定抵押？

我国相关法规除了限制对无民事行为能力和限制民事行为能力的人不得设定房屋抵押外，对一些特殊的房地产也设置了不得抵押的限制。根据《担保法》和《城市房地产抵押管理办法》的规定，下列房地产不得设定抵押或抵押时受一定限制：
(1) 土地所有权不得抵押；地上没有建筑物、构筑物或在建工程的，纯粹以划拨方式取得的土地使用权不得进行抵押；乡（镇）、村企业的土地使用权不得单独抵押。
(2) 耕地、宅基地、自留地、自留山等集体所有的土地使用权，不得抵押，但是已经依法承包并经发包方同意的荒山、荒沟、荒丘、荒滩等荒地土地使用权除外。
(3) 权属有争议的房地产和被依法查封、扣押、监管或者以其他形式限制的房地产，不得抵押。
(4) 用于教育、医疗、市政等公共福利事业的房地产不得进行抵押。
(5) 列入文物保护的建筑物和有重要纪念意义的其他建筑物不得抵押。
(6) 已被依法公告列入拆迁范围的房地产不得抵押。

（7）以享有国家优惠政策购买获得的房地产不能全额抵押，其抵押额以房地产权利人可以处分和收益的份额比例为限。

（8）违章建筑物或临时建筑物不能用于抵押。

（9）依法不得抵押的其他房地产。

213. 实现抵押权，要满足哪些条件？

（1）抵押权合法有效存在。

（2）抵押权所担保的债权已届清偿期。但依照《物权法》第196条的规定，在抵押人被宣告破产或者被撤销、当事人约定的实现抵押权的情形以及严重影响债权实现的其他情形，比如抵押物因抵押人的原因造成价值减少而抵押人又不能恢复原状或增加担保的特殊情况下，即使债务并未届期，抵押权人也可以实现抵押权。

（3）债务人没有清偿债务，既包括没有清偿全部债务，也包括尚有部分债务没有清偿，因为依据抵押权的不可分原则，债务人虽然只有部分债务未履行，抵押权人仍然可以对全部抵押物主张实现抵押权。

（4）对于债务未清偿，非因债权人方面的原因而造成。若债务人没有履行债务是由债权人一方当事人的原因造成，则抵押权人不得实现其抵押权。比如，债权人拒绝接受债务人的全面适当履行等。

214. 实现抵押权的方法有哪些？

抵押权实现的方法，主要有三种，即拍卖、变卖、折价。在实践中具体以何种方式实现抵押权，首先由当事人协商决定，这种约定即可在订立抵押合同时，也可在订立抵押合同后甚至实现抵押权时，若双方协议不成，抵押权人可以向人民法院起诉，由人民法院裁决以何种方式实现抵押权。

（1）拍卖。拍卖因可使抵押物的变价公开、公平，既最大限度地保障了债权的实现，又保护了抵押人的利益，所以各国立法都把拍卖作为实现抵押权的最基本方式。拍卖分任意性拍卖和强制拍卖,前者由当事人自愿委托拍卖人拍卖,后者是抵押权人申请法院拍卖。

(2)变卖。变卖是对标的物进行换价的一种较拍卖简易的方式,即由当事人或法院直接将抵押物以公平合理价格出卖,并以所得价款优先偿还其担保债权的抵押权实现方式。在司法实践中一般是以拍卖为原则,变卖仅以例外的形式存在。

(3)折价。折价是指债务人在履行期限届满时未履行其债务,经抵押权人与抵押人协议,或者协议不成时经由人民法院审理后判决,按照抵押物自身的品质、参考市场价格,把抵押物所有权由抵押人转移给抵押权人,从而实现抵押权的一种抵押权实现方式。简而言之,以抵押物折价即以协议的形式取得抵押物所有权。

215. 房屋抵押有哪些特征?

(1)房屋抵押是原债权债务关系的担保,原债权债务关系是主合同,房屋抵押是从合同,它以原主合同的合法有效存在为前提条件,本身不能独立存在。

(2)抵押的房屋可以由抵押权人保管,也可以由抵押人保管,通常情况下由抵押人保管。保管人应谨慎保养所抵押房屋。

(3)负有清偿债务义务的一方不履行义务时,房屋抵押人可以直接行使房屋抵押权,不依靠债务人的行为即可实现其权利。

(4)抵押物须是房屋,房屋抵押人可以是债务人,也可以是第三人,抵押人必须对抵押的房屋拥有所有权,如果抵押房屋是国有房屋,则抵押人必须对该抵押房屋享有处分权。

(5)房屋抵押权的设定,一般采用书面形式,并应明确规定担保的范围。

(6)房屋抵押人将房屋抵押后,并不丧失房屋的所有权,因此,抵押人应自己承担房屋意外灭失的风险。

(7)房屋抵押权是一种担保物权。如果房屋抵押人未经房屋抵押权人同意,将抵押房屋转给第三人时,房屋抵押权人对抵押的房屋享有追索权,房屋受让人因此受到的损失,由房屋抵押人承担。

216. 共有房地产如何设定抵押?

共有房地产,每个共有人都有权对该房地产设定抵押权,但须取得其他共有人的书面同意。按份共有的房地产设定抵押时,以抵押人本人所有的份额为限;以共同共有的房地产设定抵押时,全部房地产均为抵押财产,抵押物变卖时,其他共有人员负连带责任,在以变卖款偿还债务后,其他共有人有权向抵押人追偿。

217. 已出租的房地产如何办理抵押?

《城市房地产抵押管理办法》第21条规定,以已出租的房地产抵押的,抵押人应当将租赁情况告知抵押权人,并将抵押情况告知承租人,原租赁合同继续有效。抵押人应当与抵押权人订立书面的抵押合同,并在合同签订之日起30日内,由抵押当事人向房地产所在地县级以上房地产管理部门办理房地产抵押登记。办理抵押登记应向登记机关交验下列文件:
(1)抵押当事人的身份证明或法人资格证明;
(2)抵押登记申请书;
(3)书面抵押合同;
(4)《国有土地使用权证》、《房屋所有权证》或《房地产权证》,共有的房屋还须提交《房屋共有权证》和其他共有人同意抵押的证明;
(5)可以证明抵押人有权设定抵押权的文件及证明材料;
(6)可以证明抵押房地产价值的材料;
(7)登记机关认为必要的其他文件。
如果抵押权人处分抵押的房地产,应事先书面通知抵押人和承租人,在同等条件下,承租人依法享有优先购买权。

218. 抵押贷款和按揭贷款有什么区别？

现实当中，人们往往把按揭贷款和抵押贷款看成是一回事。其实两者既有联系，又有区别。

按揭贷款是购房人在支付首期规定的房价款后，由贷款银行代其支付其余的购房款，将所购房屋抵押给贷款银行作为偿还贷款履行担保的行为。借款人履行债务，还清本息后，再重新收回物业所有权。一般称物业所有权转让方为按揭人，受让方为按揭受益人。可见，在按揭贷款过程中，按揭受益人经转让成为物业所有者，按揭的基本特征是发生了所有权的转移。

房地产抵押贷款，是指抵押人以其合法的房地产以不转移占有的方式向抵押权人提供债务履行担保的行为。即抵押是不转移所有权为前提，抵押权人在抵押的房地产上设置抵押权作为限制性物权。这一行为中债务人为抵押人，债权人为抵押权人。一旦债务人履行债务，还清本息，业主获得完整产权。

以上二者的主要区别，在于借贷过程中是否发生了所有权的转移，这也决定了二者法律关系以及运作上具有不同的特征。

法律上的区别：由于按揭贷款要产生所有权的转移而抵押贷款则并不变更所有关系，因此，二者当事人的法律地位及享有权益不同。按揭中，按揭受益人经过所有权转让成为所有权人，享有担保物的所有权，按揭人则只有对担保物的他项物权；抵押过程中并未发生所有权转移，抵押人仍保留了担保物的所有权，抵押权人是非所有权人只享有抵押权，即对抵押物的支配权。

按我国《民法通则》的规定，所有权属于财产权，抵押权等他物权则归于"与财产权有关的财产权"。因此在法律关系上，按揭受益人享有主要财产权，而按揭人享有的主要是"与财产有关的财产权"。抵押中却恰恰相反，抵押权人只享有"与财产权有关的财产权"，财产权归抵押人。是以按揭受益人和按揭人的法律地位、权利方向和抵押权人、抵押人之间的法律地位、权利方向基本相反。

运作及目的上的区别：借贷中的抵押担保，基本目的在于保证债务的履行，一旦债务人不能履行债务，可以通过担保物的变卖收入来保证债权人的实现，在这一点上，按揭贷款和抵押贷款基本相同。

在借款目的上，按揭贷款和抵押贷款也不完全相同。房地产按揭贷款通常指住房按揭，而房地产抵押贷款的范围则广泛得多。按揭人的目标指向和按揭物往往是同一的，借款的目的是购置房屋，取得房屋产权。而抵押人则是已具有抵押的房地产产权的情况下进行抵押，其目的不是为了抵押物，而是为了其他的目的借款。这一差别反映在运作程度上，表现出两种贷款方式操作上的差别。

房地产抵押，应当凭土地使用权证书、房屋所有权证书办理，其基本程序是在抵押人先取得产权证的前提下，办理他项权证，以产权证作抵押而持有他项权证。按揭则是在按揭人尚未取得产权证的情况下进行的，一般是先办理他项权证作为抵押担保，产权在付清购房款后，由房地产开发单位转给按揭受益人，所有权证由按揭人持有。

抵押贷款和按揭贷款牵涉的当事人不同。抵押贷款一般牵涉两个当事人：抵押人和抵押权人，一般不需要担保人，是单纯的"指物借钱"。按揭贷款是在按揭人和按揭受益人均未取得房屋所有权时进行的，需要原所有人或业主做中间人，以便实现钱、物、权分离状态下的运作。

219. 什么是转按揭？

"转按揭"是指在个人住房贷款还款期内，借款人出售作为抵押物的房屋，经贷款银行同意，由房屋的购买人继续偿还出售人未到期的贷款。简单说就是仍处在按揭中的房屋进行再次买卖，该房屋的买方仍继续偿还卖方的按揭房款。分为异名转按揭和同名转按揭两种情况。异名转按揭是指已在银行办理了个人住房按揭贷款的借款人，在贷款清偿之前需要将房产转让给他人，而向银行申请将房产过户给受让人,并由房产受让人继续偿还贷款或重新申请按揭贷款。同名转按揭是指正处在按揭期间的借款人,为了增加(减少)贷款金额或延长(缩短)贷款年限把住房按揭从一家银行转到另一家银行。

220. 如何办理"转按揭"?

转按揭包括两个方面,一是卖方(售房人)提前偿还银行贷款,与银行解除债权债务关系,撤销抵押登记;二是买方(购房人)申请二手房贷,以所购住房作为新贷款的抵押担保,办理抵押登记。其业务流程为:

(1)卖方向银行提出申请。

(2)银行经审查同意的,由银行、卖方和买方签订协议,银行同意卖方转让住房,卖方承诺将售房款优先用于偿还银行贷款并授权银行从其在银行开立的账户上直接扣收尚未偿还的贷款本息,买方承诺交易时将房款划入卖方在银行开立的账户上。

(3)买卖双方签订住房转让合同。

(4)买方向银行提出新的贷款申请,贷额可以为卖方剩余贷款余额,也可以按照下列公式计算:贷款额=所购住房市场价格×二手房贷款成数。

(5)对交易房产进行评估,银行根据评估价、原买入价、现卖出价中的低者发放贷款,如买方的贷款额度不变或属法院等机构判决生效的情形,不用进行评估操作。

(6)银行经审批同意后,与买方签订新的借款合同和抵押合同,出具同意贷款的承诺函。

(7)银行与卖方到房地产管理部门办理注销抵押登记手续,卖方与买方办理房屋产权过户手续取得新的房产证,银行与买方办理新的抵押登记手续。

(8)银行对买方发放贷款,根据买方的授权,将贷款划到卖方开立的账户上,然后根据卖方的授权,从账户上直接扣收卖方尚未偿还的贷款本息,终止原借款合同。

221. 未取得产权证如何办理"转按揭"？

如果购房人还未还清购房贷款，并且还未办理房屋产权证前，那么需要办理再转让时，该购房人需要与开发商之间签署中止买卖合同的协议，由新的购房人与开发商签署新的买卖合同，同时银行对新的购房人资信进行审查后，由贷款银行与新购房人签署新抵押借款合同，同时中止原购房人与贷款银行之间的抵押借款合同。

222. "加按揭"如何办理？

加按揭，是指银行为在该行申请住房贷款、正常还款1年以上、房屋已为现房的借款人提供的一种"追加"贷款的服务，加按揭贷款额度加上原贷款余额之和，最高可达房屋评估价值的70%。这对于房价升幅大，过去按揭金额不多的房贷客户最有吸引力。具有完全民事行为能力的自然人，在银行贷款已超过1年的个人住房贷款客户；原贷款无连续两次（含）以上违约记录；抵押物为现房；用于购买一手房，最长期限为30年；用于购买二手房，最长期限为20年；用于个人家居用途的，最长期限为10年；用于个人住房装修用途的，最长期限为5年；用于购买住房的，按个人住房商业性贷款利率执行；用于家居装修贷款用途的，按中国人民银行规定的期限利率执行；借款人加按揭额度加上原贷款余额之和最高不得超过原住房购置金额或评估价值的70%，商用房不得超过50%。

223. 未成年人买房可以申请贷款吗？

按照我国《民法》的规定，年满18岁的人才具有行为能力，有完全民事行为能力的人才能向银行申请贷款。为此中国人民银行根据国家相关的法律规定：只有年满18岁而不超过65岁的人才能向银行申请贷款。

按照法律规定，未成年人从事民事活动应由其法定监护人代为办理，因此未成年人不能直接以自己的名义向银行申请贷款。但目前许多买房人愿意把买卖契约及产权证写上子女的名字，然后向银行申请贷款。为此银行要求买卖契约必须由未成年人和其父母（或其中一方）共同在契约上签名；由未成年人法定监护人作为贷款申请人向银行提出贷款申请；办理父母和子女关系公证及父母与子女共同共有产权及代为还款的承诺公证。

单纯以未成年子女的名义买房，是不能向银行申请贷款的。只有孩子的父母（或一方）与孩子共同作为买房人，由父母（或一方）向银行申请贷款和作出抵押承诺，并办理为孩子代为还款并承担连带还款责任的公证，才能申请到银行贷款。

224. 什么是个人按揭房产二次抵押贷款？

个人按揭房产二次抵押贷款是指自然人客户以其抵押的按揭房产作二次抵押向银行申请新的贷款。可以获得的最高贷款额为：按揭房产价值×抵押率—当前按揭余额。按揭房产价值和抵押率由银行认定，银行对商品房的抵押率最高可达 70%，房改房可达 50%。

225. 二次抵押贷款有哪些优势？

（1）盘活房产。用同一套房既按揭又消费，通过按揭房产再融资，满足临时或者一次性的消费需求。

（2）多种用途。新的贷款可以用于购车、助学、装修、旅游等多种消费用途。

（3）适用面广。该产品适合按揭购买的二手房以及商品房，包括商品住房、房改房、商用房和商住两用房。

226. 二次抵押贷款对贷款人有哪些要求？

一般情况下，各银行都要求借款人必须是自己银行一手房抵押贷款的客户，无欠息行为，收入稳定，信用良好，有按期偿还借款本息的能力，并已按期偿还本息两年以上。

227. 同一房地产能否设立两个以上抵押权？

最高人民法院《关于贯彻执行〈民法通则〉若干问题的意见》第115条第1款规定，抵押物如由抵押人自己占有并负责保管，在抵押期间，非经债权人同意，抵押人将同一抵押物转让他人，或者就抵押物价值已设立抵押部分再抵押的，其行为无效。

《城市房地产抵押管理办法》第9条第3款规定，房地产抵押后，该抵押房地产的价值大于所担保债权的余额部分，可以再次抵押，但不得超出余额部分。

根据以上规定，抵押人要在同一房地产上设定多个抵押时，须符合下列条件：

（1）债权人即抵押权人的同意。在同一房地产上另设抵押的，应事先征得抵押权人同意，因为另设抵押可能影响抵押权人的优先受偿权，事关抵押权人的切身利益。

（2）抵押人抵押的房地产价值超过原债权。如果房地产价值不足以清偿原债务，抵押人不得再设立抵押；如果房地产价值大于原债务，则抵押人有另设抵押的权利。

（3）抵押人以设定抵押的房地产向其他债权人另设抵押的，应当告知其他债权人已设抵押的事实，并经其他抵押权人同意。

228. 二次抵押贷款对房屋有哪些要求？

每个银行的具体要求不尽相同，但大的方面差不多。以中国银行的要求为例，要求如下：

（1）用于二次抵押贷款的房屋应为市场发展潜力较大的优质住房和商业用房；

（2）用于个人房屋二次抵押贷款的房屋必须是现房；

（3）房屋是使用中国银行抵押贷款所购买的一手房；

(4) 房屋抵押登记已办妥,且中国银行是房屋的抵押权人;
(5) 房屋已办理保险,且保险单正本由中国银行执管;
(6) 房屋所处位置优越,交通便利,配套设施齐全,具有较大的升值潜力。

229. 二次抵押贷款的限额是什么?

以中国银行为例:以住房抵押的二次贷款抵押率最高不超过70%;以商业用房抵押的二次贷款抵押率最高不超过50%。二次抵押贷款的期限根据贷款的具体用途来确定,用于个人消费类贷款最长不超过5年,用于个人经营类贷款最长不超过3年,并且贷款到期日不超过第一次抵押贷款的到期日。

230. 从哪些角度考量是否该提前还款?

(1) 是否有足够的流动资金用于提前还款。这里所说的流动资金应扣除3~6个月的紧急备用金。换句话说,还款用的资金必须是闲钱。
(2) 这笔流动资金是否有更好的投资渠道。如果能够找到收益高于贷款利率的投资产品,那完全可以通过投资获取收益来抵充贷款产生的利息。
(3) 利率变动趋势是处于上升通道还是下降通道。
(4) 提前还款是否会影响到家庭今后几年的规划。养育子女、赡养父母、储备子女教育金等方面需求,对家庭的流动资金提出较高要求。

231. 如何进行提前还贷?

(1) 先看贷款合同中有关提前还贷的条例。看合同时要注意提前还贷是否须交一定的违约金。
(2) 向贷款银行电话咨询办理提前还贷部门的地点、电话及办理提前还贷所需要的条件。

（3）按照咨询到的电话打电话或亲自到相关部门提出提前还款申请。

（4）借款人携相关证件亲自前往借款银行，填写《提前还款申请表》。

（5）提交《提前还款申请表》并在柜台存入提前还款的金额。

232. 提前还贷的方式有哪些？

（1）全部提前还款。这种方法，会减少剩余年限的所有利息支出，是减少利息最多的一种做法，但对还款人的经济能力也要求较高。并且，当期已支付的利息银行不会再退还给借款人。

（2）部分提前还款，剩余贷款保持每月还款额不变，将还款期限缩短。这种做法减少利息较多，但每月的供款压力也会相应加大。

（3）部分提前还款，剩余贷款将每月还款额减少，保持还款期限不变。这样的做法可减少月供负担。

（4）部分提前还款，剩余的贷款将每月还款额减少，同时将还款期限缩短。

（5）剩余贷款保持总本金不变，只将还款期限缩短。这样的做法会使月供增加，减少部分利息支出，但相对不合算。

233. 哪些情况下，银行有权要求借款人提前偿还部分或全部借款？

（1）借款人有违反借款合同的行为；

（2）借款人凭借虚假的证明材料取得贷款；

（3）借款人抛弃抵押房产；

（4）借款人发生其他足以影响其偿债能力的变故。

234. 什么是抵押注销？

《城市房地产抵押管理办法》第 35 条的规定："抵押合同发生变更或者抵押关系终止时，抵押当事人应当在变更或者终止之日起

15 日内，到原登记机关办理变更或者注销抵押登记。因依法处分抵押房地产而取得土地使用权和土地建筑物、其他附着物所有权的，抵押当事人应当自处分行为生效之日起 30 日内，到县级以上地方人民政府房地产管理部门申请房屋所有权转移登记，并凭变更后的房屋所有权证书向同级人民政府土地管理部门申请土地使用权变更登记。"房地产抵押登记是抵押双方当事人为使抵押成立而在房地产抵押登记机构，依照法定程序履行的法定行为。根据房地产抵押登记可以看出，房地产抵押双方当事人需要经过法定的程序和流程，才可以注销房地产抵押登记且需经过相关的机构进行登记，才能对外产生效力。

235. 房屋贷款后，无力还贷怎么办？

房地产抵押合同经过房屋所在地的房地产管理部门登记以后，就具有法律效力。无论是抵押权人，还是抵押人，都要依照抵押合同中的约定来处理有关的问题。

作为抵押人来说，应承担的主要义务是按合同的约定，按期归还贷款本息。如果贷款人没有特殊情况，一般都能按期归还。但是遇到特殊情况，如工作变动、家庭收突然减少或是疾病等原因，有的贷款人确实无法按期归还贷款。

作为贷款银行来说，要维护银行利益，就得向贷款人催还贷款。假定贷款人和银行原来约定 15 年全部归还贷款本息，这并不是说银行要等 15 年期满方能行使抵押权，而是只要贷款人没有按约定的归还期限还款，银行就有权行使抵押权。如果一期、二期不能按时还款，银行并不一定立即行使抵押权，但积累到一定程度，银行就必将要行使这一权利。

这时，贷款人就要根据实际情况权衡利弊。如果贷款已大部分归还，就可考虑临时借贷，归还其余的贷款本息。如果已不是临时的困难，就应考虑采用其他的方法来解决。比如，征得银行同意，将购买的房屋转让，用转让所得的款项归还贷款；或是征得银行同意，由新的购买者与银行订立抵押合同，由新的购买者继续履行还款义务。这虽然不是理想的方法,但比之银行通过拍卖或是诉讼来解决,要主动得多,经济损失也更小。

236. 如何看懂个人信用报告?

现在人越来越关注个人信用记录,也会定期去打印出自己的信用报告,来了解一定时期的个人信用情况,但在个人信用报告中有很多词汇让人不知所然,还有很多符号也不知道表示什么意思。个人信用报告包括:个人基本信息(身份信息、配偶信息、居住信息、职业信息);信用概要(信用提示、信用及违约信息概要、授信及负债信息概要);信贷交易信息明细(资产处置信息、保证人代偿信息、贷款、借记卡);查询记录。

237. "查询请求时间"和"报告时间"有什么区别?

"查询请求时间"是指系统收到查询操作员提出查询申请的时间;"报告时间"是指在系统收到查询申请后,生成信用报告的时间。

238. 婚姻状况从哪里采集?

婚姻状况由办理业务的金融机构提供,其内容来自提供给金融机构的信息。

239. 信息概要展示了哪些内容?

信息概要按资产处置信息、保证人代偿信息、信用卡、住房贷款和其他贷款分别汇总了账户数、逾期账户数及为他人担保笔数。

240. "账户数"是什么意思?

"账户数"是指名下分别有几个信用卡账户、几笔住房贷款、几笔其他贷款。"账户数"并不等同于信用卡的张数。一般情况下，一张双币种信用卡（含人民币账户和美元账户），商业银行按 2 条账户数计算，信用报告显示信用卡账户数为 2。

241. 信息概要中"未结清/未销户账户数"指的是什么？

"未销户账户数"是指名下未销户（含正在使用和尚未激活）的信用卡账户数量。"未结清账户数"是指名下未结清住房贷款和其他贷款的账户数量。

242. "透支余额"与"已使用额度"是什么意思？

"透支余额"和"已使用额度"都是反映欠银行钱的数量（包含本金和利息），只是不同业务种类采用了两种表达方式。准贷记卡展示为"透支余额"，贷记卡展示为"已使用额度"。

243. 什么是贷记卡的"逾期金额"？

截至还款日的最后期限，仍未按时或足额偿还的金额，以及由此产生的利息（含罚息）和费用（包括超限费和滞纳金）。

244. "公共记录"包括什么内容？

"公共记录"包含最近 5 年内的欠税记录、法院民事判决记录、强制执行记录、行政处罚记录、电信欠费记录。当没有公共记录时，该部分不展示明细信息。

245. 什么是"查询记录"？

"查询记录"反映信用报告被查询的历史记录，显示何机构或何人在何时以何种理由查询过信用报告。展示内容包括查询日期、查询者和查询原因。

246. 信用报告中出现的符号分别表示什么含义?

/——表示未开立账户;

*——表示本月没有还款历史,还款周期大于月的数据用此符号标注,还款频率为不定期,当月没有发生还款行为的用*表示;开户当月不需要还款的也用此符号表示;

N——正常(表示借款人已按时足额归还当月款项);

1——表示逾期1~30天;

2——表示逾期31~60天;

3——表示逾期61~90天;

4——表示逾期91~120天;

5——表示逾期121~150天;

6——表示逾期151~180天;

7——表示逾期180天以上;

D——担保人代还(表示借款人的该笔贷款已由担保人代还,包括担保人按期代还与担保人代还部分贷款);

Z——以资抵债(表示借款人的该笔贷款已通过以资抵债的方式进行还款,仅指以资抵债部分);

C——结清(借款人的该笔贷款全部还清,贷款余额为0。包括正常结清、提前结清、以资抵债结清、担保人代还结清等情况);

G——结束(除结清外的,其他任何形态的终止账户)。

247. 什么情况下借款人须购买财产险?

为使居民合法拥有的住房(含以抵押贷款方式购买的商品房)在遭受自然灾害或意外事故的损失后能够得到经济补偿,当借款人以抵押方式或抵押加阶段性保证贷款方式,申请个人住房商业贷款时必须购买财产险。可由贷款银行代办保险手续。

根据有关规定,保险财产限于被保险人合法拥有产权的住房

（含以抵押贷款方式购买的商品房），包括被保险人购买的商品房中计入房屋销售价格、在销售合同中列明的房屋附属设施和其他室内财产，但该房屋附属设施和其他室内财产不属于本保险财产范围。

由于下列原因造成保险财产损失和费用支出，保险人负赔偿责任火灾、爆炸、水管爆炸；雷击、暴雨、洪水、台风、暴风、龙卷风、雪灾、雹灾、冰凌、泥石流、崖崩、突发性滑坡、地面突然下降；空中运行物体的坠落，以及外界建筑物和其他固定物体的倒塌；在发生上述灾害或事故中，为防止其蔓延，采取合理的、必要的施救措施而造成保险财产的损失；以及为减少损失对保险财产采取施救、保护、整理措施而发生的合理费用。

由于下列原因造成的保险财产的损失，保险人不负赔偿责任：战争、军事行动或暴力行为；核子辐射或各种污染；地震及其次生灾害；被保险人或其家庭成员的故意行为；保险财产因设计错误、原材料缺陷，工艺不善等内在的原因以及自然磨损，正常维修造成的损失所引起的费用。

保证期限：自投保次日（一般从入住之日）12时起到保单约定的终止之日12时止。

248. 个人购房如何办理保险？

个人在购买住房时并无强制保险，但个人因购房申请公积金贷款和商业性个人住房担保贷款时，贷款银行要求借款人投保规定险种作为借款条件。银行所指定的险种主要为住房财产保险，其他涉及的险种还有贷款保证保险、人身保险。

住房保险属财产险，与抵押行相联系。该保险与家庭财产保险不同的是其标的专指用贷款购买的住房，不包括住房以外的装修和其他室内财产。投保抵押住房保险对银行、对个人都有利。银行要求购房借款申请人投保此险，是因为在购房借款时住房设置了抵押，抵押物的安全关系到贷款银行的风险，通过参加保险可以转嫁因自然灾害导致的风险。对个人而言住房价值高，普通家庭需长期积累才能购置，家庭经济承受不起不测的灾祸，就是贷款清偿后或不向银行贷款,也都有必要对住房加保险。

当银行认为个人购房贷款在还款上存在较大风险时还要求借款人投保贷款保证险种,投保该险保险人要求以所购住房作借款抵押为条件。该保险主要为保障贷款银行利益,当发生连续3个月借款人无法按合同规定履行还本付息时,保险公司先予以赔偿,使银行及时收回贷款和利息,然后保险公司向借款人追偿代付的欠款及利息,如借款人无力偿还债务,则保险公司有权处置抵押住房。

作为购房贷款须保险的,银行方要求保险手续在贷款发放以前办妥。一般程序为银行与个人签订购房贷款、抵押等合同后就办理公证和保险,然后办理抵押登记,最后办理放款。

249. 为什么要买住房贷款保险?

购房者在贷款买房时,大多数银行都有"强制性"的规定,必须同时购买"个人抵押贷款房屋保险"。

住房保险包括住房财产保险、个人抵押贷款保险。有此险种是因为银行和借贷人都在寻求保障,因为个人贷款业务期限往往较长,当中可能会出现变数,银行希望借款人在无力偿还贷款时能保障贷款的偿还,而借款人则希望这一保障能使其保留房产;而这种保障是双方都无法解决的,因此引入了住房贷款保险。它使得银行在有还贷危险时可以作为保险合同的受益人得到赔付,而交保人出险后也可保住房产。

住房保险主要有个人抵押贷款房屋保险、家庭财产保险和个人购置住房抵押贷款保证保险。而家庭财产保险的投保范围包括房屋及其附属设备、衣服、卧具、家具、燃气用具、厨具、乐器、体育器械、家用电器;附加险有盗窃、抢劫和金银首饰、钞票、债券保险以及第三者责任保险。而个人住房抵押贷款险的保险金额分年计算,保险费率高于抵押贷款房屋保险,保险期限不超过20年。由于此种保险类似寿险,是针对投保人发生人身意外等事故的保险,保险公司为此承担的风险较大,其保险责任也制定得较为严格。

250. 住房保险对住房者有什么好处？

一般说来，在住房生产、流通、消费过程中，风险事故可能给住房造成损坏，给住房者带来经济、生活上的困难。为消除可能出现的不利影响，住（租）房人可与保险公司达成一项协议，被保险人通过交付一定的费用以获得保险公司对住房的意外损失给予一定的经济补偿的保证。这种以住房及其有关利益为保险目标的保险，称为住房保险。

那么，住房保险对住房者有什么好处呢？住房保险无论对生产、经营企业，还是对居民个人都有十分重要的作用。主要表现在：

（1）住房保险可以保证居民在房屋因遭受自然灾害和意外事故而发生损失时，获得一定的经济补偿，为居民的日常生活提供安全保障。

（2）住房保险可维护房产经营者的利益。房产经营者以收取租金为目的。风险事故发生后，住房受损，房租因风险事故中断。如果投保了住房保险，就可以使经营者在这方面的利益获得保障。

（3）住房保险可增加被保险人的信用程度。保险具有提高信用、促进资金融通的作用。例如，以住房为抵押物申请银行贷款时，银行常要求申请人将其住房投保，以增加住房的价值，故住房保险有助于住房所有人信用的提高。

251. 住房保险的形式有哪些？

（1）财产保险。目前许多城市开展个人住房贷款时要求借款人对抵押物进行财产保险，财产保险只是对贷款所购得住房在遭受火灾等意外事故时对抵押物的价值补偿，以保证抵押权的实现。

（2）综合保险。综合保险责任包括三项内容：对借款人抵押的房产进行财产保险；借款人因意外事故或疾病丧失部分或全部还款能力；借款人因其他原因无法归还贷款或故意赖账等造成的贷款本息损失。保险期限为自取得贷款之日起至贷款全部还清之日止。在保险期内,由于上述保险责任中的原因造成贷款本息损失的,由保险公司负责赔偿。与财产保险不同的是,综合保险除包括财产保险外,还对借款人的人身及信用进行了全方位的保险,因而对贷款人的资金安全起到保障作用。

(3) 信用保险。当个人向银行申请贷款购房时,由住房置业担保公司为个人提供专业担保,当借款人不能按贷款合同还贷时,由住房置业担保公司承担连带责任,负责偿还贷款。住房置业担保公司为个人提供担保时,应当同时要求被担保人以其所购、建住房以抵押方式向住房置业担保公司提供反担保。住房置业担保公司承担连带还贷责任的同时,行使抵押权,依法处分抵押物;并负责将抵押人迁出抵押住房,妥善安置抵押人。需要提出的是,与一般保险不同的是,住房置业担保公司有处置抵押物并受偿的权力。

252. 房地产保险合同的主要内容

(1) 保险人名称和住所。
(2) 投保人、被保险人名称和住所,以及人身保险的受益人的名称和住所。
(3) 保险标的。
(4) 保险责任和责任免除。
(5) 保险期间和保险责任开始时间。
(6) 保险价值和保险金额。
(7) 保险费以及支付办法。
(8) 保险金赔偿或者给付办法。
(9) 违约责任和异议处理。
(10) 订立保险合同的日期。

253. 如何签订房地产保险合同?

办理房地产保险,应由投保人与保险人签订保险合同。具体程序是:

(1) 填写投保单。投保单的内容有：投保人的名称、投保日期，被保险人或受益人的名称，保险标的名称和数量，保险责任起讫时间，保险价值和保险金额等。投保单是投保人在保险公司申领的、为保险接受投保的依据的文件。

(2) 签发保险单。保险人在收到投保人的投保单后，应对投保单的内容逐一审核并实地勘查，在确定符合保险条件后可签发保险单。

(3) 收取保险费。投保人应按规定的保险金额、保险期限和保险费率向保险人如期缴纳保险费。房地产保险合同也可由双方的委托来办理，如抵押房地产保险可委托银行办理。

254. 购房怎样投保？

当人们用半生甚至是一生的积蓄，花巨款购买了一套住房，且费尽心血进行装修后，这一巨额房产一旦遇到天灾人祸，怎样可以挽回损失？目前不知怎样投保住房及对住房投保险种不熟悉的占60％以上；自己主动投保的只占20％左右。这说明了解住房投保，以及选择相关险种就非常重要。

(1) 如果是贷款买房，可投保城镇居民贷款保险。该险种的保险责任是因火灾、爆炸、暴风、暴雨、洪水、龙卷风及空中坠落物造成投保房屋损坏。保期自贷款次日零时起到贷款还清之日止。按保险费率和保险金额，年保险费率为1‰。保险金额按购房合同的实际价值确定。保险公司目前开办的住房保险还有住房抵押保证保险、购房贷款定期人寿保险等。由于住房保险开办时间不长，因此在一些城市抵押保证保险还处于暂停阶段，但作为投保人还可选择其他贷款住房保险。

(2) 如果已经购买住房，可以选择投保城镇居民家庭财产保险。该险种把房屋、室内装饰财产列为特约承保财产，可以普通险、长效险两种形式承保。还可选城镇住房定额保险，该险种的保险责任：一是火灾、爆炸；二是暴风、暴雨、雷电、洪水、海啸、龙卷风造成的保险房屋倒塌、墙壁同一处的里外裂缝；

(3) 为防止灾害蔓延、减少投保财产损失而采取的必要措施所造成的物质损耗。其保险期限由投保人选定，普通保期为一年，长效险期为 5 年，期满后退还全部储金。该险种每份 2 万元，购买多份可合并计算保险金额。签订保单时，被保险人姓名、保险财产地址必须逐一写清楚。保险财产数量增减、地址变更或被保险人变动，应及时通知保险公司，办理批改手续。发生灾害事故时应尽力抢救，保护好现场，并在 24h 内通知保险公司。申请赔偿时，应提供保险单和损失清单，有关证明。

255. 发生提前还款的情况时，如何处理房屋保险？

如果购房人提前偿还了银行贷款本息，可以选择如下两种方法处理未到期的房屋保险合同：
（1）变更受益人，由原来的贷款银行变更为购房人本人，保险合同继续有效；
（2）退保，按照未到期保险费的一定比例退还保险费，保险责任终止。

256. 房屋保险的赔款接受人是谁？

在贷款期间内，由于房屋的抵押权人是贷款银行，所以房屋保险的第一赔款接受人，即第一受益人是银行。保险公司赔偿，首先支付贷款购房人所欠贷款银行的贷款本息及相关费用部分，赔款剩余部分支付给购房人，贷款购房人实际上是第二赔款接受人，即第二受益人。随着贷款购房人还款成数的提高，其受益程度也随之提高。

257. 抵押房产发生意外时，该怎么办？

抵押人占管的房地产发生损毁、灭失时，抵押人应当及时将情况告知抵押权人，并应采取措施防止损失的扩大。由于不可抗力等自然原因造成抵押物损毁、灭失的，抵押人不负有责任，但抵押人因此获得赔偿金、保险金的,抵押权人有权在赔偿金、保险金的数额之内要求提供担保。由于抵押人本身的故意或过失造成抵押物损毁、灭失的,抵押人有义务重新提供与减少的价值相当的担保。无论在何种情况下,抵押房地产的残余价值仍作为债权的担保。

在用房地产抵押贷款期间,保持抵押房地产的价值,对于抵押权人(贷款银行)来说尤为重要。这是因为当债务人不能按期归还贷款时,贷款银行需要将抵押的房地产予以变卖,从变卖所得的价款优先受偿。如果抵押的房地产发生损毁、灭失,变卖该房地产所获得的价款将可能无法偿还债务人所欠的借款。所以当抵押房地产发生损毁、灭失时,抵押权人要采取一定的措施,来保障它的利益:

(1)如果是由于抵押人的行为,使抵押房地产发生损毁、灭失的,那么抵押权人有权要求抵押人停止其行为,并有权要求抵押人恢复抵押物的价值,或者提供与减少的价值相当的担保。

(2)如果抵押人对抵押房地产的损毁、灭失无过错的,即抵押房地产的损毁、灭失是由于第三人的原因或不可抗力的原因(如地震、洪水等)造成的,那么抵押权人可以在抵押人因损害而得到的赔偿范围内要求提供新的担保,抵押房地产价值未减少的部分,仍作为债权的担保。

258. 挪用住房按揭贷款,如何处理?

按揭贷款只能用于支付购房款,如果贷款银行按照约定将贷款直接转入借款人存款账户,而借款人却将按揭贷款挪作其他用途,则贷款银行有权按照中国人民银行规定的挪用贷款利率日息万分之五计收罚息,并有权终止发放贷款,要求借款人提前偿还全部贷款本息。

259. 贷款银行有权处分抵押房产的情况有哪些?

(1)借款期满,借款人未清偿全部贷款本息;

（2）借款人死亡或被宣告死亡，无人代其清偿贷款本息；
（3）借款人的合法继承人、受遗赠人拒绝清偿贷款本息；
（4）借款人未经贷款人同意，擅自处分抵押房产。

260. 处分抵押房地产所得金额按什么顺序分配？

（1）支付处分抵押房地产的费用；
（2）扣除抵押房地产应缴纳的税款；
（3）偿还抵押权人债权本息及支付的违约金；
（4）赔偿由债务人违反合同而对抵押权人造成的损害；
（5）剩余金额交还抵押人。处分抵押房地产所得金额不足以支付债务和违约金、赔偿金时，抵押权人有权向债务人追索不足部分。

261. 银行处分房地产哪些情形可以中止？

（1）抵押权人请求中止的；
（2）抵押人申请愿意并证明能够及时履行债务，并经抵押权人同意的；
（3）发现被拍卖抵押物有权属争议的；
（4）诉讼或仲裁中的抵押房地产。

262. 房屋典当是什么？

房屋典当，又称房屋"典卖"或"活卖"，即房屋所有权人将自己所有的房屋交给承典人占有、使用、收益，承典人按约定向出典人一次性支付全部典金，并在典期届满之时返还房屋给出典人，取回典金的行为。

在房屋典当关系中，支付典价从而占有他人房屋并取得使用、收益权利的人称为承典人，又称典权人；收取典价、以房屋供他人占有、使用、收益的人称为出典人。承典人对出典人的房屋享有的占有、使用、收益的权利就称之为典权。

263. 房屋的典当有哪些特点？

（1）房屋的典当通过典当契约来设定。承典人和出典人应约定典价和回赎时间，典价一般是房屋实际价值的一半或稍高一些。
（2）承典人对出典房屋享有占有、使用、收益的权利，可以转典、出租、设定担保和转让典权。
（3）典价无利息，房屋无租金。在典当关系中表现为以租金抵借贷资金（典价）的利息。
（4）出典人在典期届满时有权以原典价回赎房屋。出典人不在约定期间内回赎房屋的，则视为绝卖。

264. 房屋典当关系成立会产生什么样的法律后果？

（1）典期届满，出典人赎回出典的房屋并将原典价返还承典人，承典人将出典的房屋交还给出典人，房屋典当关系归于消灭。
（2）房屋典期届满，出典人在约定的回赎时间内不回赎房屋，房屋的所有权即转移给承典人，承典人无权索回典价。
（3）房屋典期届满不赎，由承典人对典当的房屋行使占有、使用、收益的权利。
（4）房屋典期届满逾 10 年，或房屋典契中未载明典期，经过 30 年未赎的，原则上视为绝卖，房屋所有权归承典人，典当关系终止。承典人可向房屋管理部门申请所有权登记，或向人民法院提起诉讼，判决房屋所有权的归属，然后持人民法院的判决书到房屋管理部门申请房屋所有权登记。

第五章 公积金管理

265. 住房公积金制度是怎么回事?

住房公积金是指国家机关、国有企业、城镇集体企业、外商投资企业、城镇私营企业及其他城镇企业、事业单位、民办非企业单位、社会团体及其在职职工缴存的长期住房储金。

住房公积金制度是一种住房保障制度,它通过国家、集体、个人三者共同筹集一笔稳定的政策性住房资金,建立起住房资金的积累、周转和政策性住房贷款制度。建立住房公积金制度,可以推进城镇住房建设,提高政府的住房保障能力,促进政策性住房金融体系和城市廉租住房供应体系的建立;建立住房公积金制度,就可通过个人缴存、单位资助、长期存储的形式,形成职工住房的自我保障机制,增强职工解决自身住房、提高居住水平的能力。

266. 住房公积金管理中心有什么职能?

住房公积金管理中心是不以营利为目的的独立的事业单位。其主要职能是:
(1) 编制、执行住房公积金的归集、使用计划;
(2) 负责记载住房公积金的缴存、提取、使用等情况;
(3) 负责住房公积金的核算;
(4) 审批住房公积金的提取、使用;
(5) 负责住房公积金的保值和归还;
(6) 编制住房公积金归集、使用计划执行情况的报告;
(7) 承办住房公积金管理委员会决定的其他事项。

267. 住房公积金贷款有哪些优势?

住房公积金贷款属于国家政策性贷款,它是指按《住房公积金管理条例》规定,按时足额缴存住房公积金的借款人在购买自住住房时,以其所购住房或其他具有所有权的财产作抵押,或以动产、权利作质押,申请以住房公积金为资金来源的住房贷款。住房公积金贷款优势突出:

(1)贷款利率低,利息支出少。住房公积金贷款作为国家政策性贷款,享有低利率的政策优惠,随着房贷利率的调整,住房公积金与商业贷款的利差进一步拉大。

(2)收费项目少,贷款成本低。与商业住房贷款相比,住房公积金贷款不需要收取保险费、律师费、手续费及中介费等费用。

(3)借款人可申请提取个人账户内的住房公积金缴存余额偿还贷款本息。按照政策规定凡办理住房公积金贷款的借款人,可支取本人及其配偶的住房公积金账户余额用于偿还贷款本息,减轻了借款人的还款压力。

(4)还款方式自由,灵活度高。住房公积金贷款可以用等额本息还款法和等额本金还款法中自主确定一种还款方式,借款人在正常还款一年后,可根据自己的经济状况申请提前全部或部分还款,且不收取违约金。

268. 国管公积金和市管理公积金有什么区别?

国管公积金是中央国家机关及在京单位等国管单位的在职员工缴存的长期住房储备金,是由中央国家机关住房资金管理中心负责管理。这项资金中央国家机关在职员工才能交纳的,一般企事业单位交纳的公积金是属于市管公积金。

市管公积金的贷款额度与个人收入有关,借款人家庭月收入(月收入=职工个人住房公积金月缴存额÷职工住房公积金缴存比例),每月扣除生活费后所剩余额,再除以申请贷款年限的每万元贷款月均还款额的所得，即为最高可贷款额度。

国管公积金的贷款额度与家庭收入相关，只要借款人能够提供以家庭为单位的收入证明，在月均实际收入不能少于对应贷款年限所需月均还款额的2倍的情况下，能够贷款上限金额不超过60万元的贷款。[①]

区别国管公积金和市管公积金主要从以下几个方面判断：

（1）账号的区别。国管公积金的缴存账号是以"502"或"512"开头的；而市管公积金则是以"身份证号码"开头，并且末尾加"00"。

（2）准备证件的区别。公积金贷款都需要买卖双方提供身份证、户口本、结婚证等基本资料。但国管公积金还需要准备单位开具的收入证明，而市管公积金就不用开具收入证明。

（3）办理周期的区别。一般情况下市管公积金的办理时间在30天到45天之间，而国管公积金办理时间则要45天到60天，也就是说市管公积金在办理时间上要比国管公积金时间短。

269. 住房公积金如何计算利息？

住房公积金自存入职工住房公积金账户之日起，按照国家规定的利率计息。职工个人住房公积金存款，当年归集的按结息日挂牌公告的活期存款利率计息；上年结转的按结息日挂牌公告的3个月定期整存整取存款利率计息。住房公积金利息收入归职工个人所有，并且不征收利息税。

270. 住房公积金缴存比例是多少？

职工和单位住房公积金的缴存比例均不得低于职工上一年度月平均工资的7%，最高不得超过15%，最高缴存基数不应超过上一年度职工月平均工资的3倍。各单位可按照自身经营情况，在依法

[①] 各城市贷款政策有一定差异。

纳税、正常发放工资的基础上，申请适当调整比例，报请住房公积金管理中心审定。缴存比例一经确定，一年不变。

271. 哪些情况下情况可以支取公积金？

职工有下列情形之一的，可以按照规定支取职工住房公积金账户内的存储余额：
（1）购买、建造、翻建、大修具有产权的自住住房的；
（2）离休、退休的；
（3）完全丧失劳动能力，并与单位终止劳动关系的；
（4）偿还个人住房公积金贷款本息的；
（5）户口迁出或出境定居的；
（6）职工在职期间死亡的或者被宣告死亡的；
（7）房租超过家庭工资收入规定比例的；
（8）享受城市居民最低生活保障并支付房租。
符合以上第（2）、（3）、（4）、（7）项支取条件的，可以提取职工本人住房公积金账户内的全部存储余额，并同时办理职工住房公积金账户的销户手续。
符合以上第（1）、（5）、（6）、（8）项支取条件的，可以支取职工本人及其配偶住房公积金账户内的存储余额，支取金额起点为百元。

272. 提取住房公积金有哪些程序？

（1）职工提取住房公积金，首先由本人向所在单位提出支取住房公积金申请并填写支取申请审批表。单位审核同意后在支取申请审批表加盖行政公章，财务部门出具住房公积金支款凭证，由单位指定专人，持支取人和经办人的身份证原件及复印件、相关文件或证明材料到管理中心办理审批手续。
（2）符合支取条件的，经管理中心审核批准后，职工凭住房公积金支款凭证及"住房公积金支取申请审批表"去开户银行办理支取手续。

（3）单位撤销、解散或者破产的，职工住房公积金进行专户封存，符合支取条件的，可由本人直接向管理中心提出申请。

273. 提取住房公积金需要提交哪些材料？

（1）填写完整并加盖公章的《住房公积金支取申请、审批表》；
（2）申请人和经办人的身份证原件和复印件；
（3）按照《住房公积金支取管理办法》规定应提供的相关证明材料；
（4）单位财务部门出具的"住房公积金支款凭证"。

274. 死亡或者被宣告死亡的，提取住房公积金应提供哪些材料？

职工提取住房公积金，应提供《住房公积金提取申请审批表》、提取人的身份证原件及复印件。提取证明材料中没有记载提取申请人姓名的须再提供结婚证或户口簿的原件及复印件。取得《外国人永久居住证》的以《外国人永久居住证》作为有效身份证件。

委托其他人代办提取的，须出具提取人的《授权委托书》和代办人身份证原件及复印件、提取申请人身份证原件及复印件、继承人或受遗赠人的身份证原件及复印件，医院、公安部门或司法部门出具的死亡证明及复印件，经公证部门公证的遗产继承证明；继承或遗赠有争议的，还应提供法院的判决书、裁定书或调解书等法律文件原件及复印件。

275. 购买具有自有产权的自住住房，提取住房公积金需提供哪些材料？

职工提取住房公积金，应提供《住房公积金提取申请审批表》、提取人的身份证原件及复印件。提取证明材料中没有记载提取申请人姓名的须再提供结婚证或户口簿的原件及复印件。取得《外国人永久居住证》的以《外国人永久居住证》作为有效身份证件。

委托其他人代办提取的，须出具提取人的《授权委托书》和代办人身份证原件及复印件、提取申请人身份证原件及复印件和提取相关证明材料。

购房提取应提供的证明材料：

（1）购买自有住房且未办理住房公积金贷款的，应提供所购住房的《房屋所有权证》和契税完税证明原件及复印件；未取得《房屋所有权证》的，应提供网签协议原件和税务部门统一印制的购房全款发票或全款《房地产企业预收款收据》原件及复印件。

（2）异地购买自有住房的，提供所购住房的《房屋所有权证》原件及复印件、契税完税证明原件及复印件、《商品房销售合同》原件和税务部门统一印制的购房全款发票原件及复印件。

（3）根据房改政策有关规定购买自有住房的，应提供《房屋所有权证》原件及复印件或有效购房发票原件及复印件和购房协议或房改分配表。

（4）购买拆迁安置自有住房且未办理住房公积金贷款的，应提供拆迁产权调换协议或房屋拆迁安置协议、拆迁安置补偿结算表原件及复印件。

276. 建造、翻建、大修自有住房，提取住房公积金需提供哪些材料？

职工提取住房公积金，应提供《住房公积金提取申请审批表》、提取人的身份证原件及复印件。提取证明材料中没有记载提取申请人姓名的须再提供结婚证或户口簿的原件及复印件。取得《外国人永久居住证》的以《外国人永久居住证》作为有效身份证件。

委托其他人代办提取的，须出具提取人的《授权委托书》和代办人身份证原件及复印件、提取申请人身份证原件及复印件和提取相关证明材料。

除上述材料外，根据具体提取条件还需提供以下材料：

（1）职工建造、翻建自有住房且未办理住房公积金贷款的，应提供的证明材料：镇级及以上规划部门批准建造、翻建的批准文件，《房屋所有权证》或《集体土地使用证》(《宅基地使用证》)原件及复印件，购买建筑材料的发票或《工程预算单》的原件及复印件。

（2）大修自有住房的，应提供的证明材料：《集体土地使用证》（《宅基地使用证》）原件及复印件或《房屋所有权证》原件及复印件、房管部门质量监督机构出具的需要大修的鉴定报告及购买建筑材料的发票或《工程预算单》的原件及复印件。

列入居住建筑节能改造项目的，由居民个人承担的费用，可提取住房公积金。提取时职工应提供交费凭证和项目实施单位出具的证明材料原件及复印件。

277. 偿还个人住房贷款，提取住房公积金应提供哪些材料？

职工提取住房公积金，应提供《住房公积金提取申请审批表》、提取人的身份证原件及复印件。提取证明材料中没有记载提取申请人姓名的须再提供结婚证或户口簿的原件及复印件。取得《外国人永久居住证》的以《外国人永久居住证》作为有效身份证件。

委托其他人代办提取的，须出具提取人的《授权委托书》和代办人身份证原件及复印件、提取申请人身份证原件及复印件和提取相关证明材料。

偿还公积金贷款需提供上述材料；偿还商贷和组合贷款的，除上述材料外，根据具体提取条件还需提供以下材料：

（1）职工偿还自有住房商业贷款首次提取的，应提供的证明材料：在中国人民银行的征信中记有该笔贷款查询结果，网上备案登记的《商品房销售合同》、《住房借款合同》原件，贷款银行出具的还款满一年（最近十二期）的有效证明材料原件和复印件。

（2）职工偿还自有住房商业贷款再次提取的，应提供的证明材料：网上备案登记的《商品房销售合同》、《住房借款合同》原件和还款满一年（最近十二期）的有效凭证或银行出具的证明材料原件和复印件。

（3）职工提前偿还全部（或部分）购房贷款的，应提供的证明材料：网上备案登记的《商品房销售合同》、《住房借款合同》原件和贷款银行出具的结清证明或提前还款凭证原件及复印件。

278. 申请住房公积金贷款的流程是什么？

（1）借款申请人向受委托银行领取并如实填报《住房公积金贷款申请审批表》，同时附规定的全部材料报送受委托银行。受委托银行对借款人填报的《住房公积金贷款申请审批表》和所提供的材料进行认真调查、核实，确保内容完整规范、证件齐全有效、材料真实合法。

（2）受委托银行对借款人的各种证件、资料审查合格后，签署意见并注明时间报送管理中心。

（3）管理中心收到申请材料后按照三级审批制度先由信贷经办人员对借款人的资信状况进行考察、测算、核实，签署意见。经信贷业务处室负责人审查后，报管理中心分管负责人批准。然后向受委托主办银行出具《委托贷款通知书》，明确贷款的对象、金额、期限、利率等内容，同时将委托贷款资金划入主办行账户。对不符合贷款条件的，由受委托银行通知借款申请人并说明原因。

279. 申请住房公积金贷款需要什么条件？

（1）贷款对象应是具有完全民事行为能力的自然人；

（2）具有所在城市城镇常住户口或有效居留身份；

（3）具有稳定的职业和收入，信用良好，有按时还本付息的能力；

（4）借款人及所在单位已与管理中心建立正常的住房公积金缴存关系，至贷款时已累计缴存住房公积金 12 个月，并连续缴存 6 个月以上；

（5）具有合法的购房合同或协议，借款人必须是购房合同约定的产权人；所购住房为当地范围内的商品房、经济适用住房、单位集资建房、房改房及二手房；

（6）已交付所购住房全部价款 30% 以上的首付款；

（7）同意以所购住房或管理中心认可的其他房产作抵押，集资建房单位应提供阶段性贷款担保，不能提供担保的行政事业单位，要由该单位与管理中心签订协议，负责代扣代缴借款人每月应还的贷款本息；

（8）每个住房公积金缴存者及配偶只能同时享受一次住房公积金贷款，如果配偶一方已经办理住房公积金贷款，则在该笔贷款清户之前，另一方不得再申请住房公积金贷款。

280. 二手房住房公积金贷款应提供哪些材料？

（1）借款人除应向受委托银行提供商品房住房公积金贷款所需的材料以外，还应提供公积金中心认定的房地产评估公司出具的交易房产价值评估报告原件一式两份，卖方身份证，未办理过户的交易房产的房产证复印件一式两份。

（2）按照《存量房网上交易和资金监管暂行办法》进行交易的存量房贷款，应提供《存量房买卖协议》和《存量房交易资金托管协议》原件及存入《存量房交易资金托管协议》约定银行账户的首付款证明复印件一式两份。

281. 住房公积金贷款额度如何确定？

贷款数额按照借款人的申请额和限额标准计算确定。申请住房公积金贷款金额不超过限额标准的，以申请额作为贷款金额；申请额超过限额标准的，以其中最低限额作为贷款金额。

住房公积金贷款限额应同时符合以下条件：

（1）每个购房户申请住房公积金贷款金额不高于抵押房屋总价款的70%；

（2）每个购房户申请住房公积金贷款不高于30万元；[①]

（3）可贷金额不高于按借款申请人及配偶缴存住房公积金计算的贷款额度。借款人可选择下面两个公式中的任意一个来计算限

[①] 各城市贷款政策有一定差异。

额：①住房公积金贷款额度＝借款人及共同还款人住房公积金月缴存额之和÷缴存比例×12个月×贷款年限×40%（其中40%作为还贷能力系数，如借款人距退休超过20年且贷款年限超过10年，则该系数可上调至50%）；②住房公积金贷款额度＝借款人及共同还款人住房公积金缴存余额之和×15。

282. 住房公积金贷款的期限是如何确定的？

对住房公积金贷款期限的审查，需要同时满足以下条件：
（1）贷款年限最长不超过20年；
（2）贷款期限加借款人年龄不得超过借款人法定退休的年龄。现规定，男性按照60周岁计算、女性按照55周岁计算贷款期限；
（3）凡符合国家及人事部的有关文件规定，可以延长退休年龄的职工（如高级职称人员、人大、政协委员等），经所在单位出具证明材料后，可按延长后的年龄计算可贷年限；
（4）二手房房龄与贷款年限之和不应超过30年。

283. 二手房公积金贷款应提供哪些材料？

二手房办理是以现房做抵押担保，除提供商品房住房公积金贷款所提供的全部材料外还应提供以下资料：
（1）卖方身份证、户口簿复印件；
（2）房产证原件和复印件；
（3）由管理中心认可的评估机构出具的评估报告；
（4）贷款额度不得超过评估价的70%；
（5）由管理中心认可的中介机构与买卖双方签订的三方协议；
（6）由区级以上房产交易部门进行抵押登记。

284. 在什么情况下住房公积金贷款应提供担保人？

借款人申请办理省内异地贷款的；公积金中心认为应提供担保

人的。

285. 公积金贷款利率目前是多少？

自 2012 年 7 月 6 日调整并实施，5 年期以下（含）公积金贷款利率为年利率 4.0%，5 年期以上为 4.50%。

286. 公积金审批时间一般为多长时间？

公积金贷款审批程序比较复杂，涉及公积金管理中心、担保中心和银行等三个单位。公积金管理中心审理后转到担保中心审核，担保中心审核完之后再交给公积金管理中心。如果合格，公积金管理中心才把贷款放给银行，然后银行再放款给借款人。公积金贷款程序比商业贷款多出两道审核程序，时间周期较长，一般需要一两个月时间。

287. 利用公积金能否异地贷款购房？

各地的情况不尽相同，2008 年 7 月，辽宁省鞍山、抚顺等 7 城市与沈阳签订异地贷款协议。2009 年 4 月 3 日，广东省广州、珠海、佛山等 8 个珠三角城市共同签署了公积金异地互贷协议。同年 4 月 15 日，北京市更是出台了北京与河北省秦皇岛市的异地公积金贷款政策。住房公积金贷款的异地使用正在从双向互贷（辽宁 7 城市与沈阳）转为多向互贷（珠三角 8 城市），从省内互贷发展到省际互贷。利用公积金异地互贷"刺激"刚需入市应该也是一个值得鼓励的具体做法，全国公积金的互通互贷将是大势所趋。

288. 遇利率调整，借款人的住房公积金贷款利率如何调整？

目前，我国住房贷款利率政策实行的是"浮动利率"，即贷款利率在贷款期内随着存贷款利率的调整而调整。按照中国人民银行的《个人住房贷款管理办法》第十四条规定:"个人住房贷款期限在1年以内(含1年)的,实行合同利率,遇法定利率调整,不分段计息;贷款期限在1年以上的,遇法定利率调整,于次年1月1日开始,按相应利率档次执行新的利率规定。"

289. 未连续缴存公积金十二个月以上的能否申请公积金贷款?

按照规定,申请住房公积金贷款的职工必须连续足额缴存公积金十二个月以上才能申请。单位因故未按时缴存公积金造成申请贷款的职工不能使用住房公积金贷款的,由单位补缴全体职工欠缴的个人和单位应缴纳的住房公积金并经管理中心相关部门确认后,可视同该单位职工已连续缴存公积金,购房职工即可申请办理住房公积金贷款。

290. 借款人是否可以提前偿还住房公积金贷款?

借款人可以提前偿还住房公积金贷款,但需征得贷款人的同意。贷款发放六个月以后,才可申请提前还款。借款人提前偿还住房公积金贷款有两种形式:一种是一次性提前还清全部贷款;另一种是提前偿还部分贷款。一次性提前还清全部贷款是指住房公积金贷款在未到期之前,借款人一次性将贷款余额与当月贷款利息还清的还款方式;提前偿还部分贷款是指住房公积金贷款在未到期之前,借款人一次性偿还部分贷款本金及当月贷款利息的还款方式。贷款期限为一年期一次性还本付息的,贷款发放六个月后由借款人提出书面申请,并一次性全部结清贷款本息。

291. 借款人能否变更借款合同中约定的内容?

借款人在合同期内可以变更合同中约定的内容,包括担保人的变更、抵押物的变更、借款期限的变更、还款方式的变更、分期还款额度的变更等。需要变更的,要由借款人提出书面申请,经合同双方同意后，方可办理变更手续。在合同期内，上述事项原则上只能变更一次，贷款发放六个月后，借款人方可提出变更申请。

292. 如果申请的住房公积金贷款额度不足怎么办？

如果借款申请人所申请的住房公积金贷款不足以支付购买住房所需资金时，可向经办银行申请组合贷款。即满足住房公积金贷款条件的部分申请住房公积金贷款，不满足条件的部分申请商业贷款，两部分按照各自的贷款利率计算利息。

293. 有哪些行为的，不发放个人住房公积金贷款？

（1）贷款当前存在未还本息或担保人代还记录；
（2）近两年内存在贷款展期（延期）或以资抵债等记录；
（3）个人住房公积金贷款或未还清的商业性住房贷款近24个月内存在连续未还本息超过6期记录；
（4）有呆账或核销记录；
（5）因个人住房公积金贷款逾期被起诉；
（6）单笔住房公积金贷款累计逾期超过24期。

294. 装修家里能用公积金吗？

装修不能提取住房公积金。根据国务院《住房公积金管理条例》规定，住房公积金制度以互助性和保障性为出发点，以加快解决城镇职工的基本住房问题为主要目的。住房公积金提取主要用于购买住房、建造住房等住房基本消费方面的支出，而装修作为享受性支出则不在此列，因此装修住房不属于提取住房公积金的范围。

295. 住房补贴是怎么回事？

住房补贴是国家为职工解决住房问题而给予的补贴资助，即将单位原有用于建房、购房的资金转化为住房补贴，分次（如按月）或一次性地发给职工，再由职工到住房市场上通过购买或租赁等方式解决自己的住房问题。

住房补贴发放的原则是：坚持效率优先、兼顾公平的原则，由各地政府根据当地经济适用住房平均价格、平均工资及职工应享有的住房面积等因素具体确定。

住房补贴发放的对象是职工。目前，经济发达地方的行政机关和事业单位已经实施，企业根据自身的条件参照执行，经济欠发展的地区还无法实施。已按房改优惠政策购买了规定面积标准住房的职工不享受住房补贴；承租公有住房的职工在自愿退出所租住的住房后，可以享受住房补贴。职工住房面积未达到规定标准的住房补贴办法和职工住房面积标准按地方政府规定施行。

职工的住房补贴额：向职工发放的住房补贴额等于每平方米建筑面积补贴额与该职工的住房补贴面积的乘积。无房职工的补贴面积，按规定的住房补贴面积的乘积。无房职工的补贴面积，按规定的住房补贴面积标准计算。每个职工的住房补贴由各职工单位自行负担。发放住房补贴应考虑建立在住房公积金制度前的职工工龄。

第六章 税务及土地管理

296. 普通住房和非普通住房有什么区别？

目前，二手房税费国家是按照普通住宅和非普通住宅两种标准进行征收的，各地对普通住宅和非普通住宅的划分标准不太一样，所以在了解税费政策前，先应搞清楚自己的住房是普通住房还是非普通住房。比如，济南非普通住房的标准必须同时满足以下三个条件：住宅小区建筑容积率在1.0以上，由济南市规划部门确定；单套建筑面积在144m² 以下，单套建筑面积以房屋所有权记载房屋面积为准；实际成交价格低于同级别土地上住房平均交易价格1.44倍，同级别土地上的住房平均交易价格由相关政府部门测算、公布，如所购房屋所在地区住房平均价格为10000元/m²，房屋售价在14400元/m² 以下，则满足此条件。不同时满足上述三个条件的住房为普通住房。

297. 什么是营业税及附加？

营业税是对在中国境内提供应税劳务、转让无形资产或销售不动产的单位和个人，就其所取得的营业额征收的一种税。营业税属于流转税制中的一个主要税种。依据现行营业税暂行条例及其实施细则有关规定，单位或者个人将不动产或者土地使用权无偿赠送其他单位或者个人，视同发生应税行为，原则上，赠与人是需要缴纳营业税的，缴纳营业税的税率是5%。城市建设维护税是以纳税人实际缴纳的增值税、消费税和营业税税额为计税依据所征收的一种税，主要目的是筹集城镇设施建设和维护资金。教育费附加税是对在城市和县城凡缴纳增值税、营业税、消费税的单位和个人，就实际缴纳的三种税税额征收的一种附加。地方教育附加是指各省、自治区、直辖市根据国家有关规定，为实施"科教兴省"战略，增加地方教育的资金投入，促进各省、自治区、直辖教育事业发展，开征的一项地方政府性基金，该收入主要用于各地方的教育经费的投入补充。

《财政部 国家税务总局关于个人金融商品买卖等营业税若干免税政策的通知》（财税〔2009〕111号）第二条规定："个人无偿赠与不动产、土地使用权，属于下列情形之一的，暂免征收营业税：离婚财产分割；无偿赠与配偶、父母、子女、祖父母、外祖父母、孙子女、外孙子女、兄弟姐妹；无偿赠与对其承担直接抚养或者赡养义务的抚养人或者赡养人；房屋产权所有人死亡，依法取得房屋产权的法定继承人、遗嘱继承人或者受遗赠人。"其他人之间的房产赠与行为，应依法缴纳营业税。但若其他人之间赠与的房产达到一定年限的，符合免征营业税条件的，仍可以免征营业税，比如，个人将购买满5年的住房对外赠与的，可免征收营业税。

以济南市为例，个人购买不足5年的普通住房或非普通住房对外销售的，全额征收营业税，同时按照应缴纳营业税税额的7%、3%、2%分别征收城市建设维护税、教育附加税和地方教育附加；个人将购买5年（含5年）的非普通住房对外销售的，按照其销售收入减去购买房屋的价款后的差额征收营业税，同时按照应缴纳营业税税额的7%、3%、2%分别征收城市建设维护税、教育附加税和地方教育附加；个人购买超过5年（含5年）的普通住房对外销售的，免征营业税。

298. 什么是土地增值税？

土地增值税是指转让国有土地使用权、地上的建筑物及其附着物并取得收入的单位和个人，以转让所取得的收入包括货币收入、实物收入和其他收入为计税依据向国家缴纳的一种税赋，不包括以继承、赠与方式无偿转让房地产的行为。纳税人为转让国有土地使用权及地上建筑物和其他附着物产权、并取得收入的单位和个人。课税对象是指有偿转让国有土地使用权及地上建筑物和其他附着物产权所取得的增值额。土地价格增值额是指转让房地产取得的收入减除规定的房地产开发成本、费用等支出后的余额。土地增值税是以转让房地产取得的收入,减除法定扣除项目金额后的增值额作为计税依据,并按照四级超率累进税率进行征收。

个人销售住房,暂免征收土地增值税。

299. 什么是印花税?

印花税是对经济活动和经济交往中书立、领受具有法律效力的凭证的行为所征收的一种税。因采用在应税凭证上粘贴印花税票作为完税的标志而得名。印花税的纳税人包括在中国境内书立、领受规定的经济凭证的企业、行政单位、事业单位、军事单位、社会团体、其他单位、个体工商户和其他个人。

个人销售或购买住房,对个人暂免征收印花税。

300. 什么是契税?

契税是以所有权发生转移变动的不动产为征税对象,向产权承受人征收的一种财产税。应缴税范围包括:土地使用权出售、赠与和交换,房屋买卖,房屋赠与,房屋交换等。契税的纳税义务人是境内转移土地、房屋权属,承受的单位和个人。契税实行3%~5%的幅度税率。实行幅度税率是考虑到中国经济发展的不平衡,各地经济差别较大的实际情况。因此,各省、自治区、直辖市人民政府可以在3%~5%的幅度税率规定范围内,按照该地区的实际情况决定。

以济南市为例,契税税率为3%。对个人购买普通住房,且该住房属于家庭(成员范围包括购房人、配偶以及未成年子女)唯一住房的,减按1.5%税率征收契税。对个人购买$90m^2$以下的普通住房,且该住房属于家庭唯一住房的,减按1%征收契税。对于个人购买非普通住房，则全额征收契税。

301. 什么是房产税？

房产税是以房屋为征税对象，按房屋的计税余值或租金收入为计税依据，向产权所有人征收的一种财产税。房产税属于财产税中的个别财产税，其征税对象只是房屋。现行的房产税是第二步利改税以后开征的，1986年9月15日，国务院正式发布了《中华人民共和国房产税暂行条例》，从1986年10月1日开始实施。2010年7月22日，在财政部举行的地方税改革研讨会上，相关人士表示，房产税试点将于2012年开始推行。但鉴于全国推行难度较大，试点将从个别城市开始。

302. 什么是个人所得税？

个人所得税是调整征税机关与自然人（居民、非居民人）之间在个人所得税的征纳与管理过程中所发生的社会关系的法律规范的总称。个人所得税的纳税义务人，既包括居民纳税义务人，也包括非居民纳税义务人。居民纳税义务人负有完全纳税的义务，必须就其来源于中国境内、境外的全部所得缴纳个人所得税；而非居民纳税义务人仅就其来源于中国境内的所得，缴纳个人所得税。个人转让有价证券、股权、建筑物、土地使用权、机器设备、车船以及其他自有财产给他人或单位而取得的所得，包括转让不动产和动产而取得的所得需缴纳个人所得税。

购买普通住房或非普通住房超过5年（含5年）转手交易，对个人转让自用达5年以上，并且是唯一的家庭生活用房取得的所得，暂免征收个人所得税；非家庭唯一生活用房，如果能够提供完整、准确的住房原值凭证（购买房屋时取得的税务部门监制的发票），其应纳税额按以下公式计算：（转让住房的收入额－住房原值和合理费用）×20%，如不能提供准确的住房原值凭证和其他有关扣减项目的明细资料，按转让收入额的1%缴纳个人所得税。

以济南市为例,购买普通住房或非普通住房未满5年转手交易,如果能够提供完整、准确的住房原值凭证(购买房屋时取得的税务部门监制的发票),其应纳税额按以下公式计算:(转让住房的收入额-住房原值和合理费用)×20%,如不能提供准确的住房原值凭证和其他有关扣减项目的明细资料,按转让收入额的1%缴纳个人所得税。

303. 什么是转让收入?

转让房地产取得的收入是指房产的产权所有人、土地的使用人将房屋的产权、土地使用权转移给他人而取得的货币收入、实物收入、其他收入等全部价款及有关的经济收益。一般按照实际交易价格确定,但是当交易价格低于税务部门所认可的最低价,并且无正当理由时,转让收入按照评估价格确定。

304. 房屋原值如何界定?

在缴纳个人所得税时,有时候需要按照差额缴税,这时候就要重点弄清两个概念,房屋原值和合理费用。购买价格减去这两个费用,再乘以相应的纳税比例,才是实际的纳税额。

由于房屋类型的不同,确定房屋原值的依据具体如下:

(1)商品住房:购置该房屋时实际支付的房价款及交纳的相关税费。

(2)自建住房:实际发生的建造费用及建造和取得产权时实际交纳的相关税费。

(3)经济适用住房(含集资合作建房、安居工程住房):原购房人实际支付的房价款及相关税费,以及按规定交纳的土地出让金。

(4)已购公有住房:原购公有住房标准面积按当地经济适用房价格计算的房价款,加上原购公有住房超标准面积实际支付的房价款以及按规定向财政部门(或原产权单位)交纳的所得收益及相关税费。

305. 合理费用如何界定？

（1）支付的住房装修费用。纳税人能提供实际支付装修费用的税务统一发票，并且发票上所列付款人姓名与转让房屋产权人一致的，经税务机关审核，其转让的住房在转让前实际发生的装修费用，可在以下规定比例内扣除：已购公有住房、经济适用房：最高扣除限额为房屋原值的15％；商品房及其他住房：最高扣除限额为房屋原值的10％。

纳税人原购房为装修房，即合同注明房价款中含有装修费（铺装了地板，装配了洁具、厨具等）的，不得再重复扣除装修费用。

（2）支付的住房贷款利息。纳税人出售以按揭贷款方式购置的住房的，其向贷款银行实际支付的住房贷款利息，凭贷款银行出具的有效证明据实扣除。

（3）纳税人按照有关规定实际支付的手续费、公证费等，凭有关部门出具的有效证明据实扣除。

306. 个人住房交易缴纳需要提供哪些资料？

（1）房主身份证原件及复印件两份；
（2）房屋所有权证原件及复印件两份；
（3）买卖合同或其他具有房屋权属转移合同性质的凭证原件及复印件两份；
（4）卖方户口原件及复印件两份；
（5）买方身份证原件及复印件两份；
（6）购买非普通住房满5年转手交易时请提供原购房发票原件及复印件一份；
（7）根据国家房改政策购买的公有住房，房产证时间不满5年的，以购房合同的生效时间、《国有住房出售收入专用票据》上注明的时间、房产证发证时间，按照"孰先"原则确定购买房屋的时间，提供相关票据及复印件一份；

（8）契税申请减征的，需到房管局开具房屋登记信息查询结果证明；

（9）主管税务机关要求提供的其他证明资料。

307. 买卖双方应承担哪些税费？

营业税及其附加税、个人所得税由卖方承担；印花税、测绘费、房屋登记费原则各半，双方可以协商交纳；契税、评估费等其他费用由买方承担。

308. 具体交易中，相关税费谁来交纳？

买卖房屋的税收，国家列明买卖双方各自应承担的费用标准，各项费用应由谁承担清晰可见，购房的承担其自身的购房交易税费，卖房的承担其自身通过出售房屋所得收益应缴纳的税费。

按国家相关部门规定，个人所得税、营业税及土地增值税、教育附加费均是卖方支付的，前二者是房屋卖出所产生，而卖方就是所得者，所以，以上税费由卖方支付才是合理的。但这几个税费所占比例较大，就成了卖方定价的一个重要标准。因此，很多卖家相应降低房价，搞一刀切，净收房价，所有税费由买方负责了。不过生意场上，一个愿打一个愿挨，当各自认为物有所值时，买卖就成功了。

税费由谁交的问题，实际上国家有明文规定，全由买家交原则上说是不合理的。但实际上税费与房价是相互关联的，如果卖家交税费，那么房价可能就高一些，买家交税费，房价就相对低一些。合同中约定由谁交税费是符合民法上自治原则的，从这个角度讲税费由买家交也是合理的。

309. 二手房的避税"高招"有何风险？

（1）先付款等期满再过户。

这种"私订终身"避税是指买卖双方商量好房屋价格后，房主先将房产证交付买主，买主付清绝大部分房款后，房主交钥匙让买主住进房子。双方约定，等房龄满5年再去办理过户手续，以此规避税费。

从法律的角度看，此方法风险很大，因为房产证还是原房主的，房主就可能通过挂失来注销原房产证，办理新证后，一房两卖，或者因欠债被法院查封等，都可能造成纠纷。等到过户时，房价也会出现变化，如果涨幅较大的话，房主宁愿赔偿违约金也不卖，买方只能重新选择房源。

（2）合同售价往低处写。

这种"阴阳合同"避税法是指在售房合同中，买卖双方协商后将房价填低些，这样缴税的税基就小，纳税额也会减少。二手房交易中，使用"阴阳合同"对买房人再次交易不利。一旦买房人再次将房子转让时，将面临着两个问题：一是由于买入价低，房屋出售时估值也会相应降低；二是由于买入价低，再次卖出和买入价之间的差额就会比较大，再次缴税时也会相应多缴。签订"阴阳合同"对买卖双方都存在风险，对卖方来说存在的风险是，买方很可能以在房管局备案的合同为要挟，在办理完过户手续后，要求卖方降低房屋出售价格。对于买方来说存在风险是，如果在过户前缴纳了房款，而卖方违约不卖，却只赔付房管局签订的合同中标示的价格，买方没有充分证据，会遭受大额损失。

（3）先公证再过户。

市场上流行的公证避税，是买卖双方先通过合同或公证的形式进行买卖，但先不到房地产交易中心办理交易登记，待房产所有权满5年后，再办理过户手续，仅花少量的公证费，就可避免缴纳营业税和相关城市建设税及教育附加费。

这种方法表面上看是合理避税，通过公证似乎也有了法律保护，但由于要等若干年后再正式过户，其间买卖双方产生纠纷的可能性极大。因为在我国的房地产法律、法规中，房产证是房屋所有权的唯一合法凭证，买卖双方一旦发生纠纷，此间房产证仍属卖方，买主可能吃大亏。

从法律上讲，即使双方公证了交易合同，而不到产权登记机关办理过户手续，在法律上仍不具备对抗第三人的法律效力。二手房交易如不过户，房屋产权还是属卖方的，如果卖方将房屋抵押，或二次销售，房屋的产权就会发生变化。因此房屋的权属问题仅仅经过公证，并不能避免风险。

（4）假赠与真交易。

通过"赠与"的方式进行产权转让，私下里收取买主的房款。这样，房产过户时表面上没有任何金钱往来，业主也就不用交纳营业税了。

虽然以赠与方式办理过户，可以省去一定的费用，但交易双方若以赠与的方式进行交易，将会存在较大的风险。其中，最大的风险是业主在"交易"之后，有可能收不到房款。因为"买方"（即事实上的受赠方）有可能以房产是无偿赠与为由抵赖而拒付房款，这也是赠与性质决定了潜在的风险。同时，银行也会认定受赠方不需要付出任何金钱，因此受赠房屋是不能办理按揭贷款业务的。

此外，政府部门还可能会对赠与的真实性产生怀疑，赠与时办理的公证可能会不成功，从而影响了下一步的"交易"运作。另外，国家未来将有计划对受赠后出售的物业征收高额的个人所得税。

法律上的约束则对"买方"更为不利。按照《合同法》的规定，赠与的财产有瑕疵，赠与人不承担责任。也就是说，"买方"取得房产后如果发生了质量问题，在法律上不受保护。通过"假赠与"代替"真买卖"而逃避税收的行为并不能受到法律保护。

（5）先期支付租金当作购房定金。

"以租金作定金"，即在对房产证办证时间不超过5年的二手房进行交易时，买方通过与卖方约定，先一次性付与卖方一笔租金，作为买房的定金；待卖方的房产证领证时间超过5年，再办理手续，将产权过户给买方。这种双方都能获益的交易方式，直接减少了营业税支出，看起来很划算。

买卖双方虽然签订了两份合同，因没有办理产权过户手续，其作用仍和"租房"无异。"租期"内卖方如将房屋抵押或另售，买主仍将毫无办法。只要房屋没办过户，房屋产权仍属卖方，买家无法处置房产，卖方仍可随意处置，如果到时卖方不协助办过户或者死亡、失踪，买方也会很麻烦。

（6）先支付购房定金。

双方商量好价格，先交一定比例的定金不办理过户，房屋也不入住，等房龄满5年以后交齐全款再办理过户手续。此协议虽具备法律效益，但和上述的情况一样，存在很大的风险。买卖双方一旦发生争议，买主将很难保障自己合法的权益。

310. 有关土地的相关名词有哪些？

土地是地球表面上由土壤、岩石、气候、水文、地貌、植被等组成的自然综合体，它包括人类过去和现在的活动结果。

土地资源是指已经被人类所利用和可预见的未来能被人类利用的土地。土地资源既包括自然范畴，即土地的自然属性，也包括经济范畴，土地的社会属性，是人类的生产资料和劳动对象。

土地管理是国家为维护土地制度、调整土地关系、合理组织土地利用所采取的行政、经济、法律和技术的综合措施。一般而言，国家把土地管理权授予政府及其土地行政主管部门。因此，土地管理也是政府及其土地行政主管部门依据法律和运用法定职权，对社会组织、单位和个人占有、使用、利用土地的过程或者行为所进行的组织和管理活动。

土地登记制度是指国家有关部门按照法律、法规规定的程序和要求进行土地登记，以保护土地权利人的合法权益，促进土地利用的一项制度。

土地登记是法定的土地登记机关按照规定程序将土地的权属关系、用途、面积、等级、价格等情况记录于专门簿册的一种法律行为。

初始登记是指土地登记机关对土地所有权、使用权和他项权利进行的统一登记。初始登记的主要作用在于确定土地权属，完备地籍资料。

变更登记是指土地登记机关对经过初始登记的土地所有权、使用权和他项权利发生变动而进行的登记,包括土地权利设定登记,土地权利变更登记,土地权利人名称、土地用途、地址变更登记,注销土地登记等。

土地所有制是指在一定社会生产方式下,由国家确认的土地所有权归属的制度。土地所有制是生产资料所有制的重要组成部分,是土地制度的核心和基础。我国实行土地的社会主义公有制,即全民所有制和劳动群众集体所有制。

土地所有权是指土地所有者依法对土地占用、使用、收益、处分的权利。

国有土地是指国家享有所有权的那一部分土地。

土地的劳动群众集体所有制,实际上是指土地的农民集体所有制,表现在土地所有权上就是农民集体的土地所有权。

土地使用权是指单位或个人经国家依法确认的使用土地的权利。

国有土地使用权是指国有土地的使用人依法利用土地并取得收益的权利。

农民集体土地使用权是指农民集体土地的使用人依法利用土地并取得收益的权利。农民集体土地使用权可分为农用土地使用权、宅基地使用权和建设用地使用权。

集体土地建设用地使用权一般是指农民集体和个人进行非农业建设依法使用集体所有土地的权利。

共有土地使用权指两个以上(含两个)的公民、法人或者其他组织共同享有一个土地使用权。

土地他项权利是指土地所有权和土地使用权以外与土地有密切关系的权利。主要包括地役权、地上权、空中权、地下权、土地租赁权、土地借用权、耕作权和土地抵押权等。

土地权属是指土地的所有权、使用权和他项权利的归属。具体讲,就是指土地所有权、使用权和他项权利。

国有土地有偿使用是指国家将一定时期内的土地使用权提供给单位或个人使用,而土地使用者按照土地有偿使用合同的规定,一次或分年度向国家缴纳土地有偿使用费的行为。

土地使用权出让,是指国家将国有土地使用权在一定年限内出让给土地使用者,由土地使用者向国家支付土地使用权出让金的行为。

协议出让土地使用权是指出让方与受让方(土地使用者)通过协商的方式有偿出让土地使用权。

招标出让土地使用权,是指在规定的期限内,由符合规定的单位或个人(受让人),以书面投标形式,竞投某块土地的使用权,土地使用权出让方评标决标,择优而取。

拍卖出让土地使用权,是指在指定的时间、地点、利用公开场合由政府的代表者——土地行政主管部门主持拍卖指定地块的土地使用权,由拍卖主持人首先叫出底价,诸多的竞投者轮番报价,最后出最高价者取得土地使用权。

311. 土地证的种类有哪些?

我国颁发的土地证书主要有三种:

(1) 集体土地所有权证。县级人民政府对农民集体所有的土地进行登记造册,核发集体土地所有权证,确认所有权。

(2) 集体土地建设用地使用权证。县级人民政府对集体所有的依法用于非农业建设的土地进行登记造册,核发集体土地建设用地使用权证,确认建设用地使用权。

(3) 国有土地使用权证。县级以上人民政府对单位和个人依法使用的国有土地进行登记造册,核发国有土地使用权证,确认国有土地使用权。

312. 土地等级如何划分?

每个地方国土资源部门都会根据土地的自然和经济属性,对土地划分等级,并根据等级确定各类不同性质用地(商业用地、住宅用地、综合用地、工业用地)的出让基准地价。一级为最高,等级越高，价格越贵。但具体怎么划分、划分多少级，各地都不相同，国土资源部门都有专门的文件规定，一般可以在当地国土资源部门的网站上查到。

比如济南市，一级土地主要分布在城区中心，主要包括大明湖以南、千佛山以北、建设路以东、燕子山路以西的区域；二级土地则主要分布在胶济铁路以南、兴济河以北、营市街以东、浆水泉路以西的城区中心一级土地以外的区域；三级土地主要集中在刘长山路、南十六里河、一建新村、高新区管委会片区、七里堡小区、生产路等区域；四级土地主要集中在双龙庄、丁家庄南路、无影山路等区域；五级土地主要集中在崔家庄、刘志远路、动物园东侧等区域；六级土地主要集中在大青山、大杨庄、小清河北路以北等区域。西部新城西客站片区多为五六七级地，滨河新区多为四五六级地，东部新城多为三至五级地。

比如青岛市，住宅用地土地级别界线。一级地：该区域主要包括：栈桥、太平路、香港西路、香港中路以南、东海西路、东海中路等区片。二级地：该区域主要为团岛区片，观象山公园、莱芜一路、曲阜路、中山路百盛等区片，中山公园、芝泉路、闽江路、燕儿岛路、江西路以南等区片。三级地：该区域包括：四川路、费县路、云南路、包头路、小港、台东商业中心、延安路、宁夏路、延吉路以南等区片。四级地：该区域包括：杭州路、华阳路、鞍山二路、敦化路、吴田路等区片。五级地：该区域主要包括：人民路商业中心区片、瑞昌路、重庆南路、南京路北端、萍乡路、伊春路、南昌路、洛阳路等区片。该区域主要为李沧商业中心区片。六级地：该区域主要包括：李村河两岸区域、唐河路、重庆中路、振华路、台柳路、四流中路、永平路等区片。七级地：六级地以北至城阳区界为七级地。

313. 土地证过户登记应具备哪些条件？

（1）房屋原所有人已办理土地登记，领取国有土地使用证；
（2）交易房屋已办理过户手续，受让人领取房屋所有权证；

（3）其他法定房地产上市交易条件。

314. 土地证过户有时间限制吗？

房屋交易的当事双方应自办理完房产过户手续之日起 30 日内，到市国土资源局申请办理国有土地使用权变更登记手续。

315. 二手房交易土地登记程序是什么？

（1）交易双方共同提出土地变更登记申请；
（2）提交土地变更登记所需资料，其中，交易房屋所在宗地土地使用权类型为划拨的，按规定缴纳土地出让金；
（3）履行审核审批手续；
（4）颁发国有土地使用证。

316. 办理土地证过户需要哪些材料？

首先落实所购买二手房是否有土地分割转让许可证或土地使用证，如果有，可持分割许可证或土地使用证即可办理；如果没有，需本小区的开发商办理分割转让许可证后方可办理土地使用证。二手房交易后土地使用证的办理，需提交的材料有交易双方身份证明、购房合同、购房发票、契税缴纳证明、过户后的房产证复印件、原国有土地使用证、宗地图等材料。

第七章　公证及拍卖

317. 公证机关是怎么回事？

公证机构是由国家专门设立的、依法行使国家公证职权、代表国家办理公证事务、进行公证证明活动的司法证明机构。公证处由国家设立，具有独立的主体地位，办理公证业务及相关的法律事务。公证的目的和作用是预防纠纷、减少诉讼，维护当事人的合法权益。公证主要有以下三个特征：

（1）公证是一项证明活动。这是公证的最基本特征，表明了公证的立足点及其对象。即公证只能通过证明法律行为、有法律意义的文书和事实的真实性、合法性来实现其职能；同时，由于争议事项无法证明，公证所能证明的只能是与当事人有关的非争议事项。这就把公证同以解决争议或纠纷为己任的制度即诉讼、仲裁、行政裁决以及调解区别开来。

（2）公证由国家专门机构进行。国家专门机关即公证机构，就是公证处，它代表国家专门行使公证证明权。这使公证具有国家专门活动的性质，而公证机构出具的公证书也因其可靠性、权威性而同时具有了适用上的广泛性与通用性的特点，即其证明力不受地域、行政级别、行业等限制而可通行使用。这就把公证同众多有权对法律行为、有法律意义的文书及事实做出证明的一般机关和组织所进行的证明活动区分开来，后者所出具的证明文书在权威性上比公证证明低，且只能在特定范围内起作用。

（3）公证依法进行。这是公证作为国家专门活动的必然要求，也是保证公证文书法律效力的基础。依法包括两个方面，一是公证应严格按照法律规定的程序进行，违反法定程序进行的公证证明活动不具有公证的效力；二是公证在证明的内容及其出证条件上要遵循实体法的有关规定，即公证不但要证明其对象的真实性，一般还必须证明其对象的合法性，而对于公证最主要的一类对象即法律行为来说，其合法性的标准实际上在于实体法的规定。

318. 什么是房产公证？

房产公证是指公证机关根据当事人的申请，依法证明与房产有关的法律行为、有法律意义的事实和文书的真实性、合法性的活动。房产公证是公证机关的一项传统业务。

房产公证是一项常见的公证业务，内容十分广泛，主要包括：房产买卖合同公证、房产租赁合同、房产抵押合同公证、商品房预售合同公证、房产继承公证、房产赠与公证、房产转让协议公证、房产互换协议公证、房产侵害协议公证、房屋拆迁（补偿、安置）协议公证、确认房屋产权公证、涉及房产委托书公证、涉及房产的遗嘱和遗赠扶养协议公证、涉及房屋的保全证据，以及涉外及涉港澳台的房产事务公证等。

房产属于不动产，根据《公证暂行条例》和《公证程序规则（试行）》规定，房产公证一般应当由房产所在地的公证外管辖；涉外及涉港澳的房产公证由司法部批准的办理涉外公证业务的公证处管辖；涉台房产公证由各省自治区、直辖市司法厅（局）指定的公证处管辖。

房屋是重要的生产、生活资料，对公民的生活和社会生产具有极为重要的意义，为了促进房地产业的健康发展，规范涉及房产的法律行为，稳定房产市场和房屋管理秩序，预防房产纠纷，减少诉讼，保护国家、集体和公民的合法权益，充分发挥公证这一法律手段在房产管理中的职能作用。除《关于房产登记管理中加强公证的联合通知》外，国家、地方在一系列法律、法规、规章中规定，涉及房屋产权变更、形态改变、处理涉外及港澳台房产的法律行为、事实必须办理公证。如国务院《关于外国人私有房屋管理的若干规定》规定，办理涉及房屋所有权登记或转移、变更登记和委托手续

的证件必须办理公证。国务院《城市房屋拆迁管理条例》规定，房屋拆迁中的补偿、安置协议可以办理公证，

拆迁主管部门代管房屋拆迁的，补偿、安置协议必须办理公证。代管房屋、有产权纠纷的房屋、在规定期限内抵押人与抵押权人达不成新的抵押协议的房屋的拆迁，应当由公证机关办理证据保全。《城镇房屋所有权登记暂行办法》规定，委托他人代办房屋所有权登记的，委托书须经公证机关公证。各专业银行规定，涉及房屋抵押的抵押贷款合同或抵押担保文件要经公证机关公证。许多地方法规中也规定，私有房屋的继承、赠与、析产、买卖、转让、抵押、租赁、商品房和住房制度改革中的职工住房的预售、买卖、抵押、转让、继承、赠与、互换等，应当办理公证。

319. 房产公证有哪些作用？

房产公证可以维护买卖双方的合法权益。公证处依法出具的公证书，只要其本身没有错误，就具有法律效力，可成为诉讼中直接采用的证据之一。经公证机关证明有强制执行的债权文书，当事人还可以向人民法院提起强制执行的要求。

（1）公证可确保房产交易行为的真实性。

民事行为的真实性包括两层意思：一是该行为确系行为人所为；二是行为人所为确系本人真实意思的表示。在房产交易中，交易人亲自实施交易行为基本上没有问题，即使出现问题也容易被发现和纠正；问题较多的是交易人的行为基于其对交易物的错误认识所为。我国《民法通则》和《合同法》规定，当事人因重大误解签订的合同和因受欺诈而陷于错误认识的情况下签订的合同为非真实意思表示，属可撤销民事行为。

（2）公证可确保房产交易行为的合法性。

房产交易涉及的法律较多，其行为不仅为专门的房地产法律、法规和规章所规范，同时也为我国民法通则、合同法、担保法、继承法、婚姻法和公司法等法律所调整。确保房产交易行为合法，难度最大的是保证交易行为不与任何法律规定相抵触。而绝大多数交

易人不可能具有这样高的法律水平。把公证作为房产交易的必经程序，让具有全面掌握并正确理解相关法律规定能力的专业法律人对交易行为进行审查，可确保交易行为的合法性。

320. 为什么要办理房产公证？

对于每一个想要安居的人来说购房无疑是必由之路，但要将这一理想变为现实，还有一段路要走，要完成买、卖的各项程序和手续，这中间会遇到许多法律问题，需要处理好与各方面的关系，在这过程中，公证可以提供必要的法律服务。

（1）处理好买卖双方的关系。

二手房大多不是空置房，买卖发生在不同的个体之间，而且房屋的状况各不相同，这些都增加了买卖的复杂性，其中购房款的支付和房屋的交付则是更突出的问题：因为购房合同的签订到产权证的变更尚需一段时间，交房等不等产权证下来？很多问题如无法律专业人士的帮助，买卖合同很难圆满实现。公证可以为您提供法律程序上的保障。如购房人怕房子不能如期腾出而不愿先交出房款，那么配合买卖合同公证，可以办提存公证，将房款提存公证处。这在法律上视为已履行了交款义务，售房人可在此基础上按合同实施腾房、交房义务；若双方均按合同履行则公证处会根据双方的指示将房款移交给售房人，否则仍可退还购房者；也可以在条款中约定，移交房款之日为入住之日，在公证员监督下完成交接手续。

（2）处理好与银行的关系。

在购房时，可能会申请贷款。在贷款的几十年时间内，购置的房屋要抵押给银行做担保，如果发生再转让，如赠与、继承、变卖等，根据银行有关规定，抵押贷款合同必须进行公证。这就能证明合同的真实性、合法性，保护合同双方的合法权益，减少合同履行的纠纷。此外，若借款人委托他人，如委托律师办理房产过户、抵押登记等手续，按规定也必须对《授权委托书》办理公证。

（3）处理好与中介机构的关系。

买卖房屋中介机构的搭桥引线不可少，许多具体的程序也要他们帮您完成,因此买卖双方都会与中介机构发生关系。这种关系一方面体现在与中介机构之间要签订协议,明确双方的权利、义务;同时买卖中需要签署对中介机构的委托书;持委托书中介机构才能进行各方面的联系。委托书经公证是房管部门的要求,同时也可以取信于买卖双方和有可能涉及银行等各个方面,否则中介公司的代理很难进行。

另外,买卖二手房情况十分复杂,公证机构还能在产权人变更、抵押登记方面提供系列法律服务。

321. 公证收费的标准是什么?

对证明民事协议、证明收养关系、证明有法律意义的事实和证明有法律意义的文书的公证服务收费,各省、自治区、直辖市物价部门可根据本地区实际情况,在规定的收费幅度内确定本地区实施的具体收费标准,并报国家相关部门备案。公证机关办理公证房产案件,是要按照国家的规定收取一定的公证费用,一般的公证收费的标准如下:

(1) 证明出生、生存、死亡、身份、经历、国籍、委托书、亲属关系婚姻状况、未受或受过刑事处分,收费10元;

(2) 证明遗赠抚养协议,收费10~50元;

(3) 证明印鉴属实,证明副本、节本、译本与原本相符、证明影印件与原件相符,收费5元;

(4) 证明遗嘱、遗赠、证明产权、证明查无档案记载,收费10元;

(5) 证明法人资格、收养、财产分割、证明产品抽样检测,收费10~30元;

(6) 证明担保书、证明公司章程、资信情况等有关文书,收费50~200元;

(7) 证明商标注册,收费50元;

(8) 证明劳动保险金、养老金、子女助学金的,每件收费5元;

（9）证明招标、拍卖、开奖、收费 100～150 元；

（10）证明劳务合同，收费 5 元；

（11）起草、修改合同文本，收费 5～20 元；

（12）证明股票、房屋转让、买卖、土地使用权有偿转让的，按股票面额或房价的千分之三收费，但最低收费不得低于 10 元；

（13）证明财产继承、赠与：接受益人收金额总数收费不满 1 万元的，按 1% 收费，但最低收费 10 元，1 万元以上的，按 2% 收费；

（14）证明债权文书有强制执行效力的，按债务总金额的千分之三收费，原债权文书经过公证的，按千分之一收费，最低收费 10 元；

（15）翻译，每千字 15 元，不足千字的按千字计，外文打字，每千字 2 元，外文校对，每千字 5 元；

（16）保管遗嘱或其他文件、证据保全，收费 5～10 元；

（17）已受理的立卷中途撤回的，收费 2～5 元；

（18）证明经济合同、企业承包、经营合同：标的总额不满 10 万元的，收费 10～50 元；10 万元以上不满 50 万元的，收费 100 元；50 万元以上不满 100 万元的，收费 300 元；100 万元以上不满 200 万元的，收费 600 元。

322. 什么情况下可以减免公证费？

在通常情况下，当事人申请办理公证事务都必须交纳公证费。但是在某些情况下，根据公证事项的性质及当事人的经济困难程度，由当事人申请，可减免收费。依照规定，下列情况可以申请减交或免交公证费用：办理抚恤金或劳工赔偿金、办理劳动保险金证明；办理养老金、子女助学金证明；当事人所在单位、城市街道办事处或乡、镇人民政府证明当事人确实经济困难无力负担者；有其他特殊情况需要减免者。

323. 办理公证的流程是什么？

（1）申请与受理。自然人、法人或者其他组织向公证机构申请办理公证，应当填写公证申请表。公证处受理公证申请后，当事人应按规定标准缴纳公证费。

（2）审查。公证处在受理当事人的公证申请后，出具公证书以前，对当事人申请办理的公证事项及提供的证明材料进行的调查核实。公证机构在审查中，对申请公证事项的真实性、合法性有疑义的，认为当事人的情况说明或者提供的证明材料不充分、不完备或者有疑义的，可以要求当事人作出说明或者补充证明材料。当事人拒绝说明有关情况或者补充证明材料的，公证机构不予办理。

（3）出证和领取。公证机构经审查，认为申请公证的事项符合《公证法》、本规则及有关办证规则规定的，应当自受理之日起十五个工作日内向当事人出具公证书。

324. 哪些情况下，公证机构可不予办理公证？

（1）无民事行为能力人或者限制民事行为能力人没有监护人代理申请办理公证的；
（2）当事人与申请公证的事项没有利害关系的；
（3）申请公证的事项属专业技术鉴定、评估事项的；
（4）当事人之间对申请公证的事项有争议的；
（5）当事人虚构、隐瞒事实，或者提供虚假证明材料的；
（6）当事人提供的证明材料不充分又无法补充，或者拒绝补充证明材料的；
（7）申请公证的事项不真实、不合法的；
（8）申请公证的事项违背社会公德的；
（9）当事人拒绝按照规定支付公证费的。

325. 哪些情况下，公证机构会终止公证？

（1）因当事人的原因致使该公证事项在六个月内不能办结的；
（2）公证书出具前当事人撤回公证申请的；
（3）因申请公证的自然人死亡、法人或者其他组织终止，不能继续办理公证或者继续办理公证已无意义的；

（4）当事人阻挠、妨碍公证机构及承办公证员按规定的程序、期限办理公证的；

（5）其他应当终止的情形。

326. 二手房上市交易哪些情况需要公证？

（1）继承和析产协议公证。如果想出售的房屋是通过继承或赠与等方式继受得来的，且还未办理房屋产权证变更登记手续，那么应该将房屋产权证上的产权人名字变更为自己的名字，这样才能真正拥有房屋的产权。要办理产权变更，您必须先办理继承公证，证明的继承人身份和所应继承的财产份额后，持继承公证书到房屋登记部门办理产权变更登记。另一种可能出现的情况是：与共同拥有房屋产权的产权共有人，不同意出售房屋，对此，可以通过办理析产协议公证将房屋划分份额，由购得其他共有人的产权份额，变更产权后进行出售。

（2）声明书公证。由于房屋产权和居住使用权可以分离，二手房多为多人共同居住（或落有多人户口）和使用，"同意书"便是要共同居住人表明他们同意售房，同时承诺在售房后他们放弃对该房的居住使用权。这里面会涉及他们是有条件放弃还是无条件放弃，如果是有条件放弃，具体是什么条件？在什么时候需要履行？他们在什么时候实际搬出，甚至包括什么时候迁移户口。

（3）委托书公证。委托书公证包括产权共有人对全权处分其产权份额的授权书公证和对中介机构的委托协议公证两种。

（4）买卖合同公证和贷款担保合同公证。目前，由于尚无制式的二手房买卖合同文本，这就需要具备法律专门知识的公证员对合同进行起草、完善和把关。在购房过程中，可能还会与银行发生借贷关系，这期间，购置的房屋也许会发生再转让、赠与、继承、变卖等，这些变化都会影响到和银行之间签订的借款抵押合同的变更和履行。银行会要求做这方面的合同公证，以保证银行的权利不因上述变化而受到损失。

（5）提存公证。二手房买卖合同在实际履行中，房屋的交付是一个突出的问题。配合买卖合同公证，可以办提存公证，将房款提存公证处。这在法律上视为已履行了交款义务，售房人可在此基础上按合同实施腾房、交房义务；若双方均按合同履行了自己的义务，则公证处会根据双方的指示将房款移交给售房人，否则仍可退还购房者；可以在条款中约定：移交房款之日为入住之日，在公证员监督下完成交接手续。

327. 如何办理房地产买卖合同公证？

申请房地产买卖合同公证需由买卖双方亲自申请，如不能亲自到场的，需提交有效的授权委托书。

申请办理买卖合同公证，买卖双方须递交以下材料：

（1）买卖双方的身份证明。若委托代理人代办的，代理人要提交本人身份证明和有效的授权委托书；

（2）房屋的所有权证明；

（3）房地产买卖合同；

（4）如系共有房屋，需共有人亲自到场并提供共有人身份证明及其同意出售房屋的证明；

（5）如转让的房屋存在租赁关系，需提供承租人的身份证件以及放弃优先购买权的声明。买卖双方必须在公证员面前签署房地产买卖合同。

328. 如何办理涉及二手房买卖委托书公证？

房地产买卖中的当事人不能亲自办理有关交易的相关事宜的，可以向公证处申请办理委托书公证，挑选自己信任的人代为办理房地产买卖中的相关事宜。申请委托书公证必须由委托人亲自办理，不能由他人代理，同时受托人应一同到场。

申请办理委托书公证的，委托人应提交以下材料：委托人、被委托人的身份证明，如身份证、社保卡、户口簿等；委托书（草本）；有权处理有关事宜的依据，如出售房屋还需提交房地产权证、购房发票等。

329. 如何办理涉及房地产的遗嘱公证？

遗嘱公证是指由立遗嘱人向公证机构申请，由公证机构对立遗嘱行为予以公证。遗嘱的形式有多种，包括自书、代书、录音、口头、公证遗嘱等，但自书、代书、录音、口头遗嘱不得撤销、变更公证遗嘱。立遗嘱人向公证机构申请办理遗嘱公证，需确保遗嘱内容系本人真实意思表示，不受他人的胁迫和欺骗，并由立遗嘱人亲自办理，不可委托他人办理。申请办理遗嘱公证，立遗嘱人须向公证处提供以下材料：

（1）立遗嘱人的身份证明，如身份证、户口簿等；
（2）遗嘱所处分的财产所有权凭证，如《××市房地产权证》等；
（3）遗嘱（草本）；
（4）遗嘱中指定遗嘱执行人的，还应提供执行人的身份证明；
（5）原来已办过遗嘱公证的，应提交原遗嘱公证书。

立遗嘱人如在遗嘱公证办理完毕后，想变更或撤销所公证过的遗嘱内容，应到相应公证处办理有关手续。

330. 婚前房产公证有效吗？

婚前一方买的房子，产权证上是甲，但因有贷款需要还，因此房产证上无法加入乙的名字。双方协议去公证处公证，这样的公证是否有效？根据《婚姻法》第十九条：夫妻可以约定婚姻关系存续期间所得的财产以及婚前财产归各自所有、共同所有或部分各自所有、部分共同所有。约定应当采用书面形式。没有约定或约定不明确的，适用本法第十七条、第十八条的规定。夫妻对婚姻关系存续期间所得的财产以及婚前财产的约定，对双方具有约束力。夫妻对婚姻关系存续期间所得的财产约定归各自所有的，夫或妻一方对外所负的债务，第三人知道该约定的，以夫或妻一方所有的财产清偿。

331. 购买小产权房经过公证后能否获得拆迁补偿？

小产权房是指在农民集体土地上建设的房屋，未缴纳土地出让金等费用，其产权证不是由国家房管部门颁发，而是由乡政府或村委会颁发，所以叫作"乡产权房"，又叫"小产权房"。乡镇政府发证的所谓小产权房产，实际上没有真正的产权。这种房没有国家发的土地使用证和预售许可证，购房合同国土房管局也不会给予备案。虽然购买的合同是真实的，但因为国家禁止小产权房买卖，这种情况公证处是不会予以公证的，即使公证亦属无效。因而，如果购买了他人的小产权房，房屋所得的拆迁补偿款应当归原产权人所有。

332. 骗取公证书有哪些严重的后果？

受利益的驱使，通过造假骗取公证书的行为时有发生。各类造假骗公证事项中，以冒名顶替和提供虚假证明现象最为严重也最为普遍。这种通过虚假陈述、虚假证明、虚假材料骗取公证书等诸多方式规避法律、逃避义务、骗取公私财产、谋取不当利益，已经引起了司法部门的关注。骗取公证书是违法行为，会引发一系列严重的法律后果，不但要承担民事责任，轻者受到治安处罚，重者触犯刑法，受到法律的制裁。

我国《公证法》第四十四条规定，当事人以及其他个人或者组织有下列行为之一，给他人造成损失的，依法承担民事责任；违反治安管理的，依法给予治安管理处罚；构成犯罪的，依法追究刑事责任：提供虚假证明材料，骗取公证书的；利用虚假公证书从事欺诈活动的；伪造、变造或者买卖伪造、变造的公证书、公证机构印章的。

申请人在申办公证过程中，提供伪造、变造的居民身份证或者虚假的国家机关公文、证件、印章的或者使用伪造的公司、企业、事业单位、人民团体的印章，涉嫌犯罪的，按照《刑法》第280条的规定，分别以伪造、变造居民身份证罪，伪造、变造、买卖国家机关公文、证件、印章罪，伪造公司、企业、事业单位、人民团体印章罪追究刑事责任。

333. 外籍人公证书怎样进行认证？

根据司法部、住房和城乡建设部、外交部、国务院侨办联合下发的通知，房地产管理机关对华侨、外籍华人及外国人的公证文书按以下规定办理：

（1）居住在与我国有外交关系国家的华侨、外籍华人，在我国驻该国使领馆办理的公证或认证证明，房地产管理机关应予采证；如果当事人提交的是当地公证人出具的公证文书，须经该国外交部或其授权的机构和中国驻该国使（领）馆认证（根据领事条约，两国互免认证的除外），其内容只要不违反我国法律和政策的规定，房地产管理机关应予采证。

（2）居住在与我国有外交关系国家的外国人提供的当地公证人出具的公证文书，须经该国外交部或其授权的机构和中国驻该国使（领）馆认证（根据领事条约，两国互免认证的除外），其内容只要不违反我国法律和政策的规定，房地产管理机关应予采证。

（3）华侨、外籍华人以及外国人在与我国无外交关系的国家办理的公证文书，原则上需经该国外交部及与该国和我国均有外交关系的第三国驻该国使（领）馆认证。如果华侨、外籍华人办理这些认证手续确有困难，可请求房产所在地的县以上的侨务部门根据本部门所掌握的情况，出具确认是该国公证人出具的公证文书的证明，如果该公证文书的内容不违反我国法律和政策的规定，房地产管理机关可视该项房产的具体情况予以采证。

334. 经过公证的购房合同肯定有效吗？

判断一份购房合同是否有效，要依据我国的相关法律规定。只要在符合法律规定的前提之下签订合同,不管是否经过公证,合同都会有效,并且受到法律的保护。符合法律规定包括:签订合同的主体合法、签订合同的内容合法、签订合同的形式合法以及签订合同后履行相应的法定手续。

买卖双方可以对所签的合同进地公证,也可以不公证,不管公证与否都不影响合同的效力。认为只要经过公证的购房合同就肯定是有效的,其实不然。在实践中,就有许多经过公证的购房合同被认定为无效合同。

335. 公证能代替抵押登记吗?

公证是国家公证机关根据当事人的申请,依法审查有关法律事实、法律行为和有法律意义的文书的真实性和合法性,予以证明的一种司法行政活动。将抵押合同进行公证,只能证明抵押合同的真实、合法有效性,具有合同效力,但不能发生物权变动的效力。《城市房地产抵押管理办法》第三十条也明确规定:"房地产抵押合同自签订之日起三十日内,抵押当事人应当到房地产所在地的房屋登记机构办理房地产抵押登记。"因此,只有办理了抵押登记,抵押权才生效力,公证不能使抵押权产生法律效力。

336. 什么是房地产拍卖?

拍卖也称竞买,商业中的一种买卖方式,卖方把商品买给出价最高的人。房地产拍卖是指拍卖公司受银行、司法机关等单位或社会个人的委托,向社会公告房地产出售信息,通过竞拍人竞拍的方式使房地产所有权发生转移。

337. 房地产拍卖有哪些基本特点?

(1) 拍卖必须有两个以上的买主:即凡拍卖表现为只有一个卖主(通常由拍卖机构充任)而有许多可能的买主,从而得以具备使后者相互之间能就其欲购的拍卖物品展开价格竞争的条件。

（2）拍卖必须有不断变动的价格：即凡拍卖皆非卖主对拍卖物品固定标价待售或买卖双方就拍卖物品讨价还价成交，而是由买主以卖主当场公布的起始价为基准另行应报价，直至最后确定最高价为止。

（3）拍卖必须有公开竞争的行为：即凡拍卖都是不同的买主在公开场合针对同一拍卖物品竞相出价，争购以图，而倘若所有买主对任何拍卖物品均无意思表示，没有任何竞争行为发生，拍卖就将失去任何意义。

338. 房地产拍卖中的房地产来源主要有哪些？

（1）因仲裁、司法行为需要变卖的财产；
（2）因信贷纠纷需要；
（3）因社会个人委托。

339. 拍卖具有哪些功能？

（1）商品流通功能。是将商品从委托人手中通过拍卖人的中介，转移给出价最高的竞买人，从现象上可以看出，这是一个资金和商品循环周转过程的一瞬，商品流通也因此而实现；

（2）中介服务功能。即拍卖人既不占有拍卖标的，又不会成为拍卖标的的买主，更不会支付款项，它只是帮助供需双方以拍卖这种独特的方式完成商品交易过程，中介服务的主要表现是服务、沟通、联络、监督；

（3）价格发现功能。通过拍卖形成的价格，不是人为规定和制造出来的，而是在拍卖市场上，由竞买人通过激烈的竞争，商品价格水平不断更新，最终由出价最高者决定商品成交价格的一种价格形成机制；

（4）增值功能。实践证明，经拍卖的商品一般增值都在30%以上，这种增值是在拍卖竞争中实现的。

340. 拍卖有哪些类型？

拍卖按不同标准，可分为不同类型，一般而言可分为以下类型：

（1）动产拍卖和不动产拍卖。动产拍卖是指以动产为拍卖标的物的拍卖。不动产是指以不动产为拍卖标的物的拍卖。

（2）有底价和无底价拍卖。有底价拍卖会是指拍卖前设立最低售价或保留价的拍卖。无底价拍卖会是指拍卖前不设立最低售价或保留价的拍卖。底价和保留价、最低售价是一回事。

（3）密封式拍卖和非密封式拍卖。密封式拍卖亦称"密封递价拍卖"或"投标式拍卖"，是反映拍卖人事先公布拍卖标的物相关情况及拍卖条件，其中又有公开底价和不公开底价两种形式，但竞买人均在规定时间内将其竞价放入密封标单交拍卖人（邮递或亲送），再由拍卖人在规定时间内统一开标，择优选取中标者（公布底价与否与密封无关）。非密封式拍卖是指普通拍卖，即公开形式的拍卖。

（4）强制拍卖和任意拍卖。强制拍卖是指国家机关依照法律规定，将其查封、扣押的标的物进行的拍卖。任意拍卖是指民事法律关系当事人（如公民或组织）根据本身意愿将其所有或占有的特定标的物进行的拍卖。

341. 对卖房人来讲，房产拍卖的优势体现在哪些方面？

（1）发掘真实市场价值：买房人进行集中竞价，价高者得，更能发掘出房产的真实市场价值。

（2）保障最低成交价：通过设置保密的底价，能够保障卖房者的最低期望价格。

（3）成交率高：参加拍卖会的买房人都是缴纳过保证金，非常有意向和诚意的准买家。

（4）交易确定性高：买房人意图明确，受竞买协议的约束，交易具有很高的确定性。

（5）省时省力省心：不需要参与拍卖会，不需要跟买房者讨价还价，仅需签署委托协议即可。

342. 对买房人来讲，房产拍卖的优势体现在哪些方面？

（1）同一规则，机会均等：房产拍卖是在相同的规则、信息对称的条件下进行的，每个竞买人都拥有相同的机会买到中意的房产。

（2）交易确定性高：卖房人意图明确，受委托协议的约束，交易具有确定性。

（3）一种精明的投资方式：多家竞买人在同一时间公开竞买，能够很快发现房产更为真实市场价值，无需寻求各种市场数据的比较，无需自己反复权衡。

（4）买房者定价格：不用怕价钱出高了而后悔，也不用担心出低了没能买到房产。可以自主地定价，自由、自如地竞价。

（5）节约时间：无需反复的讨价还价，拍卖会现场举牌出价，大大节约了时间和精力。

343. 二手房拍卖是怎么回事？

作为新的交易方式，二手房产拍卖应运而生，具有拍卖资质的拍卖行，以分开竞价的方式，由竞买人以出价最高的价格而购买房屋。许多城市也出现了一些人将手中的二手房委托给拍卖公司进行交易的现象，快速出手变现和公平透明的成交价格，是二手房产拍卖的两大优势。房价是楼市竞争中最敏感的部分，与房产中介相比，由于拍卖是一槌子买卖，更能反映出市场的供求关系，由市场"喊"出房子的价值，让购房者和卖房者都不觉吃亏。目前，二手房源的拍卖主要是法院执行的拍卖。

344. 二手房拍卖淘金要注意哪些问题？

因拍卖会上的二手房，交易透明价格适中，所以一些人愿意到拍卖行淘二手房。然而有人在二手房拍卖会上"跌了跟头吃了亏"。所以，在拍卖会上淘二手房时，要注意以下问题：

（1）广泛收集信息。

首先要留意各类拍卖公告，如果有希望了解的房产可与拍卖公司联系，并到现场参观。应该适时密切关注每次发布的拍卖动态信息，有针对性地进行筛选，做到房产的地理位置、结构、面积等相关信息了解透彻。由于房产价值比较贵，所需了解的事项又多，所以应该提前两周至一个月到现场考察，这样才有足够时间做出决定。

（2）理顺权属关系。

由于拍卖的房产是否有完备的法律手续是关系到拍卖成交后能否顺利过户，取得产权证的关键因素。所以，拍卖前的主要工作是调查房产的法律状况，以保证自己的利益，并根据自己的需求制定合理的竞买策略。房产在拍卖过程中，理顺其法律及权属关系对于竞拍者来说显得至关重要。产权是否清晰、有无贷款抵押等，应该尤为注意，切不可轻视。

（3）理性把握心态。

拍卖会现场，买家们你争我抢的竞争气氛屡见不鲜，这时自己可根据事先拟定好的所能承受的心理价位，有的放矢、不急不躁地"咬定青山不放松"。一旦现场出现竞拍价格超过自己心理防线应及时罢手，切不可一时冲动失去理智，被现场竞价环境所控制，从而被牵着鼻子走。通过拍卖买房，除交付房款之外，还需交纳拍卖公司的佣金、交易过程中的契税等。一般情况，拍卖公司不接受贷款竞拍，因此购房人需事先算清每加一口价格，费用的增长金额，一旦超过心理底线，便应放弃购买，切忌意气用事。如果标的物较多，现场看房时，可注意多看几种户型，多确定几个目标。一旦拍卖会上第一个标的争夺比较激烈，那么还可以考虑参与第二个标的的争夺，这样能给自己多几个选择的机会，在参拍时也比较容易获得成功。

（4）熟悉拍卖规则。

拍卖有许多基本规则，不同的拍卖会又有一些特殊的规定，竞买人参加拍卖会，应仔细阅读拍卖的规则规定。竞价时，应按照拍卖师宣布的竞价方式出价；每次加价不得低于加价幅度，否则叫价无效；每件拍品成交后，买主应当场签署《拍卖成交确认书》，并在限定的时间内付清价款和取回拍品等。

（5）运用竞价技巧。

如果拍卖场上气氛平淡，竞买人可不急于出价，稍后，可出其不意地跳过加价幅度，一下子提高出价，摆出一副志在必得的架势。几轮出价后，常会吓退一些经验不足的竞买人，使竞价获得成功。还有一种比较省力的竞价方式是，在竞价低潮时，竞买人直接报出心理价格数，使他人一下子被出价气势所迷惑，在犹豫不决时成交。

（6）后续注意交接细节。

如拍卖成交，买受人须与拍卖公司签署《拍卖成交确认书》，同时在规定时间内，交清全部房款，并向拍卖公司交付佣金。拍卖公司通常会在买受人的委托下，代办有关交易过户、产权办理及抵押贷款等有关手续。一般而言，拍卖公司会在拍卖成交后，为买受人代办一系列过户手续，如果不负责办理相关事宜，会在拍卖前做出说明，因此竞买人应在预展时询问清楚。

（7）忠实履行义务。

从竞拍者举起手中号牌，拍卖师槌声落下的那一刻，就意味着拍卖法律关系的事实成立。而后的步骤就是竞拍者要及时地在规定的时间内，向拍卖行交付佣金和价款。否则，拍卖行完全可以依照相关法律规定，没收竞买人的保证金，并且会申请法院强制执行。

345. 二手房拍卖的具体程序是什么？

（1）委托拍卖：委托人向拍卖行提交拍卖委托书，委托人身份证明及产权证件等资料。

（2）现场勘查：拍卖行对委托人提供资料进行审核，并到现场勘查委托拍卖标的。

（3）签订合同：委托人与拍卖行签订委托拍卖合同。

（4）公告与展示：拍卖行在拍卖日七日前发布拍卖公告，拍卖标的进行不少于两天的展示。

（5）确定竞买人：欲参加竞买者，需到拍卖行办理竞买手续，交规定数额的保证金，领取竞买牌后，确定为正式竞买人。

（6）实施拍卖：拍卖活动由拍卖师主持，竞买人公开竞价，最高应价经拍卖师落槌后，拍卖成交。

（7）签署成交确认书：拍卖成交后，买受人和拍卖行签署成交确认书。

（8）交款领物：买受人在规定时间内交付竞买款及拍卖佣金领取拍卖标的。

（9）办理产权证：买受人持成交确认书及有关资料到房产管理部门办理交易及产权变更登记手续。

（10）保证金退还：未竞买成功者可在拍卖会结束后凭保证金收据、叫号牌到拍卖行的工作点办理保证金退还手续。

346. 如何减少和规避拍卖房的竞买风险？

拍卖房虽然价格低，但拍卖房的"出生"注定其不如一般住房清楚明白。这些拍卖房的起拍价这么低，还有一个重要的原因，是因为这些房源中有不少涉及银行债务纠纷，是"问题房"。拍卖房的债务纠纷复杂，申请强制执行拍卖的债权人可能只是债权人中的一部分，在拍卖款清偿部分债权后，其他债权人（如物业管理部门、税务部门、银行等）都有可能为维护自己的利益阻挠办理房产证。而另一方面，房产证与拍卖是没有关系的。通过拍卖，只能说明房屋的所有权是竞得人的，但是有了所有权并不意味着就一定能办房产证。拍卖房虽然便宜，但是也存在着一些的风险。

（1）关于交易费用。与市场上的普通二手房交易不同，拍卖房的交易过程中涉及两个关键费用：一是拍卖保证金；二是拍卖成交后需支付给拍卖公司的佣金。根据目前的行情，一般起拍价在50万元以下的收取5万元保证金，50万～100万元的收取10万元保证金；而佣金比例一般为房价总额的5%左右。

（2）拍卖房通常要求买受人在规定的时间内一次性付款。需要注意的是，法院指定拍卖的房屋，在办理转移登记时，若在查封状态，应先由法院出具解封函，待解封后，方可办理。

（3）拍卖房的产权证办理也很关键。一般法院委托企业拍卖的房屋，买受人在办理权属转移登记时，应提交由法院出具的协助执行通知书、判决书或裁定书、委托拍卖函、原房屋权属证书、拍卖成交确认书等登记文件。

第八章 法院仲裁及律师

347. 二手房交易有哪些法律风险？

（1）合同风险。包括中介居间合同、房屋买卖合同（尤其是补充条款和付款协议）、贷款合同等对双方的权利义务约定不明引发争议，或交易方利用合同进行诈骗。

（2）交易主体风险。即买卖双方没有从事房屋交易的资格。具体表现为出卖人非房屋所有权人，也未获得房屋所有权人的有效授权，作为买受方的个人支付能力不强或不诚实履约，使出卖人不能得到全部房款。

（3）交易房屋风险。这方面的风险主要有：用于交易的房屋为非法建筑或已被列入拆迁范围；房屋权属存有争议；房屋为共有，出卖人未经共有权人同意；房屋已出租他人，出卖人未依规定通知承租人，侵害承租人优先购买权等权益；房屋已抵押，未经抵押权人书面同意转让的；已购公有住房或经济适用住房上市出售后会形成新的住房困难的；被依法查封或者被依法以其他形式限制房屋权属转让。

（4）手续风险。房屋属于不动产范畴，其交易规则有别于一般动产的交易规则。房屋产权及相关权利的发生、变更等均需到有关政府部门进行登记。出卖人仅将房屋交付买受人使用并不足以产生房屋所有权变动的法律效果。而只有当房屋交易手续齐全、合法时，登记机关才予以登记。因此，若手续不全或交易违法，权属变更将无法登记，房屋交易也将无效。

（5）拆迁风险。花二三十万元或三四十万元买套二手房，没住几年，房子就要拆迁了，且不说再次置业、搬家有多么的不便，就是拆迁补偿款能否与当年的购房款持平，也是个未知数。

（6）质量风险。由于上市的二手房大都已经居住了三五年甚至十年以上，如果房屋质量上存在什么问题，现在应该明显暴露出来了，或者已经被原房主或房管部门修缮过了。在挑选二手房时，我们应通过仔细认真地检查以及询问房主，询问周围的住户来了解房屋本身的状况，做到心中有数。当然这里头也有学问，需要有一定的观察力和敏感度。

（7）贷款风险。二手房买卖中大多数买方都需办理银行按揭贷款，买方在购房前必须充分考虑到是否能够办理贷款及最多能贷出多少贷款的问题。

348. 解决房屋交易纠纷的方式有哪些？

根据我国司法的有关规定，消费者在购买房屋的过程中发生纠纷，一般有以下几种解决的方式：

（1）协商：协商是指当事人行使自己的合法处分权，在法律规定许可的前提下，互谅互让，协商解决纠纷。购房者和公司对双方所发生的纠纷进行协商，提出一个双方都满意的解决方案，并就此达成一个纠纷解决协议。协商解决纠纷，对买卖双方是最好的方式，因为这种方式既省时、省力又省钱。

（2）调解：这是指在非仲裁机关和诉讼外的第三人主持下，房屋买卖纠纷的当事人达成协议解决纠纷。

（3）仲裁：仲裁是指买卖双方当事人依据他们事先或事后达成的协议，自愿将其争议提交给双方同意的仲裁机关，由该仲裁机关依据有关法律和事实作出裁决，以解决纠纷的一种方式。仲裁解决是终局的，对双方当事人都有约束力，不存在当事人上诉的问题，加上仲裁简单、灵活，因此它能比诉讼更迅速地处理纠纷，同时费用更低廉。但是要采用仲裁方式解决纠纷，发生纠纷的双方中有一方不愿将纠纷提交仲裁解决，那么就不能采用这种方式来解决纠纷。

（4）诉讼：诉讼是指买卖双方当事人依法向人民法院提起诉

讼，由人民法院依据有关法律和事实作出判决以解决纠纷的一种方式。人民法院经过审理后，就双方之间的纠纷作出解决。由于我国实行的是二审终审制，当事人对一审法院作出的判决不服的，可以向上一级人民法院上诉。

349. 房地产官司应向哪个法院起诉？

在《中华人民共和国民事诉讼法》中明确规定，房地产诉讼，在民事诉讼的案件管辖中属于专属管辖。专属管辖是一种特殊的地域管辖。其特殊性表现为凡属专属管辖的案件，即不允许其他同级人民法院管辖。《民事诉讼法》又规定，不动产纠纷案件，由不动产所在地的人民法院管辖。不动产是指不能移动或者移动后使用价值受到影响的财产，例如土地、房屋、水利设施、桥梁等等。当事人因房地产纠纷，需要向人民法院起诉的，应当向该房地产所在地的人民法院起诉。

此外，根据有关法律的规定，当事人还可以通过行政诉讼的方式请求人民法院保护其房地产方面的合法权益。在当事人对人民政府及其主管部门关于房地产处理决定不服时，可以向人民法院提起行政诉讼。当事人因房地产权益提起的行政诉讼，按照《中华人民共和国行政诉讼法》的规定，同样由房地产所在地的人民法院管辖。

350. 何种房地产纠纷可直接向法院起诉？

根据最高人民法院相关文件的规定，房地产交易纠纷属下列情况之一的，可以直接向法院起诉：

（1）属于平等主体之间以私有房屋为标的发生的权属、析产、买卖、租赁、借用、代管、赠与、抵押等纠纷，及侵害私有房屋所有权、使用权纠纷等，由民事庭受理。

（2）平等主体之间是以房管局直管公房为标的发生租赁、借用、换房及强占房屋等纠纷，由民事庭受理。

（3）职工对本单位分配自管住房方案、决定有意见，而与单位发生争议，不属于法院管辖范围。但在房屋分配过程中因职工擅自强占待分配的房屋，单位诉请法院解决的，由民事庭受理。

（4）单位分配给职工的房屋被其他职工抢占，被侵权人向法院起诉的，由民事庭受理。

（5）因行政划拨产生的公房所有权、使用权纠纷，不属于法院管辖范围，一方为此向法院起诉的，应告知其向主管部门申请解决；如果房屋所有权、使用权明确，只是为权利、义务的履行发生纠纷的，民事庭应予以受理。

（6）因违章建筑妨碍他人通行、采光等民事权益引起的相邻纠纷，或以违章建筑为标的发生的买卖、租赁、抵押等纠纷，当事人起诉讼的，民事庭应予受理。

（7）拆迁人与被拆迁人就有关安置、补偿、产权调换等问题达成协议，并部分履行后，一方反悔而产生的纠纷，由民事庭受理。

（8）对于危旧房屋改造中产生的纠纷，原则上不宜作为民事案件受理。如果危改拆迁人与被拆迁人已达成安置、补偿协议，并已部分履行，当事人仅为继续履行协议发生纠纷而起诉的，可由民事庭受理。

（9）土地所有权、使用权权属明确，当事人因侵权行为产生的纠纷，应作为民事案件受理。但土地主管部门侵权行为已作出行政裁决，当事人因不服裁决起诉的，法院应作为行政案件受理。

（10）土地出让、转让合同纠纷，由民事庭受理。

（11）其他以房地产为标的开发、建筑承包、入股、联营、代理等民事行为发生的纠纷，由民事庭受理。

351. 人民法院受理房地产案件的条件是什么？

（1）原告必须是与本案有直接利害关系的公民、法人和其他组织。

（2）有明确的被告。

（3）有具体的诉讼请求和事实、理由。

（4）属于人民法院受理范围和受诉人民法院管辖。

352. 如何打好房地产官司？

（1）关于房地产官司的举证问题。

房地产官司一般经历的时间长，公民、法人围绕房地产取得、处分、流转等形成的法律关系往往错综复杂，事后的可塑性很强。而房地产又是价值很高的物质财富，对当事人争议的事实认定不准，就会严重损害一方当事人的合法权益，甚至会激化社会矛盾。因此，法院在分析认定事实时比较慎重，一般以原始书证、物证为基础，以证人证言或其他旁证材料为补充。这就要求当事人在打房地产官司举证时应尽可能地向人民法院提供原始书证、物证（如有关房地产交易的契约、产权证明等）。同时这也意味着人们在进行涉及房地产的活动中要注意保存好各种往来文书、有关协议、凭证，以便将来一旦发生纠纷，在官司中处于有利地位。

（2）房地产官司的合同审查问题。

房地产案件往往都是以合同形式出现，一旦发生纠纷，酿成官司，审查合同是否有效就是关键。主要从以下几个方面审查合同：一是审查签约双方的主体资格、签约能力；二是审查合同的形式要件是否完备；三是审查合同的实质要件是否真实合法；四是审查合同履行过程中有无变更情况，以此确定合同是否有效。只有严格地审查分析合同，做到准确认定案件性质、类型，明确双方当事人的权利义务，在打房地产官司中才能处于主动地位。

（3）有关房地产官司中的财产保全和先予执行问题。

财产保全指人民法院在利害关系人起诉前或者当事人起诉后申请执行前，为保证判决的执行或避免财产遭受损失，对当事人的财产或者争议的标的物，采取限制其处分的强制措施。先予执行是指人民法院在审理民事案件过程中，因权利人的生活和生产需要，根据当事人的申请，裁定一方当事人预先给付另一方当事人一定数额的财物，或者立即实施或停止某种行为的诉讼制度。房地产官司的标的一般为不动产，如建造的房屋、用于收益的土地等，其涉及的标的额如建筑工程款、购房款、建筑材料款等数额都较大，这些标的特别是钱款在纠纷发生后如不及时采取措施，就会被义务主体转移、分散，从而使得有时官司虽然赢了，但法院的判决却成为一纸空文，无法执行。因此，在打房地产官司时，如果发现对方当事人不积极参加诉讼，且有可能转移证据、毁灭证据、逃避履行义务的实际情况时，应立即向人民法院申请财产保全和证据保全，以保证案件的及时审理和执行。而对于某些当事人之间的权利义务关系明确、事实清楚、证据充分的案件（如涉及交房、搬迁等案件），为保证当事人的合法权益，减少损失，当事人应向人民法院申请先予执行。

353. 房地产纠纷产生后，如何写民事诉状？

民事起诉状是原告向人民法院提起诉讼的书面依据。主要应写明下列事项：

（1）当事人的情况。写明原告、被告的姓名、性别、年龄、民族、职业、工作单位和住所、联系电话等。当事人是法人或其他经济组织的，应写明该法人或其他经济组织的名称、地址和法定代表人或主要负责人的姓名、职务、联系电话等等。有诉讼第三人的应写明第三人的基本情况。

（2）请求事项。写明诉讼请人民法院依法保护其合法权益的要求，请求事项应写得具体明确。

（3）诉讼请求所依据的事实和理由。主要应写清楚民事法律关系存在的事实、发生争议的焦点，起诉依据的法律法规名称及具体条款。

（4）结尾部分应写明受诉人民法院的名称，并由当事人签名或盖章，注明起诉的年月日。

（5）证据和证据来源。即起诉依据的产权证、公证书、契税凭证、合同、往来信函、视听资料等一切能证明客观事实的材料。

354. 申请诉讼时应该交纳哪些费用?

根据《中华人民共和国民事诉讼法》、《中华人民共和国行政诉讼法》和《人民法院诉讼收费办法》的规定，当事人进行诉讼时，应该交纳案件受理费和其他诉讼费用。案件受理费是指人民法院经审查并决定受理当事人的起诉后，依法向当事人收取的费用；其他诉讼费用是指人民法院在审理案件及处理有关案件的其他事项时实际支出的费用。案件受理费一般由案件的原告预交，被告反诉的也应当预交案件受理费。上诉案件费用由上诉人预交，双方都上诉的由双方当事人分别预交，在房地产案件中，当事人所应交纳的其他诉讼费用有以下几项：

（1）勘验、鉴定、公告、翻译（当地通用的民族语言、文字外）费。

（2）证人、鉴定人、翻译人员在人民法院决定日期出庭的交通费、住宿费和误工补贴费。

（3）采取诉讼保全措施的申请费和实际支出费用。

（4）执行判决、裁定或者调解协议所实际支出的费用。

（5）人民法院认为应当由当事人负担的其他诉讼费用。

依据《人民法院诉讼收费办法》的规定，房地产纠纷诉讼（民事案件）的案件受理费，应按财产案件的收费标准交纳：

（1）不满1千元的每件交50元。

（2）超过1千元至5万元的部分，按4%交纳。

（3）超过5万元至10万元的部分，按3%交纳。

（4）超过10万元至20万元的部分，按2%交纳。

（5）超过20万元至50万元的部分，按1.5%交纳。

（6）超过50万元至100万元的部分，按1%交纳。

（7）超过100万元的部分，按0.5%交纳。

如果当事人申请的数额与实际不符的，案件受理费按人民法院核实的实际争议数额的计算收取。

按照《民事诉讼法》和《人民法院诉讼收费办法》的规定，案件受理费虽然由原告预交，但最终由败诉的当事人负担。双方都有责任的，由双方负担。共同诉讼的利害关系，决定各自应负担的金额。除案件受理费外的其他诉讼费用，由人民法院根据具体情况，决定当事人双方应负担的金额。

355. 房地产案件诉讼时效如何规定？

当事人向法院请求保护民事权利的诉讼时效期间为2年。从知道或应知道自己的权益受到侵害之日起计算。但是，从权利被侵害之日起超过20年的，人民法院不予保护。

如果是建筑物或者其他设施以及建筑物上的搁置物、悬挂物发生倒塌、脱落、坠落等原因使身体受到伤害要求赔偿的，延付或拒付房屋租金的诉讼时效为1年。

356. 房屋买卖纠纷如何举证？

（1）提供房屋出卖人的房屋所有权证和身份证明。
（2）出卖共有房屋应提交其他共有人是否同意的书面证据。出卖、出租房应提供房客放弃优先购买权的书面证据。
（3）提供买卖双方订立的买卖房屋合同书。
（4）当事人为法人的，应提供法人资格证明及法定代表人身份证明，如需委托他人进行诉讼的，应提交授权委托书。
（5）如已交款或鉴定的，应提出交款的书面证明。
（6）其他应提交的证据。

357. 什么是证据保全？

证据保全是指在证据可能灭失或者以后难以取得的情况下，采取一定措施保全证据的制度。狭义上的证据保全是指人民法院或公证机关保全证据的活动，广义上的证据保全还包括诉讼当事人自己采取的保全措施。

证据保全的实质是通过事先调查，把可能灭失或者以后难以取得的证据确定下来，使其能够发挥证据的作用，从而证明案情的相关事实，并最终有利于当事人诉讼的目的，也有利于人民法院的正确裁判。比如在房屋质量纠纷中，对房屋存在质量问题的事实必须予以确定，否则待房屋修复后，再要提取证明房屋存在质量问题的物证就十分困难。因此，在此类纠纷中，购房者常常在诉讼前就向公证机关申请采取证据保全措施，以保全将来可以证明房屋确实存在质量问题的证据，从而保证自己在诉讼中处于有利地位。在建筑工程质量纠纷中，对一些隐蔽工程的质量问题，也常常需要采取证据保全措施。

证据保全分为诉讼前的证据保全和诉讼中的证据保全。

358. 律师在二手房交易中哪些作用？

较一手房而言，二手房有更多的房屋来源、更复杂的背景、更交错的法律关系，也有更大的风险。在二手房交易中，律师有以下几方面作用：

（1）审查的作用。律师主要审查以下事项：审核卖家是否为房屋合法产权人，产权性质是成本价还是标准价；审核卖家是否拥有处分房屋的权利，包括是否还有其他共有人，是否与售房单位有产权份额划分，单位员工是否有先购买权，其房改购房合同中是否规定在一定期限内不能出卖该房屋；审核房屋是否已被出租、抵押、转让、赠与、出卖给他人或改变房屋使用性质而使本转让行为无效；审核该房屋是否存在欠缴房改售房价款情形，取得原售房单位同意卖家售房的书面意见；审核卖家是否有欠缴物业管理费、水电气暖等应缴费用之情形。这些审查，可以有效地防止交易主体及标的的风险发生。

（2）见证的作用。这个作用类似于公证，主要是见证签约双方交易的客观性及合法性。与公证相比，律师见证有更大的灵活性，而且见证律师同时还可以为客户提供更准确的法律帮助，解答客户的法律咨询。

（3）居间交易的作用。一般来说，有时会出现二手房交易中，尤其是二手房按揭交易中，会出现一个付款与交接证件的时间差，如果双方互不太信任，那么律师可以居间交易，所有的付款与证件都经过律师所在双方的合同要求下交易，如一方不能达到合同的要求，则可有效地防止交易过程的风险，使房款交割、过户办证都在律师事务所的保证下，合法合约地完成。

（4）代办的作用。律师可以接受双方当事人的委托，为双方的交易行为代办一些事项，如代办过户、代办按揭等，提高交易效率，及时发现在交易中的问题，通知双方当事人补正，顺利完成交易。

359. 找律师应该注意什么问题？

我国正逐步成为一个法制比较成熟的国家。法制化必然导致国家法律体系的纷繁复杂，法律事务的处理已经成为一项理论性、技术性都非常强的专业活动，客观上要求法律事务需要由法律专业人士来处理。律师正是这种社会分工和社会需求的产物。实践证明，由具备一定法律知识和工作经验的律师来处理法律事务，可以更好地解决法律纠纷，最大限度地避免或降低经济损失，有效地保障公民、法人的合法权益。那么，怎样聘请律师才能最大限度地保护自己的合法权益呢？

（1）深入了解机构。律师事务所是律师的执业机构。请律师要到正规的律师事务所，以便了解一下律师所在的执业机构。依照我国《律师法》的规定，律师违法执业或者因过错给当事人造成损失的，由其所在的律师事务所承担赔偿责任。因此，对此深入了解很有必要。

（2）严格审查资格。律师执业证书是区分律师和一般法律工作者的标志。我国《律师法》规定，律师是指依法取得律师执业证书，为社会提供法律服务的人员。没有取得律师执业证书的人员，不得以律师名义执业，不得为牟取经济利益从事诉讼代理或者辩护业务。因此，当事人在请律师时，一定要审查律师的资格，看其是否有律师执业证书,一般说来,具有律师执业证书的律师在法律专业知识方面比较丰富,对于诉讼更具有把握。

(3) 认真签订协议。聘请律师要签订书面协议,将双方的权利义务关系约定明确,特别是对聘请律师费用更不要马虎,一定要言明打赢了官司和打输了官司各是多少钱,一审费用和二审费用又分别是多少,都要在协议上写得清清楚楚,并在付款时要求出具收据。

(4) 明确授权范围。有的当事人在聘请律师时,虽也填写了委托书,但对于是一般代理或特别代理授权不明确。片面认为只要付钱给律师,一切都交由律师来处理。因此,有的当事人根本不出庭,不了解案件进展,对案件的处理结果也不清楚。一般说来,这种由于授权不明产生的法律后果,授权人是要承担相应责任的。

(5) 多个心眼付款。有的当事人对律师的话深信无疑,只要律师要钱,他都毫不在乎。一审官司打输了,律师提出上诉,也不加考虑,就一一照办,交上诉费和律师费,一点儿不心疼。特别是对律师提出的请办案人吃饭和找人疏通关系等社交活动费更是大方,往往倾其所有。一旦官司输了,方大梦初醒,直呼上当,后悔莫及。因此,对律师索要的所谓活动费一定要加以拒绝。

360. 律师费如何收取?

从事法律服务的机构大致分为三种:第一种为律师事务所;第二种为基层法律服务所;第三种为其他法律服务人员。律师事务所是律师执行职务进行业务活动的工作机构,在组织上受司法局律管处和律师协会的监督和管理。法律服务所是依法在乡镇和城市街道设立的法律服务组织,是基层法律服务者的执业机构,组织上受司法局基层科监督和管理。其他法律服务人员是指除律师和法律工作者之外的、没有固定执业机构的法律服务人员。

根据国家发展改革委、司法部关于印发《律师服务收费管理办法》,律师服务收费实行政府指导价和市场调节价。代理民事诉讼案件;代理行政诉讼案件;代理国家赔偿案件;为刑事案件犯罪嫌疑人提供法律咨询、代理申诉和控告、申请取保候审，担任被告人的辩护人或自诉人、被害人的诉讼代理人；代理各类诉讼案件的申诉等五种情况，律师事务所依法提供下列法律服务实行政府指导价。律师事务所提供其他法律服务的收费实行市场调节价。

政府指导价的基准价和浮动幅度由各省、自治区、直辖市人民政府价格主管部门会同同级司法行政部门制定。实行市场调节的律师服务收费，由律师事务所与委托人协商确定。

律师服务收费可以根据不同的服务内容，采取计件收费、按标的额比例收费和计时收费等方式。计件收费一般适用于不涉及财产关系的法律事务；按标的额比例收费适用于涉及财产关系的法律事务；计时收费可适用于全部法律事务。

361. 怎么聘请律师打房地产官司？

当事人可以聘请具有房地产专业知识和诉讼技巧的房地产专业律师为其服务。

当事人聘请律师作为诉讼代理人，应提供自己的身份证件和有关资料。

当事人聘请律师代理诉讼，应与律师所在的律师事务所签订委托代理合同，合同应包括委托事项、授权范围、双方的权利和义务、收费标准、违约责任等。

当事人应当签发授权委托书。授权委托书应载明受托人、受托人的基本情况，委托事项与权限。委托权限有一般代理和特别代理。

除法律援助案外，委托律师代理的当事人应向律师事务所交纳有关代理费用。双方可约定采取按比例收费、协商收费、风险代理收费或计时收费等收费方式。

362. 哪些房地产纠纷仲裁委员会不予受理？

根据我国《仲裁法》，下列房地产仲裁委员会不予受理：

（1）涉及婚姻、收养、监护、继承、析产、赠与的房地产案件。
（2）依法应当由行政机关处理的房地产行政纠纷。
（3）法律法规规定不能申请仲裁的其他案件。
（4）人民法院已经受理或已经审结的房地产案件。
（5）涉及落实政策的房地产纠纷。
（6）因公证机关公证而发生争议的房地产纠纷。
（7）机关、团体、企业、事业单位内部分房的纠纷。
（8）军队内部的房屋纠纷。

363. 哪些房地产争议可以申请仲裁？

（1）房屋买卖的争议。其中包括房产买卖合同、价格、优先购买权等。
（2）房屋所有权争议。含所有权归属、份额、变更、析产、交换等。
（3）房屋使用权争议。包括租赁、租金、强占、返还、占有、交换、转租、转让、转倒等方面的争议。
（4）他项权利与相临关系。包括通行、典当及与相邻房屋发生的权利和义务。如，影响房屋的安全、完好通风、采光、滴漏水和上下水的正常使用等。
（5）房屋修缮的争议。包括房屋修缮的工程项目及安全检查的鉴定，各项工程费用的承担等。

364. 用仲裁方式如何解决房地产纠纷？

买卖双方如果决定用仲裁方式解决彼此间的纠纷，应当在签订购房合同时订立有关仲裁的条款，明确仲裁机构和仲裁地点；或是在发生纠纷时，订立仲裁协议，表明上述内容。如果双方没有订立仲裁条款或协议，而一方直接向仲裁机构提起仲裁后，另一方并未提出异议，并且应诉时，也视为双方同意进行仲裁，仲裁机构有权受理此纠纷。

仲裁时,申请人应向仲裁机构提交仲裁申请书,陈述纠纷的原委和自己的理由与请求,并交纳仲裁费。仲裁机构受理此申请后,会要求申请人和被申请人分别从仲裁员名册中指定一名仲裁员,这两名仲裁员与仲裁机构指定的一名首席仲裁员组成仲裁庭,负责审查此案。仲裁庭根据申请人的仲裁申请书和被申请人的答辩状决定是否开庭审理;如果开庭审理,双方应到庭陈述自己的意见,驳斥对方的观点。闭庭后,仲裁员们要进行分析和讨论,最终出具仲裁裁决。双方均应按照裁决的要求履行义务,如果有一方没有按照裁决的要求履行自己的义务,则另一方有权持此裁决到不动产所在地法院申请强制执行,以维护自己的合法权益。

365. 订有仲裁协议的当事人可否就房地产纠纷向法院起诉?

《仲裁法》第 5 条规定:"当事人达成仲裁协议,一方向人民法院起诉的,人民法院不予受理,但仲裁协议无效的除外。"公民对房地产纠纷事项订有仲裁协议的,只能向协议规定的仲裁委员会申请仲裁,不能向法院起诉。当事人一方向人民法院起诉未声明有仲裁协议,人民法院受理后,另一方在首次开庭前提交仲裁协议的,人民法院应当驳回起诉,仲裁协议无效的除外。另一方当事人在首次开庭前未对人民法院受理该案提出异议的,视为放弃仲裁协议,人民法院应继续审理。

第九章　装修、拆迁及其他

366. 二手房维修基金由谁来交？

交易中，出售人和买受人有的对这部分费用的承担进行具体约定，像有的房屋业主将其无偿顺延给买主，那么新房主便不用交纳此项费用；也有的买卖双方共同承担这笔费用。无论哪种形式，买卖双方在办理产权过户手续时，同时要办办妥维修基金，以免日后产生纠纷。

367. 购买二手房可以落户口吗？

每个城市的具体规定不一样，一些严格控制人口规模的城市不允许落户，无论买多大面积的房子都不能落户；而一些二三线城市则根据不同的购房类型准予落户。比如济南市，从 2008 年 11 月开始，有合法职业的人员，符合下列条件之一的，允许本人及其配偶、未成年子女迁济落户：在市区购置建筑面积 90m^2 以上新建成套商品房并取得房产证（含办理抵押贷款房）；在市区购置建筑面积 90m^2 以上成套二手房、取得房产证 2 年以上（含办理抵押贷款房）；在章丘、平阴、济阳、商河县（市）居住 3 年以上，在市区购置建筑面积 75m^2 以上成套商品房取得房产证（二手商品房须取得房产证 2 年以上，含办理抵押贷款房）并实际居住。每套商品住宅房 5 年内只能享受 1 次购房落户政策。

368. 二手房如何清洁？

由于二手房大多是别人住过的，所以对其进行清洁非常有必要。首先要通风以减少含菌量，让阳光照射进来，因为天然的紫外线是很好的消毒剂。或者把门窗关严，用0.5%的过氧乙酸熏蒸1小时，再开窗通风即可，这是对整个房间空气的净化。面积较大的地方清洁起来相对而言就比较简单，比如门窗，尤其是卫生间和厨房的门窗不能只用湿抹布敷衍了事，可先用浓度为3%的苏打水溶液，或用浓度为5%的过氧乙酸溶液喷洒，喷洒后需关闭门窗，再用抹布擦拭，这些消毒液一般在商店可以买到。

而门把手、器皿、洗手间这些地方可能沾有乙肝等一些病菌和病毒，有的能存活多年，如破伤风杆菌形成芽孢之后，可以数年不死。可调配浓度为75%的酒精和浓度为5%的碳酸等化学消毒剂消毒，对洗手间的洗脸池、水龙头、马桶、下水道口等尤其要注意。另外，用食醋熏蒸也可以达到一定的消毒效果。

369. 二手房装修有哪些注意事项？

（1）二手房装修最怕业主的第一反应就是"推倒重来"。在"我的房子我做主"的冲动下，一切推倒重新再来，有可能只运输垃圾费一项就会翻几番。二手房装修的原则应该是"变废为宝"。如果原装修的成色、风格、材质等有可以接受的，最好不要"一锅端"。从环保、安全、健康、费用等方面考虑，适当的改装是可取之道，以免造成费用过高。

（2）设计构造不要天马行空。二手房装修不应该是根据我们的想象去做，而是根据实际需要走，这样能够保证不浪费。有些装饰公司修为了能够多得到利益，总是将能够保存的点全部认为可以拆除，这样就会对业主来说引起很大的浪费。二手房装修相对于新房装修有很多不同之处，更加容易出现浪费、污染的情况，总结一句话就是"设计构造保留为要"。

（3）老旧门窗应拆掉重做。门窗老化是二手房中的一个突出问题，但如果材质坚固，而且也喜欢其款式，一般来说只要重新涂漆即可焕然一新，但如果有以下问题出现，就必须拆掉重做，主要的问题要看木门窗是否起皮、变形，如果有，则说明木材本身特性发生变化，一定要换新的了。此外，钢制门窗表面漆膜脱落、主体锈蚀或开裂，除了不安全外，也很难恢复原状，为了不影响使用效果，建议也应拆掉重做。

（4）隐蔽工程拆开重来，严格检查消除隐患。目前家装中的质量问题，很大一部分是由"隐蔽工程"施工不当造成的。何为"隐蔽工程"？在施工工艺顺序过程中，上一道工序的工作结束，将被下一道所掩盖而无法进行检查的部位，称之为"隐蔽工程"。因此，在二手房装修时，对"隐蔽工程"要格外注意。例如对吊顶内的供水、空调、通风等各种设施的管道、线路、设备是否已做密闭试验及电器绝缘、电阻测试，连接是否牢固、接头做法是否符合要求、易燃材料是否已做防火阻燃处理等都属于"隐蔽工程"的范围，都是在第一次安装之后无法再进行检查的。旧房装修时，能重新打开这些部位是一个消除隐患的好机会，业主一定要严格检查，把以往遗留下的"隐蔽工程"除掉。

（5）拆除装修还要注意：砸墙砖及地面砖时，避免碎片堵塞下水道；处理好防水，水路尽量少用弯头，避免流水不畅或堵塞；尽量少用木质板材，大多木制品含甲醛，影响健康，另外木材会因为天气潮湿变形，而且木制品手工费用也较高。

（6）墙面地面天花板三面改造不能少。在装修时，二手房的墙面、地面、天花板的装修改造也是很重要的，最好请专业人员对房屋进行实地勘察，看有无明显裂纹、是否平整、有无脱落和起砂。如果存在这些情况，就要进行修补处理，包括铲除墙面油污、粉化了的墙漆等，用水泥沙浆修补基层、裂缝、孔洞。另外，修补后要刷一道底漆予以覆盖，一来使基层牢固，二来可以防止今后基层因泛碱和受潮而出现变化，然后用按比例稀释的乳胶漆进行饰面。

370. 二手房装修的顺序是什么？

（1）先要准备工具装修前。必须准备好的几样东西：卷尺（买5m的，不要3m的）、计算器、大板夹（夹单子、收据用）。二手房装修流程中选择工具必须是排列在第一位的，最好提早在工地准备好旧毛巾、塑料袋,缠在管道接口上,可防脏物堵塞。

（2）明确装修过程涉及的面积。在工人进场之前,最好将家里的角角落落亲自测量一遍,拿笔尺记下来,标清楚。测量的内容主要包括：明确装修过程涉及的面积。特别是贴砖面积、墙面漆面积、壁纸面积、地板面积；明确主要墙面尺寸。特别是以后需要设计摆放家具的墙面尺寸。二手房装修注意事项中尺寸的测量必须要精准,材料需要预备多一些。

（3）主体拆改。主体拆改是最先上的一个项目,主要包括拆墙、砌墙、铲墙皮、拆暖气、换塑钢窗等。拆改完的垃圾,要及时清理出去,保证室内的清洁,也是为了方便施工。二手房装修流程中此时应该把成品门定下来了,这时最好把橱柜、烟机、灶具、热水器了解清楚,并可以确定下来。

（4）要进行水电的改造。水电必须要严格按照规定进行修改,否则有安全隐患。水电改造前,橱柜设计师应上门进行第一次测量,确定好电源、水路的改造方案。热水器,也最好派人来根据所确定的型号,设计好电源、接口的位置。水盆下面的墙上,最好留电源插座,方便装厨宝。空调洞和电源尽量放在床头的这面墙上,避免以后空调直接对着人吹。强电和弱电要保持20cm的间距,例如,插座和网线间要留20cm距离。

（5）包立管。考虑到厨房卫生间的易潮易湿环境,包立管的材料一定不能用木龙骨,即使木龙骨上刷防腐涂料也不行。二手房装修流程中要记住,包立管用轻钢龙骨,或者红砖。轻钢龙骨省地方,但最牢固好用的是红砖。这时需要购好瓷砖、勾缝剂等,家具要提早定,留好工期,一般至少要15天左右。包管道千万不要把有检修口的地方包住,万一渗水都找不出原因。

（6）贴砖。贴砖前,要买好地漏。要买专用的洗衣机或淋浴用地漏,而且要防臭功能。做完防水、拉毛后,就准备贴砖了。

（7）刷油漆。二手房装修流程中刷墙是主要的工序。一般都是经过找平、打磨、滚刷的流程,如果墙壁要刷颜色,调色一定要注意,调出的颜色要比色卡浅,千万不能同于色卡或比它深,否则会后悔不已。因为刷墙时至少两遍面漆,有些还要三遍,上墙的颜色会一层比一层深。关于刷漆方法是喷涂还是滚涂，仁者见仁，智者见智。虽说喷的效果好些，可一旦有了破坏要补漆，将变得困难万分。

（8）壁纸工作。墙漆刷好后，油工会在需要贴壁纸的地方刷硝基漆，漆隔天就可以干透，然后就可以约师傅贴壁纸。

（9）安装插座面板。插座最好买带开关功能的，尤其是厨房，这样电饭锅、微波炉就可免于插拔电源，用开关即可控制。

（10）厨卫吊顶。先安装热水器和浴霸，安装好后，吊顶封边才能更好地半包热水器。最好买铝扣吊顶，PVC 扣板好看，但质量、性能都一般。

371. 购房常用网站有哪些？

搜房网：www.fang.com/
搜房网成立于 1999 年，是全球排名第一的房地产家居网络平台，拥有 8000 多名员工，业务覆盖全球 336 个城市及地区，致力于全心全意为房地产和家居行业服务。

安居客：www.anjuke.com/
安居客成立于 2007 年 1 月，是国内第一房地产租售服务平台，专注于房地产租售信息服务。安居客全面覆盖新房、二手房、租房、商业地产四大业务，同时为开发商与经纪人提供高效的网络推广平台，安居客集团在全国 31 个城市设有分公司。

赶集网：www.ganji.com/
赶集网成立于 2005 年，是中国目前最大的分类信息门户网站之一，为用户提供房屋租售、二手物品买卖等众多本地生活及商务服务类信息。赶集网总部位于北京，在上海、广州、深圳设有分公司，并已在全国 374 个主要城市开通了分站，服务遍布人们日常生活的各个领域。

58 同城：www.58.com/
58 同城网成立于 2005 年，总部设在北京，2007 年在天津、上海、广州、哈尔滨、深圳成立分公司，目前已经在全国 320 个主要城市开通分站。定位于本地社区及免费分类信息服务，帮助人们解决生活和工作所遇到的难题，其房屋租售频道拥有大量的房源信息。

以上几个网站都是面向全国，购房者可根据自己的购房需求选择合适的城市频道。另外，一些大型房产中介公司也开通了自己的房源网站，比如链家地产的"链家在线"，21世纪不动产的"酷房网"等。

372. 什么是房屋拆迁？

房屋拆迁，是指因国家建设、城市改造、整顿市容和环境保护等需要，由建设单位或个人对现存建设用地上的房屋进行拆除，对房屋所有者或使用者进行迁移安置并视情况给予一定补偿的活动。

由于城市规划和国家专项建设工程的需要，必须对城市国有土地的使用权实行再分配，从而达到土地资源的合理配置，使土地利用效率最大化。这往往就需要拆除大量旧房，在原有土地上进行新的房地产开发建设。但是由于土地的地上附着物凝结了原用户的资金与劳动力，并且是原用户、住户赖以生存和生产的基本物质条件，因而在再建设过程中，必须对原用户、住户的损失给予适当补偿，并对其进行妥善的安置。

任何单位或者个人需要拆迁房屋，必须持国家规定的批准文件、拆迁计划和拆迁方案，向县以上人民政府房屋拆迁主管部门提出拆迁申请，经批准并发给房屋拆迁许可证后，方可拆迁。房屋拆迁需要变更土地使用权的，必须依法取得土地使用权。拆迁许可证是对拆迁行为的行政许可，是拆迁人从事房屋拆迁的法律上的有效证件。

房屋拆迁许可证具有一次性、局部性的特点，即房屋拆迁许可证只对指定的项目，在一次时间和一次范围内有效。房屋拆迁许可证是拆迁行为的合法凭证，无证拆迁的行为是违法行为，未按房屋拆迁许可证的规定进行拆迁亦是违法行为。实施房屋拆迁许可证制度，是加强房屋拆迁工作的管理，维护国家、拆迁人以及被拆迁人合法权益,保障城市建设顺利进行的重要手段。

373. 房屋拆迁有哪些形式?

(1)人民政府组织统一拆迁,即由人民政府或其专门委托的单位统一进行拆除、补偿、安置等工作。它是国家提倡和鼓励采用的拆迁方式,《拆迁条例》规定:"有条件的城市和城市中实行综合开发的地区,应当实施统一拆迁。"

(2)自行拆迁。它是指拆迁人自己对被拆迁人进行拆迁安置和补偿。主要拆迁业务人员必须在拆迁主管机关进行培训,取得拆迁资格证书后才能上岗。

(3)委托拆迁。它是指拆迁人将房屋拆迁的补偿和安置工作委托他人进行,被委托人应当是取得房屋拆迁资格证书的单位。

374. 房屋拆迁要遵循哪些原则?

房屋作为不动产,是人类赖以生存和发展必不可少的物质资料。城市房屋拆迁,是城市建设过程中的重要环节,既与城市的发展密切相关,又涉及广大人民群众的切身利益,属于各方面都非常关心的问题。

虽然拆迁当事人之间是一种民事关系,但拆迁活动事关重大,已经超出了一般民事活动的范畴,而涉及社会稳定,城市发展和人民群众的重大切身利益。因此,国家对拆迁活动予以有效的管理是非常必要的。城市房屋拆迁应遵循的四个基本原则:

(1)符合城市规划的原则。城市规划是建设城市和管理城市的基本依据。城市房屋拆迁的实施,理所当然应符合城市规划要求,所谓城市规划是指为了实现一定时期内城市的经济和社会发展目标,确定城市性质、规模和发展方向,合理利用城市土地,协调城市空间布局,对各项建设综合部署和具体安排。

(2)有利于城市的旧城区改造的原则。城市房屋拆迁与城市旧区改造密切相关。城市旧区在长期历史发展和演变过程中逐步形成的进行各项政治、经济、文化、社会活动的居民集聚区，城市在不断地更新、发展，城市旧区改造，是城市建设不可缺少的一环。而城市房屋拆迁，又往往是城市旧区改造的重要手段。

（3）有利于生态环境改善。生态环境是人类生存和发展的基本条件，是经济、社会发展的基础，改善生态环境，实现可持续发展虽然只是简单的一句话，却代表了立法指导思想的变化，应当注意在拆迁实践中，予以贯彻执行。

（4）保护文物古迹的原则。文物古迹是指革命遗址、纪念建设物、古文化遗址、古墓葬、古建筑、石窟寺、石刻等具有历史、艺术、科学价值的文物。保护文物古迹，是开展科学研究工作的需要。同时，保护文物古迹，对于继承我国优秀的历史文化遗产，进行爱国主义和革命传统教育，建设社会主义精神文明，有着重要意义。

375. 房屋拆迁时应遵循哪些程序？

（1）冻结。房屋拆迁之前，建设单位应向拆迁办申请拆迁冻结。拆迁冻结期限最长不得超过六个月。

（2）办证。建设单位必须申请房屋拆迁许可证，向拆迁办提交相应材料。审查符合条件的将颁发房屋拆迁许可证，建设单位取得房屋拆迁许可证后方可实施拆迁。

（3）公告。在房屋拆迁许可证发放的同时，拆迁办应当在拆迁范围内发布拆迁公告，将拆迁人、拆迁实施单位、拆迁范围、拆迁期限、搬迁截止日等予以公布。拆迁人可以委托取得拆迁办颁发的房屋拆迁资格证书的单位实施拆迁，也可以自行拆迁。

（4）协议。在拆迁公告规定的搬迁截止日前，拆迁人与被拆迁人应当依照规定订立拆迁补偿安置协议。

（5）仲裁或诉讼。拆迁补偿安置协议订立后，被拆迁人或者房屋承租人在协议约定的搬迁期限内拒绝搬迁的，拆迁人可以依法向仲裁委员会申请仲裁，也可以依法向人民法院起诉。仲裁或者诉讼期间，拆迁人可以依法申请人民法院先予执行。拆迁人与被拆迁人、房屋承租人在拆迁公告规定的搬迁截止日前,未能依照规定达成拆迁补偿安置协议的,当事人可以向拆迁办提出书面裁决申请。当事人对裁决不服的,可以自裁决书送达之日起三个月内向人民法院起诉。

（6）强拆。被拆迁人、房屋承租人在裁决规定的搬迁期限内未搬迁的,将由拆迁办会同公安等部门强制拆迁,或者由拆迁办申请人民法院强制拆迁。违法建筑和临时建筑使用人在搬迁截止日后仍拒不搬迁的,将由拆迁办会同公安等部门强制拆迁。

（7）验收。拆迁人应当自拆迁期限届满之日起三十日内向拆迁办申请拆迁验收。验收合格的拆迁办发给拆迁验收合格证,不合格的将责令限期整改。对未取得拆迁验收合格证的建设项目,建设管理部门不得办理新建工程开发手续。

（8）注销。拆迁人应当自取得拆迁验收合格证之日起十五日内,持房屋拆迁许可证和拆迁验收合格证到房产管理部门办理房屋注销登记手续。尚未完成拆迁补偿安置的建设项目转让的,应当经拆迁办同意,将原拆迁补偿安置协议中有关权利、义务随之转移给受让人。

376. 房屋拆迁补偿方式有哪些？

（1）货币补偿。货币补偿是通过不同的法定依据由专业的评估机构对被拆迁房屋进行专业的估价,生成有据可循的多元组成的补偿金额。

（2）产权置换。产权置换也被称作产权调换,根据评估方法不同,有两种置换方式。价值标准产权置换指的是依照法定程序,通过对被拆迁人房屋的产权价值进行评估,之后再以新建房屋的产权予以价值的等价置换。面积标准产权置换指的是以房屋建筑面积为基础,在应安置面积内不结算差价的异地产权房屋调换。产权置换分为两种形式：异地安置,是指由于开发商项目不涉及住宅或由于该地块容积率原因,不能进行回迁安置,只能选择在其他地块上新建安置房,再通过产权的增减尽量以等价价值做到产权置换；回迁安置，是指开发商拆迁重建项目能够完成回迁安置，通过产权置换比例完成回迁安置。

（3）结合型补偿，顾名思义，这种补偿方式就是指既给货币补偿又给产权置换。由于我国城市化进程与其他诸多客观因素，造成了诸多不能够单单用货币补偿或者产权置换解决的问题，所以就出现了货币补偿和产权置换相结合的补偿方式。

377. 拆迁补偿的标准如何确定？

产权调换的补偿标准是按照被拆除房屋的建筑面积计算的。实践中常常出现偿还房屋的建筑面积与被拆迁房屋的建筑面积不相同的情况，或者偿还面积与原面积相等，但二者在结构上不同，由此产生产权调换的价格结算问题。

根据《中华人民共和国征收拆迁补偿条例》的规定，非住宅房屋的产权调换，偿还面积与原面积相等的部分，按照重置价格结算结构差价。重置价格是指现在重新建造与被拆除房屋相同结构、相同标准、相同质量的房屋的造价（以每年公布的当年造价为准）。结构差价是指不同结构的房屋所花费的不同造价之间的差额，以重置价格结算结构差价，即以被拆除房屋的重置价格与偿还房屋的造价之间的差额作为结算的标准，由一方向另一方支付结构差价。非住宅房屋的产权调换，偿还面积超过原面积的部分，按照商品房价格结算；偿还面积不足原面积的部分，按照重置价格结合成新计算，偿还面积不足原面积的部分，按照重置价格结合成新计算，即以重置价格结合该房屋的新旧程度核算，一方以货币形式向另一方支付。

至于住宅房屋产权调换的价格结算办法，由省、自治区、直辖市人民政府规定。这是考虑到住宅房屋产权调换情况复杂，各地对结构差价支付亦采不同政策，因而不在全国实行统一的规定。

作价补偿的标准是按照被拆除房屋建筑面积的重置价格结合成新计算的。实行作价补偿，应当由房屋所在地的房地产管理局或者专门的评估机构对被拆除房屋进行评估，以评估的价格作为计算的依据。

《中华人民共和国征收拆迁补偿条例》对拆除用于公益事业的房屋及其附属物的补偿提出了特别的要求。产权调换的,拆迁人应当按照其原性质、原规模予以重建;作价补偿的,应按重置价格给予补偿,不考虑该房屋的新旧程度。无论哪一种补偿形式,都将房屋的附属物也纳入补偿范围。这是考虑到当地居民的物质文化生活需要,为了迅速恢复公益事业的正常进行而作出的规定。

378. 抵押的房屋,拆迁时如何补偿?

拆除设有抵押权的房屋,抵押人与抵押权人应当依照国家有关抵押担保的法律、法规规定,就抵押权及其所担保债权的处理问题协商一致,并向拆迁人提供书面协议,拆迁人按照双方协议执行。抵押人与抵押权人达不成协议的,实行货币补偿时,拆迁人应当将货币补偿款向公证机关办理提存。

379. 租赁的房屋怎样补偿安置?

租赁房屋的拆迁补偿安置问题,涉及房屋所有权人和使用人两方面,情况比较复杂,既要对房屋所有人进行补偿,又要兼顾房屋使用人的利益。所以,拆除按协议租金出租的房屋,被拆迁人与房屋承租人解除租赁关系或者被拆迁人对房屋承租人进行安置的,拆迁人应当对被拆迁人进行补偿安置。

被拆迁人与房屋承租人对解除租赁关系达不成协议的,拆迁人应当与被拆迁人、房屋承租人订立拆迁补偿安置协议;拆除按政府规定租金标准出租的公有房屋,拆迁人应当分别与被拆迁人、房屋承租人订立拆迁补偿安置协议。

被拆迁人与房屋承租人不能解除租赁关系的,拆迁人应当对被拆迁人实行房屋产权调换。产权调换的房屋由原房屋承租人承租,被拆迁人应当与原房屋承租人重新订立房屋租赁合同。

380. 补偿安置协议的主要内容有哪些?

房屋拆迁补偿安置协议中必须有拆迁当事人的单位、姓名、经办人姓名,协议必须经双方当事人签名盖章后才具有法律效力。拆迁非出租房屋,拆迁人与被拆迁人签订协议;拆迁出租房屋,拆迁人应与被拆迁人、房屋承租人签订协议。协议的主要内容有:
(1) 拆迁补偿方式,货币补偿金额及其支付期限;
(2) 安置用房面积、标准和地点;
(3) 产权调换房屋的差价支付方式和期限;
(4) 搬迁期限、搬迁过渡方式和过渡期限;
(5) 搬迁补助费和临时安置补助费或停产停业损失费发放标准和支付方式;
(6) 违约责任和争议解决的方式;
(7) 当事人约定的其他条款。

381. 拆迁安置房可以买卖吗?

有证的拆迁安置房当然可以买卖,交易也与普通房屋没有差别;对于无证的拆迁安置房,要分清情况,主要注意这几个问题:
(1) 调查清楚拆迁前的产权性质,如果拆迁前具备产权证,只是拆迁后开发商没有及时办理,如果有拆迁协议书,虽然麻烦,但日后还是可以办理产权证的;
(2) 一定要办理公证手续,以免日后出现纠纷。
(3) 有的开发企业为了增加收入,在拆迁安置房交易后可以提供更名(过户)服务,适当收一些费用是一种比较好的解决办法。
购置拆迁安置房首先要查明安置房的性质,一般来说对已经竣工的安置房可以查询其"五证",或到房地产交易中心查询房屋的产权资料等。不同类型的拆迁安置房,交易双方承担的交易风险有所不同。第一类动拆迁安置房,由于交易时间长,受市场因素的影响,往往买家需要承担极大的法律风险。主要体现在房价上涨后上家有意反悔,找合同的漏洞逃避法律责任追求己方利益,或为合同的履行设置障碍。如果是购买还没定位的安置房风险就更大，买卖双方虽然可以知道房屋大致的坐落位置，但无法确定建好后安置房的具体结构、朝向、小区环境等，办理过户等手续时间也会更长。因此在购买此类房产时，签订一份有效的具有可操作性的买卖合同就显得至关重要。买卖合同除了要具备一般买卖合同的主要条款外，还需要对房屋的增购等费用的支付方式，迟延交房等都作出明确的约定。一般来说购置该类房屋，可以根据《民法通则》及《合同法》的相关规定，签订附条件的合同来保证买卖合同的有效性，并对具体细节作出明确约定以防合同相对方反悔。

382. 房屋冻结后，不允许从事哪些活动？

自冻结通告发布之日起，冻结范围内的单位和个人不得进行下列活动：
（1）房屋及其附属物的新建、扩建、改建；
（2）房屋买卖、交换、赠与、租赁、抵押、析产、分列房屋租赁户名；
（3）改变房屋和土地用途；
（4）企业工商登记和事业单位、社会团体法人登记。

383. 房屋拆迁范围确定后，有关户口、房产处置等手续如何办理？

房屋拆迁范围确定后，有关管理部门接到区、县房地局关于拆迁范围的通知后，应在拆迁范围内暂停办理下列事项：
（1）公安机关应暂停办理迁入居民户口和居民分户，但因出生、军人复转退、婚姻等确需迁入户口或者分户的除外；
（2）市或者区、县房地局应暂停办理房屋买卖、交换、赠与、租赁、抵押、析产等手续，但依人民法院或者仲裁机构生效的判决、裁决执行的除外；
（3）规划、建设部门应暂停办理房屋新建、改建、扩建和装修等批准手续；
（4）工商行政管理机关应暂停办理营业执照。

第十章 房屋租赁

384. 哪些人群适合于租房?

买房与租房各有利弊,关键是要权衡个人实际经济条件。我国的住房自有率高居世界首位,城镇家庭为 80%,农村为 100%。在发达国家,居民平均住房自有率仅为 50% 左右。对于三类人群来说租房是更为理性的选择。

(1) 初入职场的年轻人。目前大部分买房的毕业生当中,父母提供购房首付的情况占绝大多数,尽管对于创业初期的购房者来说,为了提高居住品质,以父母提供首付的形式买房未尝不可。但如果把父母养老的钱一下子花在买房上,无论从道义还是从风险角度来说,都不应该。

(2) 收入不稳定、资金实力不够雄厚者。对于收入不稳定,财力不够雄厚的消费者来说,在没有经济实力买房的情况下,租房也不失为理想选择。工作稳定性差的人,如果不结合实际考虑经济条件,一味盲目贷款买房,不仅会出现难以还贷的情况,还有可能因无法还贷而使房产被银行没收。

(3) 不急需买房者。普通消费者无法把握也看不透房地产市场的未来发展方向和房价走势,对于不急于马上买房者来说,不如"以静制动",暂且租房,静观其变为好。

(4) 工作流动性较大人群。由于工作流动性的加大,跳槽已成为年轻人的家常便饭,在工作尚未形成相对稳定的时候买房,一旦工作调动,出现单位与住所距离较远的情况,则会由此产生一笔不菲的交通费用支出。因此,这种人群不要冲动买房,可以先租房,等到能够真正安定下来的时候,再实施买房计划也不迟。

385. 与买房相比，租房有哪些好处？

与买房相比，租房有许多优势。首先，占用资金少，交易额很小，而买房需要大额的资金，需要足额的现金支付；其次，租赁更灵活，可以随着自己工作等状况的改变随时选择，在什么地方租、租多长时间、租什么档次的房子……都可以灵活选择，而买房后就不会这么自在了；再次，租房子不容易受束缚，如果没有确定在哪个城市发展，最好不要买房；最后，租赁的风险较小，因为租金就那么多，大不了"交交学费"，下次注意，但如果买房一旦失误损失就非常大。

买房和租房是两种不同的选择方式，应该结合自身的实际因素，如父母的经济支持能力、自身的工作收入、对未来房价的走势判断等。如果家经济条件不允许，不妨先租房，待有一定积蓄后购房。

386. 租房的一般程序是什么？

（1）明确租房需求。必须明白自己租房的意图，定位物业类型、房屋地段、房型面积以及房屋设施，确定好需求租房的启用时间、租期年限、租金的承受能力。

（2）租房寻找。构思明确后，就要开始着手查找房源了，从前租房信息的来源，基本上是从居委邻里那打听，现在以房产中介为枢纽，网络成为最大众的房源寻找平台。

（3）租房斟酌。没有租不出去的房子，没有租不到的房子，只要有钱租房，有心出租；货比三家不吃亏，在允许的情况下，建议看房同时安排2～3套，以作比较，看房要长记性，仔细，没有十全十美的房子，但会有最合适的房子，所以看房时不要把期望值拉到最高，选房也要选人，如遇上唯利是图的业主，面临的只会是斩不断理还乱的烦恼。

（4）租房定案。有了中意的房子，就要决定，再晃来晃去，房子就有可能被别人租了，不必为当时的一点执着而懊恼，更不值得为了小利而浪费更多的时间。看中房子就尽快定案，这时可以通过中介，就房屋租赁的价格、租期、付款方式等要求达成共识，验明身份后，在中介的协助下签署房屋租赁协议。

387. 房产中介都可以办理房屋租赁业务吗？

并不是所有的房产中介都可以办理房屋租赁业务，房产中介机构主要包括三类：房地产咨询机构、房地产价格评估机构和房地产经纪机构等。房地产咨询机构主要从事房地产开发、房地产转让、房地产抵押、房地产租赁等咨询业务；房地产价格评估机构主要从事房产的价格评估；房地产经纪机构是为房地产交易提供洽谈协议、交流信息、展示行情，其在房地产交易中的作用和功能就是为交易双方牵线搭桥，提供服务，促成交易。进行房地产咨询和房地产价格评估的中介公司只能向委托人提供房屋政策、房地产信息等情况的咨询，而不能办理房屋租赁的居间代理业务。

388. 找中介租房有哪些优势？

（1）大型、正规的中介公司拥有充足的房源信息体系。对于急于租房，特别是刚到陌生城市的人来说，能够及时地找到安身之所是工作与发展的先决条件。而房产中介公司恰恰解决了租房者时间的紧迫和陌生环境的束缚，能够帮助他们在最短时间内找到合适的房源。

（2）通过正规中介公司租房能够保障人身、财产安全。在个人租房过程中存在着房屋质量、安全等诸多问题，新租房者由于不了解租赁流程而忽略细节问题。通过正规的中介公司办理时，租赁双方要求签署详细的租赁合同，对可能出现的问题提前预防，能有效规避在租房过程中的风险。

（3）对于那些刚毕业参加工作的年轻人，由于独自生活压力较大、资金不够充裕等原因会选择与别人合租。社会阅历不够丰富的他们不能很好辨别合租对象的好坏，通过中介代理租房可以避免危险。

389. 哪些房子不能出租？

以下七种情况不允许出租：①无房屋所有权证的；②房屋所有权有纠纷的；③共有房屋未经其他共有人书面同意的；④因城市建设批准拆迁的；⑤经鉴定房屋有危险的；⑥原租赁合同尚未解除的；⑦法律、行政法规规定禁止的其他情形。

390. 租房前要了解哪些情况？

（1）出租人是否有权出租住房。判断出租人是否有权出租房屋，看他是否具有房产证，与不具有房产证的人，即非房屋所有权人签订的合同是无效的，不受法律的保护。承租人一旦向非房屋产权人交纳房租所带来的经济损失是无法挽回的，承租人只有自食其果。

如果出租者本人即是房主，则应要求其出示本人身份证，并按照房产证上的记录加以核对。如果出租人是受房主的委托代其出租房屋的，应要求出租人拿出房主的书面委托书，并要求与房主见面，或向相关机构核实委托书的合法性和受托人的真实性。

（2）房屋本身的情况。住房的实际使用条件住房对承租者来说，主要功能就在于房屋的实际使用条件与状况。住房使用条件的好坏直接影响承租者日后的生活，对住房实际使用条件的了解，主要是指住房能否正常使用。如果承租住房存在一些比较严重的问题，直接影响承租者正常居住，则住房租赁价格再便宜，承租者仍应考虑放弃，如果不打算放弃，则应要求出租人对住房进行彻底维修后，再与其签订租赁合同。如果租赁家具或电器非常简单、生活不太方便的住房，可根据市场行情，与出租人协商酌减房租。

（3）房屋周边环境。承租人如果没有注意到这一点，以后生活可能会很不方便。软环境包括房屋所在小区或者楼宇的居民素质、治安状况、卫生情况等；承租人应当打听清楚房屋附近的这些软环境。硬环境是周围的健身场所、超市、医院、菜市场等，最重要的一点是交通要方便，承租人应当从自己经常使用的交通工具出发，尽量选择交通便捷的地点居住，以利于今后的学习和工作。如果坐公交车，则尽量选择公交线路多，距离上班地点转车次较少的地点租房；如果有私家车，则要选择有停车点、道路通畅的地点租房。

（4）一旦有意向租房，还要了解一些细节。看看内部设施是否按要求配备，在租赁时一定要明确所配备物业的各种情况；水、电、燃气、电话费用是否结算清，为避免以后的麻烦，尽量明确入住时水、电、燃气、电话费等的用量；还要注意门窗，对于一些年代较远的房子，可能出现螺丝松动、玻璃不全等方面的问题，为安全起见，最好对门窗进行细致的检验。

391. 租房哪些细节最关键？

（1）房东问题。租赁交易中的房东问题一般都是指假房东，即骗子租来一套房子，随后冒充房东将房子转租，最后携租客缴纳的一年或半年以上租金潜逃。在房东问题上，租房者应在与房东见面后，要求查看房东的房产证、身份证；如果他是帮助朋友出租房屋，那么一定要有出租委托书、朋友的房产证、身份证或复印件；如果房产证没有办下来，则一定要求其出具购房合同以证明其真实身份。

（2）收费问题。租赁交易中的收费问题一般指的是看房费、信息费、咨询费。不法中介往往打着低价房的幌子诱骗租房者缴纳几百元不等的看房费、信息费或咨询费，然后声称房屋已出租、房东不在等，一拖再拖，而租房人缴纳的费用则绝不退还。推荐租房人选择大型房屋中介公司进行租赁交易。

（3）物业交验问题。租赁交易中最易忽视的细节是物业交验问题。小中介不会为租房者提供正规的物业交验，随之而来的是那些其实不必要花费的水电费、燃气费、电器维修费等。在租赁双方达成协议，签订《房屋租赁合同》的同时一定要经过正式的物业交验过程，并且要将屋内所有物品详细列明一个"清单"，然后作为其合同附件收好。最好注明如果出现故障，维修费用由谁来承担。对于屋内电器、门窗设施等仔细检查有无损坏，对水、气、电、电话等相关费用是否结清加以查实，以免给自己带来不必要的麻烦。

（4）押金问题。租赁交易中的押金问题一般是租房者合同期满要求退租时，房主以房屋设施损坏或者其他借口作为条件来苛扣房客的押金，造成房客不必要的损失。在押金问题上，目前市场上的惯例一般为押一付三、押二付三或押二付四。在签订租赁合同时，应当注明，租约期满后多少个工作日内，在房屋及其设施无毁损的情况下，业主应退还押金。当然，最关键的是租房人应当爱护屋内设施，不要最终授人以柄。

392. 租房如何选择周边环境？

（1）自然环境。空气：选择房屋时，周边地区的空气最好能好一些，尤其要避开有污浊空气的地段；水：在租房时最好问清楚了，周边最好不要有污染的水体，如臭水沟等。

（2）人文环境。这里指的主要是周边的生活配套设施，在租房时，很多人并不是很关注这一点。其实，生活配套设施的齐全，在很大程度上讲，可以保证生活品质。

教育设施：托儿所、幼儿园、小学、中学。当然如果是单身，以上的设施除了方便自己充电之外，看不出有更多的好处，所以不必太强求。

医疗卫生设施：卫生站、居住区门诊、医院等。有个离得近的医院，有个小病小灾的去医院不至于太辛苦，否则，为了看个病大半夜穿半座城实在是不方便。

文化体育设施：综合文化活动中心、门球场、体育场。如果业余时间很充足，可以考虑一下。

商业服务、金融邮电设施：商场、集贸市场、书店、便民店、储蓄所、银行、邮局等。这些设施可以充分保证生活便利。

社区服务设施：为了自己的自行车或者汽车能够安全停放，存车处、停车场等设施是十分必要的。

安全设施：房子周围的社会治安要好，小区最好能够有24小时保安。楼道里的灯也最好是声控的，晚上门外有人敲门时，在门里也能清楚地观察情况，最好远离外来人口聚居区、城乡结合部等地带。

393. 租房时，如何讲价？

（1）不要表露对房子有好感；
（2）告之房东已看中其他出租的房子并准备付定金；
（3）告之房东已看中其他房子并付定金，但亦喜欢此房屋，是否能再便宜点儿补偿已付出不能退的定金；
（4）不停找房子的缺点要求降价；
（5）以配套设备不足为由，要求降价，或配齐；
（6）告之自己很满意，但家人有其他的想法，希望便宜点可以解决问题；或者表现出强烈的租房欲望，迫使对方降价；
（7）带着现金，说只要价钱合适马上付定金或签约；
（8）实在谈不下去，抬腿就走，让对方担心失去准房客；
（9）用其他房子的价格做比较，要求再减价；
（10）告之经济能力有限租不起，要求再便宜一点；
（11）与房东成为好朋友，用交情争取拿到最优惠的价格；
（12）看多处不同的房子，声东击西探知更便宜的价格；
（13）如果不急，拖延谈判的时间，慢慢磨。

394. 租赁合同应当具备哪些条款？

房屋租赁合同，即以房屋为租赁标的的合同，具体到房屋租赁合同的含义，概括地说是指房屋的出租方，将房屋的使用权交予承租方，承租方按照双方约定的期限和数额向出租方缴纳租金，明确双方的权利和义务，并在合同终止或者合同期限届满时，将承租的房屋完整无损地退还出租者。经租赁双方协商的这种权利义务关

系,用文字形式固定下来形成的协议,就叫做房屋租赁合同。房屋租赁,当事人应当签订书面租赁合同,租赁合同应当具备以下条款:

(1) 双方当事人姓名或者名称及住所。

(2) 出租房屋的具体位置和特点。合同应注明房屋坐落的具体地点、门牌号、楼层、房屋结构、房屋装饰及附属设备,房屋的幢数、间数和总面积等。

(3) 租赁用途。房屋的用途关系到城镇开发规划、房屋出租的期限和租金等问题,故房屋租赁合同应予以明确。

(4) 租赁期限。房屋租赁应当是有期限的,而不应是无期限的,租赁期限包括了租期和房屋交付期限,期限应具体到某一天。

(5) 租金及交付方式。租金不仅应写明具体数额,而且还应注明租金交付的方式,是按月还是按季或按年交付。

(6) 房屋修缮责任。合同中应尽可能明确房屋修缮与保养的项目、方式及费用的承担。合同没有规定的,应按照"谁出租谁负责"的原则,由出租方负责房屋的维修、保养,但如果因承租人的过错造成房屋及其附属设施损坏的,由承租人负责修复或赔偿。

(7) 转租的约定。房屋租赁合同中应约定是否允许承租人转租,如合同中没有相应的规定,将适用法律法规关于转租的规定。

(8) 变更和解除合同的条件。

(9) 违约责任。

(10) 当事人约定的其他条款。

(11) 争议的解决方式。

(12) 合同的生效。

房屋租赁合同中的这些条款,明确了双方的权利和义务关系,保障了双方当事人的利益。在实践中,必须在双方平等协商的基础上,具体载明以上内容,没有这些主要条款,那么合同就难以履行。

395. 租"二房东"的房子应注意什么问题?

(1) 租房者在约见"二房东"看房时,可以对其"察言观色",

通过言语间的交流,看其性格、爱好等方面是否与自己相似,是不是最佳的合租伙伴,以避免日后发生不必要的麻烦。

(2)租房者可以要求查看"二房东"与"原房主"所签订的租赁合同,因为,转租合同的终止日期不得超过原租赁合同规定的终止日期,否则,就会对租房者产生较大风险。

(3)"二房东"如果将租赁屋转租,必须要经过"原房主"的同意或承诺,否则是无效的。如果是部分转租,则要看"原房主"和"二房东"的租约,是否有限制不允许转租,如果没有限制,那么,租房者便可与"二房东"签约。

(4)租房者与"二房东"私下签署协议时,一定要将合同条款细节写清楚。如:房屋租赁期限是半年或一年;付款方式是押一付二还是押一付三等;对于租赁期间的水、电、气、有线电视、上网费用等如何分摊;将这些条款详细写清楚之后作为合同附件收好,日后一旦发生纠纷时能免去许多风险。同时,承租过程中注意保留收款凭证、付款凭证等相关证据。

虽然,目前市场上"二房东"卷款逃跑事件,租客被赶出租住房屋等恶性事件屡见发生。不过,"二房东"中却也不乏为了减轻自身负担而征求合租伙伴的,在合租的过程中建立较为深厚的友谊也是不无可能的。因此,租房者即便在寻找合租房的过程中遭遇到"二房东"也不要感到恐慌,通过上述四点验证"二房东"是否可信,也能降低许多风险的发生。当然,对于租房者来讲,如果"二房东"恶意欺骗,也可以通过相应法律途径来解决。

396. 与他人合租要注意哪些问题?

(1)合租一处完整的住宅。

存在隐患:警惕假房东。很多人自己先以低价租下居室房,然后再高价转租出去,他们可能对房主的付款方式是月付形式,但是转租出去后就要求学生们季付、半年付、甚至年付。这期间,如果出租人卷款而逃,真正的房主没有收到房租,就要收回房子,租房者的损失就严重了。

解决办法：查明产权。如果没有通过中介自己找到了房子，那么一定要让房主出示房屋产权所有证原件，身份证原件，并核对两者是否相符合，验证房产证真假可以打电话到房管局查询，看房产证的号码是否对应该房屋。如果租房人说是房主的亲戚朋友并委托他出租的，也要看房产证及委托公证书。

（2）第一承租人将一居室转租。

存在隐患："二房东"谎报租期。一个人已经租好了住房，但承受不起全部房租，便将其中一间转租出去。"二房东"谎报租赁期限，本来房主签半年的合同，然后对承租人说签了一年甚至更长的时间，这样，我们可能还在按时缴纳房租的时候，房子本身已经到期了，或者已经到期了，利用一两天的时间差，再谎租给承租人，结果白白交了房租最后还是无处可住。

解决办法：与"二房东"有约在先。租房之前，了解好"二房东"的工作、职业以及要看他与房主签的原始合同，如果表面看不出问题，则一定要与"二房东"签订合同，并注明违约责任，还要留存其身份证复印件以及"二房东"与房主签订的原始合同的复印件。在租房之前就应该将各自的权利义务标注清楚。如明确房租和水电燃气费的支付额度、方式、时间以及没有按期支付的解决措施；房间如何分配以及公用设备如何共用；公共区域的卫生如何清洁，频次等；如遇留宿客人需提前通知其他人员及作息时间严格控制等，如果可能的话，这些都应该在合同中有所说明。

（3）租床铺。

存在隐患：安全性差。一人租下住宅，在房间内放入若干上下铺，分租出去。相对于个人来说，价格最为便宜；相对于所谓的"房主"来说，利润空间最大，但对于尽量不要租这种房子。因为同屋住的人互相不认识，所以非常不安全。同时同住的人流动性非常大，不稳定，不利于建立良好的合租关系。

解决办法：尽早转移。虽然和别人同住一个屋檐下也只是萍水相逢，不管性格开朗，好交朋友，还是性格内向，特立独行，我们都要适可而止。尽量不和别人发生矛盾。时机成熟之后，最好还是和认识的同学或者同事再另寻一套合适的房子。租床不是长久之计。

在合租时,贵重财物和数额较大的现金不要放在家里,外出要锁好自己的房门,在日常生活中特别要注意防盗、防骗。不要盲目与异性合租,尤其对女孩子来说"异性合租"本身就隐含着一定的安全风险,如果放松了警惕,容易给贪财、贪色之人以可乘之机。

397. 租房时供暖费应如何处理?

在冬季租房时,供暖费用和房屋的各项硬件问题不可避免,租客在同房主签订租赁协议前,一定要确认供暖费等费用由谁承担和房屋的居住环境等。冬季租房时,有的承租人在交纳房屋供暖费用时发现房主拖欠此前的供暖费用的状况。但承租人一旦与房屋出租人确定租赁关系,发现问题后便难以解决。

很多承租人由于租房初期不是冬季,没有考虑到供暖费用问题,冬季到来后,便出现承租人与出租人关于供暖费用的纠纷。为了避免这些不必要的麻烦,承租人在租赁房屋前,需要同出租人确认供暖费等季节性费用的分担方式,并且考虑到不同季节房屋的居住条件,在签订房屋租赁合同时予以明确,而不能以口头承诺代替文本协议,以此作为维权的依据。

398. 租房装修的学问哪些要点?

总体的思路是尽可能多装"活"的,少固定"死"的在房间内,必须安装死的部位尽量选择便宜漂亮的材料,这样即使搬家,损失也会减到最低。

(1)地板:可以选择够厚度的实木地板,这样将来如果搬走,只需将地板表面打磨一下仍可使用。

(2)橱柜衣柜:橱柜和衣柜不要打造,而购买整体产品,这样将来搬家就可以非常容易地带走。

(3)洁具窗户:一些洁具和窗户,都要尽可能选择款式漂亮但价格低廉的产品,因为毕竟使用时间有限。

（4）墙壁：墙壁不要贴壁纸，而用乳胶漆，因为壁纸价格高，而且不能带走。

399. 房租应按什么标准收取？

租金标准是房屋租赁合同的重要条款之一，出租人应当按合同约定标准收取租金，不能随意增加租金。房屋租金，由租赁双方按照房屋所在地人民政府规定的私有房屋租金标准，协商议定；没有规定标准的，由租赁双方根据公平合理的原则，参照房屋所在地的实际水平协商议定。

400. 房屋租赁期限应当怎样确定？

房屋租赁期限由租赁当事人协商确定，最高不得超过二十年。房屋租赁期限届满，租赁当事人可以续订租赁合同，但约定的租赁自续订之日起不得超过二十年。租赁期限同时不得超过土地使用权出让合同、土地租赁合同约定的土地使用年限。

401. 租赁双方可以采取什么形式订立租赁合同？

租赁期限不满六个月的租赁合同，既可以采用口头形式也可以采用书面形式。因为租赁期限较短的合同一般来说租赁物的价值不大，经使用后消耗也不大，租金也较少，证据也不易散失，一旦发生纠纷容易分清责任，所以不要求当事人以书面形式订立合同。租赁期限在六个月以上的租赁合同应当采用书面形式。因为租期长的合同租赁物的价值通常较高，租赁物经使用后消耗也较多，租金也较多，证据也不易收集，如果当事人以书面形式订立租赁合同，将双方的权利义务约定清楚，在发生纠纷时就有据可查，有利于保护当事人的合法权益。租赁期限在六个月以上的，如果当事人没有采用书面形式订立合同，则视为不定期租赁，当事人可以随时解除合同，但出租人解除合同应当在合理期限之前通知承租人。

402. 房东如何选择房客？

（1）注意承租方的品质是否良好、是否从事健康的职业，对于户籍地不明或者时常搬迁不定、工作不固定、行踪飘忽不定难以联络者，应该格外谨慎，房东最好留下房客的身份证复印件和详细的联系方式。

（2）了解承租方租房用途，以防止租房者利用租来的房屋进行非法活动，或者破坏了房屋。

（3）若承租方系法人，应由法人的代表人签约，或经由代表人授权代理人代理签约，应该避免以私人名义租用而交由法人使用的情形。

（4）应注意承租人是一人居住还是多人居住，以免居住人太多，对房屋耗损过大。

（5）了解承租人是长租还是短租，房东最好选择长租房客，以免频繁更换承租人耗费精力，因为空置期的损失不可忽略。

403. 如何提高房屋的租赁身价？

除了地段不能改变外，房子的其他各项都可根据租客的要求进行调整。以下几个技巧可以帮助在合理的范围内提高房租。

（1）添置合适用品。根据租赁对象的群体特征，增加简单的配套设施。比如在学生租赁区，家里多配置一个书架、一张书桌；在从事IT业的人士较多的区域，配置一台电脑；白领租房者较多的区域可以将房屋布局稍微个性或者温馨一点等。

（2）简单装修。将房屋修缮扮靓一番，适当地粉刷发黄的墙壁，修理一下摇晃的门窗，补一补渗漏的水管，换一换陈旧的灯泡，只要稍加动手适当清洁、简单装修就可使房屋焕然一新，这样不但能够展现给承租人良好的视觉效果，加快租房速度，而且租金也绝对会比残破脏乱的房屋要高。

（3）变长租为短租。房东一般都喜欢稳定长期的租客，但如果房客突然中途退租、租约期满房客不再续租，或是遇上租赁淡季，不如转换思路，变长期出租为短期，降低房屋空置风险。周期更短的日租房甚至钟点房是一个正在新兴的租赁产品，它能满足租客短期住宿租赁的要求。

（4）对房屋进行清扫。只要适当清洁、简单打扫就可使房屋焕然一新。给租房人留下好的印象，让他不知不觉地接受适当提高的房租。

404. 承租人在房屋租赁期限内有哪些权利？

（1）在租赁合同的约定期限内取得房屋使用权。在此期间，即使房屋所有权转让，承租人仍然享有这一权利。承租人如果在租赁期限内死亡，其共同居住2年以上的家庭成员可以继续承租。

（2）承租人有要求保障房屋住用安全的权利。当出现由于出租人未能及时检查和修缮而造成承租人财产损失或人身伤害的情况时，承租人有进行索赔的权利。

（3）经出租人同意，可以将承租房屋的全部或者部分转租给他人。转租时的租金可以高出原承租的租金，转租人可以从中获得经济利益。

（4）承租人有优先购买租赁房屋的权利。承租人在租赁期限内，若出租人要将该房屋出售，承租人有优先购买权。

（5）在租赁期限内，承租的住宅用房因国家建设需要拆迁，承租人有获得安置的权利。

（6）出租人违反租金标准的，承租人有权拒绝支付超过标准部分的租金。

（7）出租人拒不交付房屋，向承租人索要额外费用，干扰或妨碍承租人正常、合理地使用房屋、不承担维修责任导致房屋出现危险的，承租人有权拒付部分或全部租金，并可以解除合同。

405. 承租人在房屋租赁期限内有哪些义务？

（1）按期交纳房租，如拖欠租金，应当向出租人支付违约金。

（2）按照房屋的性能合理地使用承租的房屋，不能擅自拆、改房屋及其装修、设备、附属设施，如果确实需要变动的，应当事先征得出租人同意，并就此签订书面合同。因承租人的过错造成房屋损坏的，应负赔偿或修复的责任。

（3）房屋租赁期满，除出租人同意续租房屋以外，承租人应当按照合同约定如期返还房屋。

（4）应当遵守当地人民政府对于出租房屋的管理规定。

406. 出租人在房屋租赁期限内有哪些权利？

（1）收取租金权。出租人可以按照约定向承租人收取租金。承租人无正当理由未支付或者迟延支付租金的，出租人可以要求承租人在合理期限内支付。承租人逾期不支付的，出租人可以解除合同。

（2）对租赁物的转让权。出租人对租赁物享有所有权，有权出卖、赠与租赁物。出租人将租赁物转让给第三人，应当通知承租人。租赁合同对新的所有人和承租人继续有效。

（3）出租人解除合同的权利。按照约定或者依照法律规定，出租人在特定情况下可以解除合同。承租人未按照约定的方法或者租赁物的性质使用租赁物，致使租赁物受到损失的，出租人可以解除合同并要求赔偿损失。承租人未经出租人同意转租的，出租人可以解除合同。

（4）租赁物的收回权。租赁合同终止时，出租人有权收回租赁物。出租人因过错未受领租赁物的，在租赁物滞留期间，应当承担迟延受领的违约责任。

407. 出租人在房屋租赁期限内有哪些义务？

（1）将租赁物交付承租人使用收益的义务。出租人应当按照租赁合同的约定向承租人交付房屋，交付的房屋应当符合租赁合同约定的可使用状态。

（2）除当事人另有约定外，出租人应当履行租赁物的维修义务。出租人应当定期对房屋进行养护和维修，使房屋处于正常的可使用状态，出租人养护和维修房屋时，应当采取措施减少对承租人使用房屋的影响。

（3）出租人出卖租赁房屋的，应当在出卖之前的合理期限内通知承租人，承租人享有在同等条件下优先购买的权利。

（4）出租前房屋已经设定抵押或者房屋的所有权已依法查封、扣押、监管或者以其他形式限制转移的，出租人应当事先书面告知承租人。

408. 承租人在什么情况下可以单方面解除合同？

（1）出租人未按时交付房屋，经承租人催告后在合理期限内仍未交付。

（2）出租人交付的房屋不符合房屋租赁合同的约定，致使承租人不能实现房屋租赁的目的。

（3）出租人已交付的房屋存在缺陷，危及承租人安全或健康的。

（4）出租人不履行检查、维修义务，以致危及承租人安全或健康的。

409. 承租人在租赁期内死亡，合同还有效吗？

承租户以一人名义承租私有房屋，在租赁期内，承租人死亡，该户共同居住人要求按原租约履行的，应当准许。承租人死亡，如果该承租人的家人并没有和他共同居住，原租赁合同就失效了。在没有经过出租人同意的情况下，未在一起居住的家人无权擅自搬入出租房屋。

410. 出租人把房屋抵押出去，租赁合同还有效吗？

出租的房屋可以进行出卖或者抵押，抵押行为不影响原合同的效力。在租赁期间内，承租人可以继续住在那里，出租人可以继续收取租金。出租人因不能偿还债务等原因，而将房屋变卖或者拍卖了，承租人可按照原来合同的约定继续住在房子里。

411. 出租人在租赁期内死亡，合同还有效吗？

出租人在租赁期限内死亡，其继承人应当继续履行原租赁合同。所以，一般情况下，租赁合同不因出租人的死亡而无效，除非合同另有约定。当出租人的继承人继承房屋时，继承人就自动成为新的产权人，双方应该继续履行合同，出租人的家人无权收回房屋。

412. 承租人可以把房子再转租或分租给他人吗？

转租房屋是指房屋承租人将其承租的房屋再出租给他人居住使用，并从中牟利的行为；而分租是转租的一种，是指房屋承租人将其所承租的房屋的一部分再出租给他居住使用。根据有关规定，承租人在租赁期间内确实需要将承租的全部或部分转租给他人的，必须征得出租人同意。转租的终止日期不得超过原租赁合同规定的终止日期。转租生效后，转租人就享有并承担转租合同中出租人的权利和义务，并且应履行原租履合同规定的承租人的义务。此外，应当注意的是，转租的效力取决于原租赁合同。

413. 合同还没到期房东就要卖房，该怎么办？

既然双方早已签订了租房合同，那么两方都应该遵守租房合同中的时间限制，房东应该承担违约责任，即便买卖成交也不能影响租房合同的执行。

房东卖房其实并非不可以，但应该提前3个月通知租客卖房情况，并且租客有优先购买的权利。假如租客不愿意购买或另有第三方出价更高，那房东有权利将房屋卖给第三方。同时根据"买卖不破租赁"原则,尽管房东的房屋所有权已经发生变化,但租客有权根据签订的租房合同,继续作为承租方租用该房屋。

414. 没签书面合同,出租人可随时解除合同吗?

如果租赁期限不到 6 个月,也可以不采用书面形式,但当事人未采用书面形式的,视为不定期租赁,当事人可以随时解除合同。但出租人解除合同应当在合理期限之前通知承租人。

415. 哪些行为可视为房屋租赁(转租)?

除了出租人将房屋出租给承租人使用,由承租人向出租人支付租金的行为。以下 5 种情况也被视为房屋租赁(转租)。
(1)以房屋使用权作为合作条件,以合作、合资、联营(包括承包经营)等形式成立具有法人资格的企业,该房屋由新设立企业使用,不转移房屋所有权的,视同租赁;
(2)领有《企业法人营业执照》的单位,使用上级单位的房屋从事生产经营活动的,视同租赁;
(3)饭店、宾馆、招待所、商场等营业场所将其客房、柜台、车位或附属建筑物出租给单位或个人用作经营、办公场所的,视同租赁;
(4)房屋所有权人将房屋借给他人使用的,视同租赁;
(5)承租人将所承租的全部或部分房屋的使用权与他人合作、合资、联营(含承包经营)等行为,视同转租。

416. 租赁期满,承租人不搬迁如何处理?

个人承租私房用于经营,租期届满,产权人要求收回房屋应予准许。个人承租私房用于居住,租期届满或未定租期的,产权人要求收回房屋自用的,一般应予准许,承租人确无房可迁,法院可判决承租人在一定期间内搬迁,届时可由产权人向法院申请执行。义务人拒不履行搬迁义务的，除按月支付租金外，还须支付延迟履行金，延迟履行金按原租金的3～5倍支付。

417. 在什么情况下，出租人可以不负责任？

如果房屋损坏是因为承租人的过错造成，或者是因为地震等不可抗力的因素造成，或者双方约定由承租人负责检查、维修房屋的，出租人可以免责。但是，要注意的是，如果该房屋是因为出租人未及时履行检查、维修义务，使得房屋未处于良好使用状态下，发生了不可抗力的事件而致使房屋损坏的，出租人不能免责，并应依过错程度承担一定责任。

如果双方约定由承租人负责检查、维修房屋，但是出租人在出租时，对该房屋的现状有所隐瞒的，如果房屋发生破坏性事故的话，出租人也不能因此完全免责。

418. 租赁期间出租人可以要求增加租金吗？

如果是已经签了合同，并且一次性付了款，那么再要求就比较困难。但如果签了合同而没有付清所有款项，那么可以协商。对于租赁期限较长或未定租赁期限的房屋租赁，如果当时确定的租金金额和现在的租金相差太大，以至于对出租人来说显然是不公平的，那么出租人就可以在法律政策允许的范围内，要求承租人适当地增加租金。如果承租人不同意，出租人可以向法院起诉。但是如果租赁期限较短，出租人就不能要求增加租金了。无论是承租人还是出租人，最好不要时间太长，一般三个月付一次房租，下一季度房租提前一月付清。

419. 房主有权强制手段收回出租房吗？

租赁期内，房主一般无权解除合同收回住房，即使是租赁期满，或租赁期内房主依法具有收回住房的理由，也不得自行采取强制措施收回住房。收回住房应事先通知承租人，并给予必要的房屋迁让时间。承租人在得到通知后，须积极寻找房源，及时搬迁。双方当事人若不能就收回房屋事宜达成协议，出租方应向人民法院提起诉讼，由法院依诉讼程序解决，即使需要强制搬迁，也须由人民法院进行。

420. 房屋租赁必须备案吗？

房屋租赁登记备案，实际上是在保护租赁双方的合法权益，它为双方设立了一道法律保护屏障。对于经营性用房来说，签订、变更、终止房屋租赁房屋租赁合同，出租人和承租人一定要在三十日之内带着相关的证件材料到房屋所在的房产管理部门办理登记备案手续。而住宅用房，暂时可以不办理备案，但为保护双方的利益，最好还是登记备案，否则就可能发生出租人同时将房子租给别人的情况，同样，出租人也面临着承租人非法将房子租给别人的风险。

421. 房屋租赁登记备案的程序是什么？

（1）住宅（不含军产和涉外产）和个人所有的非住宅以及区属和区属以下单位（企业以工商营业执照颁发部门为准）非住宅的租赁登记备案程序：首先，提出申请。申请人持规定提交的资料到房屋所在区房管局提出申请。其次，审核备案。区房管局进行现场调查并核实后，对符合备案条件的，在备案合同上加盖备案印章。最后，交费领证。申请人或经办人持本人身份证，到区房管局交费后，领取备案证明。

（2）市属和市属以上单位（企业以工商营业执照颁发部门为准）非住宅房屋、军队房产和涉外房产（包括住宅和非住宅）的租赁登记备案程序：首先，提出申请。申请人持规定提交的资料到市房屋产权登记中心提出申请。其次，审核备案。市房屋产权登记中心进行现场调查并核实后，对符合备案条件的，在备案合同上加盖备案印章。最后，交费领证。申请人或经办人持本人身份证，到市房屋产权登记中心交费后,领取备案证明。

422. 房屋租赁登记备案需要提供哪些资料?

(1)房屋租赁当事人为个人的,出具身份证或有效身份证明;房屋租赁当事人为单位的,出具营业执照或法人登记证;
(2)《房屋所有权证》;有共有权人的应提交《房屋共有权证》;
(3)房屋租赁合同;
(4)委托代理的,个人出具公证委托书和受托人身份证或有效身份证明;单位出具委托书和受托人身份证或有效身份证明。

423. 房屋租赁登记备案要交哪些费用?

(1)住宅租赁备案登记手续费,每套100元,由出租人承担。
(2)住宅以外的房屋租赁备案登记手续费,租赁面积100(含100)m^2以下的,每次120元;100～500(含500)m^2的,每次150元;500～1500(含1500)m^2的,每次200元;1500～3000(含3000)m^2的每次300元;3000m^2以上的,每次350元,由出租方承担。租赁手续费按次收取。

424. 哪些情况下可收回房屋租赁证书?

《房屋租赁证》是房屋租赁行为合法有效的凭证。租用房屋从事生产、经营的,《房屋租赁证》可作为经营场所合法的凭证;租用房屋用于居住的,《房屋租赁证》可作为公安部门办理暂住户口登记的凭证之一。如果有下面的情况,租赁管理部门可以收回《房屋租赁证》:
(1)申报不实的;
(2)房屋因社会公共利益需要被依法征用的;
(3)房屋毁损、灭失或者被鉴定为危险房屋的;
(4)租赁合同到期或提前解除租赁合同,不依法办理注销登记的。